资助的课题：
1. 2015年海南省自然科学基金项目：
海南省旅游业发展对农民收入影响的理论与实证研究（编号：20157257）
2. 2015年国家社科基金一般项目：
海南乡村休闲旅游开发的农民长期收益分享机制研究（编号：15BJY131）
3. 2015年海南省哲学社会科学规划资助课题：
海南国际旅游岛建设新常态下旅游业发展与改革支撑研究（编号：HNSK（ZC）15-5）
4. 海南省中西部高校提升综合实力工作资金项目

旅游业发展对经济增长及农民收入的影响研究
——基于海南省视角

The Study on the Impact of Tourism Development on Economic Growth and Farmer's Income in Hainan Province

袁智慧／著

经济管理出版社
ECONOMY & MANAGEMENT PUBLISHING HOUSE

图书在版编目（CIP）数据

旅游业发展对经济增长及农民收入的影响研究——基于海南省视角/袁智慧著.—北京：经济管理出版社，2017.10
ISBN 978 - 7 - 5096 - 5368 - 5

Ⅰ.①旅…　Ⅱ.①袁…　Ⅲ.①旅游业发展—影响—经济增长—研究—海南②旅游业发展—影响—农民收入—研究—海南　Ⅳ.①F127.66②F323.8

中国版本图书馆 CIP 数据核字(2017)第 238292 号

组稿编辑：曹　靖
责任编辑：张巧梅
责任印制：司东翔
责任校对：董杉珊

出版发行：经济管理出版社
（北京市海淀区北蜂窝 8 号中雅大厦 A 座 11 层　100038）
网　　址：www.E-mp.com.cn
电　　话：(010) 51915602
印　　刷：北京玺诚印务有限公司
经　　销：新华书店
开　　本：720mm×1000mm/16
印　　张：15.5
字　　数：269 千字
版　　次：2017 年 10 月第 1 版　2017 年 10 月第 1 次印刷
书　　号：ISBN 978 - 7 - 5096 - 5368 - 5
定　　价：68.00 元

·版权所有　翻印必究·
凡购本社图书，如有印装错误，由本社读者服务部负责调换。
联系地址：北京阜外月坛北小街 2 号
电话：(010) 68022974　邮编：100836

前　言

海南省国际旅游岛的建设以及旅游业的发展能否让农民获益并最终富裕起来，是关乎到这一战略能否顺利推进以及全面建成小康社会的重要问题。当前，海南省已进入全面建成小康社会的决胜阶段及实现国际旅游岛建设发展目标的冲刺阶段，在此背景下，深入研究海南省旅游业发展对当地经济增长、农民增收、城乡收入差距的影响及作用，对海南省强农富农、完善旅游产业结构、实现绿色崛起、海南省全面小康目标和经济社会的全面协调可持续发展都具有重要的理论价值和现实意义。

本书基于区域经济发展、可持续发展等相关理论，运用比较分析、案例分析、模型实证分析等方法，对海南省旅游业发展与经济增长、农民收入增长、城乡收入差距变化的关系进行了系统研究，研究内容及主要结论如下：

（1）从总体分析来看，海南省国际旅游岛建设促进了当地旅游业快速发展，旅游人数、旅游收入显著增加；地方产业结构、就业结构不断优化，第三产业比重持续提高，旅游业就业人数快速增加；与此同时，农民收入显著提高，收入结构中的工资性收入及家庭经营中的非农收入增长迅速；城乡收入比下降，收入差距逐渐缩小。

（2）从海南省旅游发展对经济增长的拉动效应分析来看，海南省旅游业依存度、旅游业贡献率和旅游业拉动率总体不断提高，其中旅游贡献率和旅游拉动率增长幅度更大，这种拉动效应有增强趋势。与其他相邻省份相比，效应并不突出，但显著高于全国的平均水平；各市县旅游业对经济增长拉动效应存在空间差异，东部地区持续增长，中部地区增长势头迅猛，北部地区增长缓慢。

（3）从典型案例分析来看，海南省国际旅游岛建设将相关市县的农业和旅游业紧密结合起来，农民参与旅游业的渠道增多，得到的实惠明显增加；在景区开发模式上采用社区参与模式,让农民直接从事旅游业,实现了收益获取的长久性。在此导向下,目前尚未脱贫的村庄虽确立了旅游扶贫的策略和方式,但农民涉入旅游业的程度和层次较低、规模较小。

(4)从计量模型分析来看,海南省旅游发展与农民收入之间存在显著的正相关,旅游业发展每变动一个单位即1%,农民收入相应正向变动3.83%,而在国际旅游岛建设后,旅游发展对农民收入的影响程度增加到4.28%。

(5)从区域发展变化分析来看,海南省国际旅游岛建设前,旅游发展增收效应最大的是以三亚市为代表的南部地区,其后依次是北部地区、东部地区、西部地区、中部地区。国际旅游岛建设之后,旅游发展增收效果最强的反而是中部地区,该区域旅游发展与农民收入出现了显著的正向效应,旅游拉动的后发优势显著。

(6)从城乡收入差距分析来看,国际旅游岛建设后,旅游业的发展与城乡收入差距之间存在着显著的负相关,旅游发展每变动1个百分点,城乡居民收入差距将缩小0.2769个百分点,因此,国际旅游岛的建设有利于城乡收入差距的缩小。

基于以上研究结论,本书提出的主要政策建议为:①进一步开发旅游产品,带动海南省乡村特色旅游的发展;②充分发挥旅游业的拉动作用,促进区域产业结构的调整和优化;③推广社区参与旅游的发展方式,拓展相关服务领域;④强化职业培训,提高农民旅游业参与能力和服务水平;⑤切实保护城乡生态环境,完善生态补偿机制;⑥在旅游基础设施建设及公共服务方面,加大政府财政扶持力度。

目 录

第 1 章 引言 ········· 1
    1.1 研究背景、目的和意义 ········· 1
    1.2 国内外研究现状 ········· 3
    1.3 研究内容、方法及技术路线 ········· 9
    1.4 本书创新之处 ········· 12

第 2 章 旅游业发展与农民收入增长的理论基础 ········· 14
    2.1 概念界定 ········· 14
    2.2 相关理论基础 ········· 17
    2.3 旅游业发展对农民收入影响的机理分析 ········· 19
    2.4 本章小结 ········· 23

第 3 章 海南省国际旅游岛建设背景、意义及规划分析 ········· 24
    3.1 海南省国际旅游岛建设背景 ········· 24
    3.2 海南省建设国际旅游岛的重要意义 ········· 26
    3.3 海南省国际旅游岛建设的具体规划 ········· 26
    3.4 海南省国际旅游岛建设发展原则 ········· 29
    3.5 国际旅游岛建设海南省旅游业发展面临的机遇 ········· 30
    3.6 本章小结 ········· 32

第 4 章 海南省旅游业发展对经济增长的拉动效应研究 ········· 33
    4.1 研究方法 ········· 34

4.2　旅游拉动效应的时间维度分析 …………………………………… 34
　　4.3　拉动效应的空间维度分析 ……………………………………… 36
　　4.4　本章小结 ………………………………………………………… 42

第5章　海南省旅游业发展与农民收入的现状分析 …………………… 43
　　5.1　海南省旅游业发展状况分析 …………………………………… 43
　　5.2　海南省农民收入状况分析 ……………………………………… 52
　　5.3　本章小结 ………………………………………………………… 61

第6章　海南省旅游业发展对农民收入影响的典型案例分析 ………… 63
　　6.1　三亚市凤凰镇槟榔村案例 ……………………………………… 64
　　6.2　琼中县红毛镇什寒村案例 ……………………………………… 72
　　6.3　海口市永兴镇美孝村案例 ……………………………………… 81
　　6.4　琼海市博鳌镇美雅村案例 ……………………………………… 87
　　6.5　儋州市峨蔓镇盐丁村案例 ……………………………………… 92
　　6.6　本章小结 ………………………………………………………… 96

第7章　海南省旅游业发展对农民收入影响的实证分析 ……………… 99
　　7.1　旅游业发展对农民收入影响的总体分析 ……………………… 99
　　7.2　旅游业发展对农民收入影响的区域比较分析 ………………… 108
　　7.3　旅游业发展对城乡居民收入差距影响的分析 ………………… 112
　　7.4　本章小结 ………………………………………………………… 117

第8章　主要结论与政策建议 …………………………………………… 118
　　8.1　主要研究结论 …………………………………………………… 118
　　8.2　政策建议 ………………………………………………………… 120

参考文献 …………………………………………………………………… 126

附　录 ……………………………………………………………………… 138

第1章 引言

1.1 研究背景、目的和意义

1.1.1 研究背景

海南省地处中国大陆的最南端，是南海北部的一座岛屿，又称为海南岛，海南岛与雷州半岛之间有琼州海峡阻隔，特殊的地理位置使得与大陆的往来交通不便利，海南省经济建设和文化水平的发展相对滞后。然而，海南省是我国唯一的热带海岛省份，拥有国内独一无二的气候环境和资源条件，其中热带高效农业和热带海岛旅游业是海南省最独特的支柱产业，这些特殊优势给海南省在新时代的发展中，提供了得天独厚的条件和历史机遇。海南省自1988年建省发展成中国最大的经济特区到现在，经过近30年的快速发展，已经基本摆脱了贫穷落后的局面，但是与国内发达地区相比海南省经济发展水平还相对比较落后。据统计，2012年海南全省平均农村居民家庭人均可支配收入为7408元，低于全国农村居民人均收入（7916.6元）500多元。2015年海南全省平均农村居民家庭人均可支配收入达到了10858元，但依然低于全国的11422元。在海南省不同区域之间，以及不同区域的不同村寨之间，经济发展严重不平衡，农民收入存在较大差异。例如，2012年收入最高的三亚市农民收入为8825元，而琼中县的农民收入最低，只有5546元，两者相差3279元。截止到2015年，三亚市农民收入达到12228元，琼中县的农民收入有所增长，达到了8782元，但两个地区的差距依然较大。因此，如何提高农民收入，缩小地区差距，是关乎海南省未来发展的重要政治经济问题。

海南省经济、社会发展整体水平较低，面临着保护生态环境、调整经济结构、推动科学发展的艰巨任务，为了实现经济社会又好又快发展，充分发挥海南省的资源优势和区位优势，2009年12月，国务院颁布了《关于推进海南国际旅游岛建设发展的若干意见》（以下简称《意见》），作为国家的重大战略部署，目标是到2020年，将海南省初步建成世界一流的海岛休闲度假旅游胜地，使之成为开放、绿色、文明、和谐之岛。同时该《意见》中也描绘了海南省未来10年的"富民强岛"的基本目标：海南省城乡居民收入水平赶上全国中上游水平，并逐步达到全国先进水平。在此良好的大背景下，如何借助国际旅游岛建设，旅游业的快速发展，促进海南省农民充分就业，拓宽农民增收渠道，提高农民生活水平和质量，并使其成为实现海南省可持续发展的动力，是海南发展进程中一个非常重要且值得深入研究的课题。

1.1.2 研究目的

旅游业具有强大的市场优势，新兴的产业活力，强劲的造血功能，巨大的带动作用，旅游业作为扶贫的方式已经得到国际社会的普遍认可，并受到国内外政府和业界的密切重视。各地方政府在推动经济发展方式转变、促进产业转型升级的过程中都在大力发展旅游业。旅游业作为国民经济新的增长点，一个最重要的任务就是带动旅游目的地经济的快速发展，提高居民收入水平，真正让当地居民成为旅游投资、决策、就业、利益分享的主体。海南省国际旅游岛建设的核心任务是要大力发展以旅游业为龙头的现代服务业，提高旅游业的国际化水平，最终提高海南省人民的收入水平及生活质量。因此，国际旅游岛的建设在为游客提供优质服务的同时，能否让广大农民从中获益，并最终富裕起来，这是关乎到国际旅游岛建设战略能否达到终极目标的关键。截止到2015年底，海南省国际旅游岛建设已有6年之久，已经取得了相应的成果，但同时也暴露出许多亟待解决的问题，本书详细阐述这些成果及问题，深入研究海南省旅游业发展对当地农民收入增长、城乡收入差距缩小的影响和作用，并提出相对应的政策建议和改进措施。本书重点研究以下几个方面：

（1）详细阐述海南省国际旅游岛建设的具体战略布局，并从理论上分析旅游业发展对农民收入影响的机制。

(2) 比较分析国际旅游岛建设前后，海南省旅游业发展状况，农民收入及收入来源的变化情况，初步分析国际旅游岛建设带来的影响。

(3) 通过对海南省不同地区进行实地调查，运用典型案例，分析不同地区国际旅游岛建设前后，旅游业发展对农民收入的影响，明确目前存在的主要问题。

(4) 通过全省面板数据模型，客观量化分析海南省国际旅游岛建设前后，旅游业发展对农民收入及城乡收入差距的影响程度。

(5) 在以上分析的基础上，提出未来海南省国际旅游岛建设中增加农民收入的政策建议和可能的改进措施。

1.1.3 研究意义

海南是一个农业大省，农业人口比重较大，2015年农业人口占全省总人口的比例为62.91%，经济基础比较薄弱，城乡收入水平，尤其是农民收入水平显著低于全国平均水平，而按照《意见》中提出的目标要求，在最近10多年中，海南省城镇居民收入必须保持年均12.5%以上的增速，农村居民收入必须保持年均13.5%以上的增速（预计到2020年，城镇居民收入达到50236元，农村居民收入达到19103元），才有可能达到国内先进水平，任务相当艰巨。当前海南省已进入全面建成小康社会的决胜阶段及实现国际旅游岛建设发展目标的冲刺阶段，基于国际旅游岛建设的特征和目标，对海南省旅游业发展与农民收入问题进行系统的研究，通过比较分析、典型案例分析和面板数据模型的实证分析，明确海南省农民收入在全岛旅游开发中是否有提高、提高多少及增收的途径，借此为国际旅游岛建设提供相应的理论依据和政策支持，有助于国际旅游岛战略的顺利推进，同时对海南省强农富农、完善旅游产业结构、实现绿色崛起、实现海南全面小康目标和经济社会的全面协调可持续发展都具有重要的理论价值和现实意义。

1.2 国内外研究现状

1.2.1 国内研究现状

综观国内旅游业对农民收入的影响文献，主要围绕以下几个方面进行研究。

1.2.1.1 旅游业发展对农民收入影响的理论研究

操建华（2002）将旅游收入在城乡及城乡居民之间的分配问题作为切入点，从微观和宏观两个角度，较为系统地研究了旅游业对农村发展、农民增收及就业的影响，研究指出农村旅游业的主要受益者是农民，农民能否获得就业机会与劳动力素质相关。李慧欣（2003）从经济学和需求两个方面，分析了乡村旅游的作用，乡村旅游能够促进当地农产品销售，增加农民收入，同时也有利于优化产业结构和农业产业化的发展。贾浩华等（2005）指出，井冈山"红色"旅游的发展使景区内的经济结构得到调整，同时也改变了农民谋生手段，增加了老区农民收入，为解决老区"三农"问题寻找到了一条行之有效的道路。陈志钢等（2006）以山东日照王家皂村为例进行研究，发现乡村旅游的发展使得当地村民的收入迅速增加，村民的就业结构发生了变化，农村劳动力向单部门经济转移。王龙等（2006）提出我国农民增收困难的关键在于有效就业不足，而乡村旅游凭借自身优势与特点成为农民非农就业的重要途径。史冰清等（2007）分析指出，观光农业的发展有利于农业与旅游业相互渗透，一方面农业生产的经济效益大幅度提高；另一方面农村旅游业带动其他产业发展，农村产业结构不断优化，劳动力就业渠道增加，多方面促进农民增收。高谋洲（2008）指出，通过发展乡村旅游促进农民增收存在潜在的可能，必须要加强乡村旅游的规划、组织化、本地化，加大政府扶持的力度及旅游监管，才能将潜在的可能变为现实。孔祥智等（2008）从农户生计的视角，对山西省后沟古村、乔家大院、晋祠三个景区进行了研究，发现乡村旅游改变了农村产业结构，缓解了景区人地关系紧张的矛盾，使农户的生计资本得以积累和增加，特别是金融资本和人力资本得到较大提升。彭蜜（2009）以云南省弥勒县可邑村为例分析指出，乡村旅游的增收影响体现在对农业本身和乡村旅游的旅游休闲功能影响两个方面，旅游直接收入增加的同时，其他收入也明显增加。柯珍堂（2010）从理论上分析了生态旅游与"三农"问题之间的关系，指出发展生态旅游业有利于增加农民收入、就业机会，也有利于提高农民素质。叶传忠（2010）对福建省武夷山市一个村庄进行深入研究，该村庄没有直接参与到当地的旅游业中来，也并未发展旅游业，农民也没有与游客直接接触。但旅游业的巨大辐射作用同样调整了该村庄的生产结构，拓宽了农民增收渠道。陈伍香等（2010）通过对桂林阳朔历村分析发现，乡村旅游拓宽了当地农民的增收渠道，增加了农民收入，旅游收入已经成为村民的主要收入；同时乡村旅游业带动了周边地区的旅游发展。文乐等（2011）以凤凰县为样本进行研究，指出乡村旅游具有显著地促进当地农民增收的效应，而农村旅游资本的形成与积累是产生这种效应的机制核心。张遵东等（2011）通过对黔东南州雷山县西江苗寨研究发现，如果让农民真正从旅游业发展中获得实惠，实现脱贫致富，政府要发挥主导作用，提高贫困人口的素质、参与能力，提高旅游企业的经营管理水平，并不断完善利益分配机制。刘宇鹏等（2012）通过对崇礼县214家农户研究发现，乡村旅游推进了当地农业产业化升级，农村产业结构调整，拓宽了农民增收渠道，提高了农民收入水平。于洁（2013）以河北白洋淀景区为例进行分析，指出旅游业发展促进了当地农村经济的发展，提高了农民收入，但由于参与程度不同，导致景区周边农民发展不均衡，一些农民并没有从旅游业的快速发展中获得长期利益。刘亚军等（2013）通过对新疆吐鲁番葡萄沟景区农民收入分析，发现在旅游资源丰富的地区，景区的发展显著增加了当地农牧民的收入，同时也为周边的农牧民提供了更多的就业机会和物质保证，促进了农牧区的农业经济结构调整。王一帆等（2014）从当地农民收入的现状出发，以农村为视角，对政府主导型乡村旅游和社区主导型乡村旅游进行对比，认为社区主导型旅游更有利于农民增收，可以作为长期战略性选择。蔡硕聪（2014）对汕头市西蒲村的旅游业进行研究发现，旅游业的发展促进了该地新农村的建设，提高了农民的生活水平。

1.2.1.2 旅游业发展对农民收入影响的实证分析

赵秋红（2005）以云南省腾冲县为例，分析了腾冲县旅游总收入与农民收入与就业之间的相关性，发现腾冲县旅游开发有利于调整产业结构，第三产业加速发展，但农业生产总产值、农民收入与旅游总收入、国内游客人次之间存在负相关关系。宋书巧等（2006）对广西乡村旅游进行实证研究，发现发展乡村旅游拓宽了农民增收渠道，增加了农民收入的总量，但由于农民参与乡村旅游的方式不同，在一定程度上加大了村民的贫富差距。戴美琪（2007）以湖南省长沙市黄兴镇休闲农业旅游区为例，实证分析了休闲农业旅游对社区居民的影响，发现被调查的社区居民普遍感知到收入水平增加，收入方式增多，收入用途也发生了变化。旅游开发对社区的"就业特征"、"就业环境"也有影响，但整体影响并不强烈。旅游发展水平与社区居民的旅游经济影响感知之间存在显著相关性。江民锦（2007）运用多元回归分析方法分析指出，井冈山市农户收入与风景区的距离、从事旅游业的收入、人均农业经营收入呈正相关关系，并运用专家调查法对井冈山市农民获得的旅游收入份额进行了测算。王莉（2007）分析了洛阳市栾川重渡沟"农家乐"旅游对当地居民的影响,通过调查分析发现,发展"农家乐"乡村旅游有助于增加就业机会、提高生活水平、增加居民个人收入,并对该地"农家乐"的成功经验进行了总结。唐代剑等(2009)运用浙江省景区边缘、特色产业和民俗文化三种不同类型乡村旅游点的数据,运用回归分析方法研究,指出乡村旅游的发展促进农民收入增长12.17%,农村就业率提高13.26%,有利于新农村建设和城乡一体化进程的推进。吴妍等(2009)利用SPSS统计软件分析成都红砂村旅游发展与农民收入的相关性,得出影响农民收入的主要因素是农民的受教育程度及与景区的距离,且这两个因素与农民收入之间呈线性关系。王俊(2010)运用协整检验分析发现,旅游业发展与井冈山山区农民收入之间存在线性关系,旅游业营业总收入是影响农民纯收入的显著因素,旅游业的发展有利于增加农民收入。杨校生等(2010)以浙江省安吉县大溪村为例,分析了生态旅游对当地农户收入结构及社区经济的影响,发现大溪村的生态旅游使农民收入结构发生了改变,林业收入比重下降,非农收入比重增加,但这些影响存在直接收益和间接收益的差异,拉大了不同收入人群贫富差距。王建喜(2010)通过对江心洲农业旅游景区的调查分析,发现旅游开发大大拓宽了农民就业渠道,农民收入增加,其中96%的收入为直接或间接从事旅游业的收入,但农民收入差距有增大的趋势。谢丁(2010)运用实证方法研究湖南省凤凰县旅游产业与县域经济相互发展问题,认为旅游业的发展改变了凤凰县的产业结构、就业结构,并进而影响整个县域经济系统,旅游业已成为凤凰县发展的支柱产业,发展旅游业是解决欠发达地区贫困的有效途径。吴云超(2011)通过实证分析方法研究湘西乡村旅游发展,发现乡村旅游发展使得农民整体收入大幅提高,其中旅游收入比重显著增加,农村产业结构不断调整,农村剩余劳动力就业渠道增多,但由于地理位置、资金缺乏和技术等原因,旅游业的收入分配存在差异。周波等(2011)运用回归分析方法,量化研究了旅游扶贫效应,指出巴马贫困县人均旅游收入每增加1元,人均GDP增加10.546元,平均国内游客人数增加1万人,贫困县人均GDP增加1.315元。杨启智等(2012)运用对应分析方法研究,发现在成都市乡村旅游中,打工获得的薪金对农民增收影响显著,二者存在反向关系;为"农家乐"提供农产品获得的收入对农民增收影响有限,二者存在正向关系。李娟(2012)实证分析结果表明,在陕南安康、汉中、商洛3个地区,农民人均纯收入和生态旅游总收入之间存在着稳定的正向关系,但影响力度还比较小,在生态旅游业发展中农民获取的利益比较少,生态旅游促进农民增收的机制需要逐步完善。陈万提（2012）通过回归分析发现，江西旅游业发展显著影响农民收入，但目前的影响程度比较低，拉动作用不足，而未来江西旅游业具有较大的增长潜力，能够成为农民增收的重要增长点。崔丽娟（2012）分析了亚布力滑雪场运营前后对附近村民的影响，认为亚布力滑雪场给当地农民带来了可观的经济效益，但由于农民素质、资金等原因，只是使部分农民收入改善，并没有达到全民收入的增加，同时由于滑雪场季节性的原因，农民收入存在较大的季节性波动。李忠斌等（2013）以云南省丽江市为例，运用实证分析的方法研究指出，旅游业总收入与农民纯收入之间不存在显著的线性关系，但丽江市旅游业通过增加国民生产总值间接影响农民收入，有利于农民收入的提高。张传辉、解方华（2015）选取新疆地区 2002~2011 年的主要统计数据，采用灰色关联分析法和回归分析法，对旅游业发展与农民增收之间的关系进行了分析，结果表明：新疆旅游总收入对农民人均纯收入的影响极其显著，同时二者之间存在双向因果关系，有较为明显的互动效应。王聪、刘平洋（2015）以湖北省 2002~2014 年的旅游业年总收入与农民人均纯收入的数据为样本，运用多元线性回归模型进行研究分析，研究发现：湖北省旅游业发展与农民增收存在着长期协整关系；湖北省旅游业的发展是农民收入增加的 Granger 原因，反之则不存在；旅游业的发展对于当地农民收入的影响程度较为明显，而对其他地区的影响较小。

1.2.2 国外研究现状

国外关于旅游发展对农民收入的影响研究，主要集中在旅游发展对旅游地农村居民的各种影响方面，也涉及农村居民的主要是乡村旅游、农场旅游。

国外的研究发现，发展乡村旅游有利于扩大农业的经营范围与服务领域，带动相关产业的发展，有利于农业由第一产业向第三产业扩展，为农村剩余劳动力提供更多的就业岗位，成为农村就业的有益补充，显著地增加农民收入（Frater，1983；Dernoi，1983）。对加拿大、英国、美国、西班牙等发达国家进行的研究结果表明，乡村旅游为农村发展和农民增收同样做出了很大贡献（Butler et al.，1992；Luloff et al.，1994；Lindberg et al.，1994；Garcia – Ramon et al.，1995）。Holland 等（2003）分析指出，由于乡村旅游具有产品规模小、多数是农业产品等特性，可以吸收更多的农民参与到旅游中来，增加了农民的就业机会。Bott – Alama（2004）通过研究波兰乡村旅游，发现农业旅游带来了当地农民非农收入的增长超过农业收入的增长。Cichowska 等人的研究结果显示，波兰滨海省农业旅游可以加强当地农民从非农收入来源获得利益的意识，从而发挥乘数效应，并通过增加为游客服务的工作岗位来减少失业率，不但增加了农民收入，而且提高了农民的价值观，进而带动加工业和传统手工业等下游产业的发展（Cichowska et al.，2011）。最终，Holland 等调查发现波兰受访家庭从农业旅游中获得的收入占总收入的比例平均高达28.3%，说明以旅游业带动农民收益的相关政策发挥了极显著的效果（Cichowska et al.，2011）。Mthembu（2011）对伯格维尔的乡村旅游发展进行了调查分析，绝大多数受访者认为乡村旅游对农民增收非常重要，乡村旅游逐步成为当地农村最重要的经济增长因素之一，已经为当地的村民创造了更多就业机会，提高了创业技能，从而大大提高了当地农民收入水平。Moric（2013）以亚德里沿海地区为例，分析了乡村旅游给转型期的国家和农业地区带来的影响，指出乡村旅游带来了经济活动的多样化，提供了更多的就业机会，显著增加了当地居民收入。当然，该研究结果也表明，在发展乡村旅游业的过程中，当地政府要提供相应的政策支持，发挥舆论导向作用，保证旅游业的健康持续发展。

相反，也有一些国外学者认为旅游发展对当地农民收入没有太大的影响，甚至存在一定程度的负面效应。例如，Opperman 在德国（Opperman，1996）和 Fleischer 等在以色列（Fleischer et al.，1997）对当地乡村旅游的调查研究结果均显示，乡村旅游规模太小，季节性又短，加上参与乡村旅游的相关企业规模小、层次低，导致乡村旅游在某些地区对农民收入影响较低。Unwin（1996）的研究结果证实，乡村旅游的作用有时并没有预期的那样大，甚至乡村旅游的发展可能会进一步加剧城乡差距。Fleischer 等通过对以色列农村地区的旅游发展进行实证研究，同样发现乡村旅游从直觉上来看有利于农村地区的经济发展，但其实质性影响并不是立竿见影的，直接得出乡村旅游能够促进当地农民增收的结论是存在争议的（Fleischer et al.，2000）。Nilsson（2002）指出农业旅游虽然对当地经济发展起到了一定的促进作用，但是，从旅游业获得的直接收入实际上不是很多。Ribeiro 等对葡萄牙的两个乡村地区进行了实证研究（Ribeiro et al.，2002），Perales 对西班牙的瓦伦西亚的乡村旅游进行了实证分析（Perales，2002），他们的研究结果都得出乡村旅游对农民增收作用并没有预期大的最终结论。Sharpley 等研究了塞浦路斯的乡村旅游，发现乡村旅游的发展虽然可以在某些村庄或者极个别地区能够极大地促进经济增长，但是，乡村旅游对整个农村经济的影响是非常有限的（Sharpley et al.，2004）。

1.2.3 研究现状评述

目前,国内外关于旅游业发展与农民增收关系的研究结论还存在某些争议,大家公认的观点是,发展旅游业对当地农民收入增加的正面作用是主要的,负面影响也同样不可忽视。从研究方法上看,国外研究者以实证研究为主。研究内容上主要是以某个旅游接待地点为基础进行深入研究,较少利用当地的经济数据进行全面整合分析。国内关于旅游业对农民收入影响的研究也比较广泛,重点是从乡村旅游、生态旅游、农业旅游等方面分析了旅游业发展对农民收入的影响,多数国内学者认为,旅游业的发展有利于调整产业结构,拓宽农民就业渠道,增加农民收入,但由于农民自身素质、地理位置等特殊原因,旅游业发展水平与当地农民收入效应增加程度之间,存在一定差异和许多不确定因素。从目前的研究内容来看,大多数学者是研究某一个旅游景区或乡村的旅游发展影响,比较分散,缺乏系统性。研究方法上多数内容偏重理论分析,实证研究还比较少,在现有的实证研究中主要是基于时间序列数据来分析,样本量比较少,而运用面板数据解释二者之间关系的系统分析案例还是凤毛麟角。

旅游业一直是海南省的重点产业,国际旅游岛建设意见的出台为海南省旅游业的发展提供了保障,国际旅游岛建设的目标是"富民强岛",而目前基于国际旅游岛建设背景,研究海南省旅游业发展对农民收入影响还没有公开报道的文献。现有研究文献为本书的研究提供了相应的研究基础,具有重要的借鉴意义。在此基础之上,本书将综合运用定量和定性分析方法,通过面板数据模型实证分析方法,首次系统深入地研究国际旅游岛建设进程中海南省旅游业发展与农民收入的相关问题,以期为国际旅游岛战略的顺利推进提供理论支持和实际参考。

1.3 研究内容、方法及技术路线

1.3.1 研究内容

本书基于国际旅游岛建设背景,通过比较分析、典型案例分析、面板数据模型实证分析等方法,系统地研究了海南省旅游业发展与农民收入的相关问题,具

体内容如下:

第1章,引言。本章主要阐述本书研究的背景、目的及意义,并对国内外研究文献进行整理分析,明确文章的研究内容、思路和方法,并提出文章的创新点。

第2章,旅游业发展与农民收入增长的理论基础。首先,本章确定研究对象和范围,界定国际旅游岛、旅游业、农民收入的概念与内涵;其次,阐述旅游业增收的相关理论;最后,分析阐述了旅游业发展影响农民收入的机理,最终形成基本的理论框架,为本书的研究提供相应的理论依据。

第3章,海南省国际旅游岛建设背景、意义及规划目标分析。本章主要分析海南省建设国际旅游岛的背景、意义、原则、建设目标及具体规划,并重点分析了国际旅游岛建设为旅游业的发展带来的机遇,旨在为比较国际旅游岛的建设成效提供依据。

第4章,海南省旅游业发展对经济增长的拉动效应研究。本章主要从时间、空间角度分析海南省旅游业发展对经济增长的拉动效应,从中发现问题,提出旅游业进一步发展的重点。

第5章,海南省旅游业发展及农民收入的现状分析。本章根据相关的统计资料,详细比较了国际旅游岛建设前后海南省旅游业的发展变化、农民收入总体变化、结构变化、城乡收入差距变化和地区间的收入差异,从总体上分析国际旅游岛的建设成果及存在的问题。

第6章,海南省旅游业发展对农民收入影响的典型案例分析。为进一步探讨国际旅游岛建设进程中,农民从旅游业发展中的受益情况及在农村地区发展旅游业的适宜模式,本章选取5个村庄作为典型案例,根据访谈、发放问卷等调查方式收集到的第一手数据,分析这些地区旅游业发展为农民带来的影响,并总结出案例研究对象的成功经验及存在的问题。

第7章,海南省旅游业发展对农民收入影响的实证分析。本章以海南省17个市(县)2003~2015年13年的面板数据为样本,引入时间和地区虚拟变量,采用固定效应估计方法,实证分析国际旅游岛建设前后旅游发展对农民收入、城乡收入差距的影响,并比较分析了不同地区的旅游收入效应,明确国际旅游岛建设进程中旅游发展对农民收入的影响程度。

第8章,主要结论与政策建议。本章总结本书研究的主要结论与进一步的研究方向,并从扩展旅游产品,大力发展乡村旅游;推广社区参与的旅游开发模式；强化职业培训，提高农民旅游业参与能力和服务水平；保护城乡生态环境、完善生态补偿机制；加大政府在旅游基础设施建设及公共服务方面扶持力度六个方面提出政策建议。

1.3.2 研究方法

本书在研究中注重理论与实践相结合，定性和定量分析相结合，综合运用比较、类比、归纳、演绎、综合、实证等多种分析方法。具体包括：

文献分析法：通过搜索中国期刊网、Springer、Google scholar 等中外期刊网站，收集关于旅游发展与农民收入的相关文献资料，在对文献进行整理和分析的基础上，确定本书研究的框架，将现有的理论应用到旅游收入效应中来，确定了本书的理论引领方向。

案例研究法：按照数据资料综合分析与典型调查相结合的方式，以海南省三亚市、琼中县、儋州市、海口市、琼海市中的5个村庄为案例进行典型调查，运用调查问卷，就该地旅游发展及农民收入的相关情况进行访谈和数据收集，主要用于分析上述地区旅游发展对农民收入的影响，有助于提供现实的验证与调整依据。

比较分析法：该方法是通过对某一事物在同一时点，但不同空间的分布形态、表现形式的差异进行横向对比分析，直观地展示不同观点，探究它们之间的共性和差异并找出差异的根源，从而做出正确的判断。本书对国际旅游岛建设前后海南省旅游发展、农民收入的状况及海南省不同地区的旅游收入效应都运用了比较分析方法，并根据研究结论有针对性地提出有效的政策建议。

实证分析法：本书运用 Eviews 6.0 计量经济学软件，基于面板数据，采用固定效应模型，对海南省旅游业发展的收入效应进行实证研究，根据运算结果分析存在的问题，为针对性地提出旅游增收的对策提供实证依据。

1.3.3 技术路线

本书按照以下技术路线进行：

（1）本书的总体设计，确定研究目标与研究计划，明确有关的研究章节及其创新点。

（2）国内外相关文献的检索、整理与分析，对现有文献中出现的做法和经验进行归纳和总结。

（3）根据现有统计资料分析海南省目前国际旅游岛建设情况，旅游业及农民收入变化情况。

（4）详细分析海南省旅游业发展对经济增长的拉动效应。

（5）设计反映海南省农村旅游业发展状况、收入状况的调查问卷，进行实地调研。

（6）对调研资料进行汇总分析，进行典型案例分析。

（7）在典型案例分析的基础上，进一步实证分析，检验调查的结果。

（8）针对现有的状况及存在的问题，提出相应的对策建议。

1.4 本书创新之处

本书的创新之处有以下几个方面：

（1）选题立项有很强的创新性。目前基于国际旅游岛建设背景研究海南省旅游发展与农民收入关系的文献几乎没有，本书首次系统地对该内容进行分析，解析国际旅游岛建设前后海南省旅游发展的收入效应及区域差异，具有较强的创新性，但也存在一定的挑战。

（2）研究方法创新。现有的文献大多局限在以时间序列数据为样本的相关性分析，本书以省级面板数据为样本，在模型中引入了时间和地区两类虚拟变量，运用固定效应估计法进行实证研究，比较分析不同地区和时段旅游业发展的收入效应，在方法选取和数据分析上，均具有一定的创新性。

（3）研究内容新颖性。目前的研究中大多数学者是从理论上来分析大力发展旅游业，有利于提高农民收入，也有利于缩小城乡收入差距，并没有触及本质问题的核心层面，没有客观解释旅游发展对农民收入及城乡收入差距到底存在怎样的影响。本书利用典型案例、海南省面板数据实证分析，阐述了旅游业发展对农民收入及城乡居民收入差距的影响机制，在研究内容上具有较强新颖性。

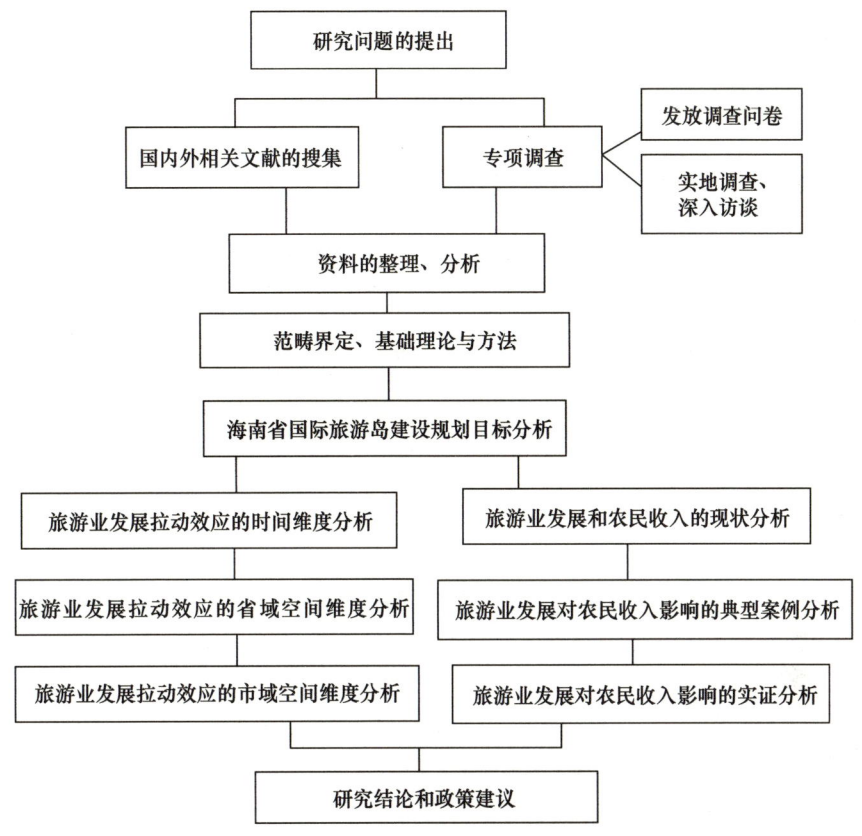

图 1-1 本书研究总体框架

第 2 章 旅游业发展与农民收入增长的理论基础

2.1 概念界定

2.1.1 国际旅游岛

国际旅游岛通常是指享有较高国际知名度、以旅游产业为主导和依托、以岛屿型经济为基本特点的休闲度假地。从旅游岛发展状况而言，西方发达国家和东南亚地区发展相对比较成熟，如位于太平洋中部岛屿的美国夏威夷群岛；位于地中海沿岸的西班牙巴利阿里群岛、马耳他岛；位于加勒比海沿岸的墨西哥坎昆、巴哈马群岛；位于大洋洲的澳大利亚大堡礁；位于印度洋地区东南亚岛屿的新加坡和泰国普吉岛等都是享有很高知名度的国际旅游岛。

国内关于国际旅游岛的界定，中国（海南）改革发展研究院《关于海南国际旅游岛的框架建议》中指出，国际旅游岛指的是在特定的岛屿区域内，在旅游产业领域范围中，对外实行投资贸易自由化政策，如免签证、"零关税"等，对内逐步加快推进旅游服务自由化进程。

《海南国际旅游岛建设行动计划》中将国际旅游岛的基本内涵定位为"三新"，"一是将实现管理、服务、景区、产品四个'零距离'，建成世界一流的热带海岛休闲度假胜地作为新目标；二是建立与国际全面接轨的旅游管理与发展的新体制；三是实行新的旅游开放政策，如减免签证、取消关税、开放航权等"。

在此基础上，海南政府出台了《关于加快推进国际旅游岛建设的意见》（以下简称《意见》），《意见》中指出"国际旅游岛是世界一流的海岛型国际旅游目的地，该目的地的旅游国际化程度高，有优美的生态环境、独特的文化魅力、和谐的社会文明，它是以岛屿参与世界经济发展分工合作中形成的，依据其发展条件和比较优势，将旅游产业作为支柱产业，并依托此产业功能体系形成强大的国际客源聚集力，由此形成的岛屿经济文化发展形态"。为此国际旅游岛包含两个基本要件，"一是旅游业作为主导产业；二是在旅游产业领域内，实现旅游服务自由化、国际化，对国内外游客具有超强吸引力，客源市场面向世界各地"[①]。

国际旅游岛的主要特点[②]是：人员、物资、资金进出充分自由、方便、快捷；"吃、住、行、游、购、娱"等旅游要素丰富多元，品位高雅；旅游业的开发、经营、管理、服务实现国际化、信息化。具体包括：①以旅游业为龙头的现代服务业要高度发达，并成为支撑海南经济发展的主导产业。②在国际上具有较高的知名度和美誉度，国内外高端游客占绝对比例，成为代表中国旅游形象的标志性旅游目的地之一。③以旅游业为龙头的现代服务业高度开放，国际游客普遍实行免签证政策，通关简便快捷；旅游交通体系更加健全，国内外游客进出顺畅，能够快速通达景区景点；旅游免税购物更加方便、优惠；旅游产品、旅游服务、人力、资本等市场高度国际化，且进出自由。④旅游吸引物布局合理、丰富多元，接待设施品味高雅舒适，高尔夫、邮轮游艇、探险体验等旅游新业态得到长足发展，五星级酒店达到100家左右。⑤旅游管理、服务、营销与国际全面接轨，与全球著名的酒店管理集团、旅行社、娱乐公司、旅游交通运营商等大型企业建立广泛的合作关系，旅游营销网络覆盖全球主要客源地。

2.1.2 旅游业

由于旅游业的综合性和多样性的特点，其定义一直都存在着多种表述。联合国贸易与发展会议（1971）提出，旅游业从广义上可表述为：生产由外国游客或国内旅游者消费的产品或服务的工业和商业活动综合的体现。美国学者唐纳德·兰德伯格（1980）提出，旅游业是为国外旅游者服务的一系列相互关联的产业。

---

① 资料来源：http://www.hainan.gov.cn/data/news/2008/04/50275/。

② 资料来源：http://www.bluehn.com/lanwanzhuanti/guojiluyoudao/。

国内学者对旅游业的定义也有多种表述，马勇（1998）指出，旅游业就是凭借旅游资源，以旅游设施为基础，通过提供旅游服务满足旅游消费者各种需要的综合性行业。谢彦君（2004）将旅游业从狭义和广义角度进行了界定，狭义的旅游业主要是指旅行社、旅游饭店、旅游车船公司以及专门从事旅游商品买卖的旅游商业等行业。广义的旅游业是指除专门从事旅游业务的部门以外，与旅游相关的各行各业都属于旅游业。

综合以上表述，一般认为旅游业是凭借旅游资源和设施，专门或者主要从事招徕、接待游客，为其提供交通、游览、住宿、餐饮、购物、文娱六个环节的综合性行业。旅游业、交通客运业和以酒店为代表的住宿业是三大支柱产业。

2.1.3 农民收入

农民收入是衡量农民生活水平最基本、最重要的指标，本书所指的农民收入就是农村居民家庭人均纯收入，依据我国统计年鉴解释，农民纯收入是指农村住户当年从各个来源得到的总收入相应地减去所发生的费用之后的收入总和。纯收入主要用于再生产投入和当年生活消费支出，也可用于储蓄和各种非义务性支出。计算公式：纯收入＝总收入－家庭经营费用支出－税费支出－生产性固定资产折旧－赠送农村外部亲友支出。农民人均纯收入是指按人口平均的纯收入水平，反映的是一个地区或一个农户农村居民的平均收入水平。

按农民收入的性质或来源划分，农民人均纯收入分为家庭经营收入、工资性收入、财产性收入和转移性收入。家庭经营收入指农村住户以家庭为生产经营单位进行生产筹划和管理而获得的收入，具体按行业分为第一产业收入（农业、林业、牧业、渔业）、第二产业收入（工业、建筑业）、第三产业收入（交通运输邮电业、批发和零售餐饮业、社会服务业、文教卫生业等），第二产业收入和第三产业收入又称为非农收入；工资性收入是指农村住户受雇于单位或个人，靠出卖劳动而获得的收入；财产性收入是指农村住户以有形非生产性资产或金融资产向其他单位提供资金或将有形非生产性资产供其支配，取得回报的收入；转移性收入是指农村住户及成员无须付出任何对应物而获得的货物、服务、资金或资产所有权。农民增收即农民人均纯收入的增加。

2.2 相关理论基础

2.2.1 "发展极"理论

"发展极"理论是 1955 年法国经济学家弗朗索瓦·佩鲁提出的，这一理论的核心思想是：在经济增长的过程中，由于某些主导部门和具有创新能力的企业、行业在某些地区聚集，以较快的速度优先得到发展，形成资本与技术高度集中，具有规模经济效益，自身增长迅速并能对邻近地区产生强大辐射作用的"发展极"，再通过其吸引力和扩散力不断增大自身规模并对所在部门和地区产生支配作用，不仅使所在部门和地区迅速发展，也可以带动其他部门和地区的发展。该理论认为在拥有广阔的地域、丰富的自然资源，但物质技术基础薄弱、交通不便、地理条件较差的一些地区，要配置一两个规模大、增长迅速且具有较大乘数作用的增长极，实行重点开发之后与该地区进入良性循环。

该理论为优先发展旅游业提供了理论支持，将旅游业作为某一地区的经济增长点可以发挥其聚集和扩散作用，将其关联带动作用辐射到一个更为广阔的地域空间。除此之外，区域旅游的发展可以遵循"发展极"理论的发展模式，并通过优先得到发展的地区带动区域内其他地区的旅游发展，发挥"发展极"的扩散作用，最终实现整个区域旅游的共同发展。因此，对于自然条件优越、资源丰富的地区要大力发展旅游业，在旅游景区集中各类资源，把景区建设成为某一地区经济发展的"发展极"，充分发挥旅游业的带动辐射作用。

2.2.2 产业结构调整理论

产业结构理论主要有配第理论、亚当·斯密顺序、配第—克拉克定律、库兹涅茨定理等。这些理论认为不同产业间的收入存在差异，导致劳动力由低收入产业向高收入产业转移。由于农业部门收入与其他产业相比较低，所以随着经济发展，劳动力将逐渐向第二产业转移，随着人均收入水平的进一步提高，劳动力逐渐向第三产业转移，总体趋势是，劳动力在第一产业就业减少，在第二产业、第三产业的就业增加。依据配第—克拉克定律和库兹涅茨定理，三大产业的演变要遵循由"一二三"向"三二一"的转变。

世界经济发展的实践表明,第三产业在国民经济中所占比重不断增加,逐渐成为国民经济的主导产业,逐渐成为推动经济增长的主要动力,包括旅游业在内的第三产业的兴旺发达,已经成为现代经济的一个重要特征。随着经济发展,人民生活水平逐渐提高,对旅游的需求程度显著提高,促进了旅游业的快速发展,旅游业的发展除了直接带动第三产业的发展之外,也会大大促进第二产业和第一产业的发展,大力发展旅游业有利于调整产业结构,推动地区经济持续健康发展。

2.2.3 旅游地生命周期理论

旅游地生命周期理论是由产品生命周期理论引申而来的,Christaller(1963)首次提出了旅游地生命周期理论概念,但被学者们公认并广泛应用的旅游地生命周期理论是Builer(1980)提出的借用产品生命周期模式来描述旅游地的演进过程,旅游地演化一般经历探索期、起步期、发展期、巩固期、停滞期和衰落期或复苏期六个阶段。

由于旅游产品不能转移,也不会被消费掉,但会因为旅游者的偏好而发生改变,因此,以旅游业为主导产业的地区,要充分挖掘当地的资源特点,不断扩展旅游产品,延长旅游地的生命周期。在国际旅游岛建设过程中,要通过特色旅游产品的规划与开发来增强旅游吸引力,要根据消费者的不同需求,按时间、品种、消费水平和线路等要素进行产品组合和配套服务,延长旅游产品的生命周期,保证持续的竞争力。

2.2.4 可持续发展理论

可持续发展理论是在1980年3月,联合国大会文件中首次提出的,将可持续发展定义为"既满足当代人的需要,又不对后代人满足其需要的能力构成危害的发展"。1989年联合国又对定义进行了补充,认为可持续发展指满足当前需要,而又不削弱子孙后代满足其需要之能力的发展。它包括子孙后代的需要、国家主权、国家公平、发展中国家的持续经济增长、自然资源基础、生态抗压力、环保和发展相结合等重要内容。该理论认为,健康的经济发展要建立在生态可持续的基础之上,即在大力发展经济、满足人类需要的同时,要保护好资源与生态环境,不影响后人的生存和发展。

旅游业是非常脆弱的行业，是以自然生态环境为基础的行业，被认为是"无烟工业"，很多地区将其列为重点发展的产业，但是出现了旅游资源过度开发，旅游项目盲目上马，景区、景点经营粗放，管理缺乏效率等问题，严重破坏了旅游业赖以存在和发展的环境，旅游业可持续发展问题日渐突出。20世纪80年代后期，可持续发展理论在世界范围内兴起，在这种背景下，可持续旅游的概念相继被提出来。旅游业可持续发展战略的实质是"使大自然、社会文化和人类环境与旅游形成和谐统一的整体，实现既能够满足当前以及未来旅游业的发展，又不会损害旅游者、旅游地当前及未来的利益"。旅游业可持续发展战略的实施能够使以"回归自然，返璞归真"的旅游项目逐渐成为时尚，而人们在崇尚自然的同时，也自然产生了保护环境的意识。因此，在国际旅游岛的建设过程中，要充分认识到旅游业可持续发展的问题，减少旅游发展的负面影响，要做好详细的规划，严格控制旅游环境容量，减少对自然资源的消耗，保持和恢复生态环境的良好状态，在追求经济效益的同时，最大限度地兼顾社会效益和生态效益。

2.3 旅游业发展对农民收入影响的机理分析

从近年来中国旅游业发展来看，旅游业发挥着巨大的乘数效应，旅游业为农村的发展带来了活力，调整了农村产业结构、农民就业结构，拓宽了农民就业渠道，增加了农民收入来源。

2.3.1 旅游业带动相关产业发展，促进农民收入增长

旅游业具有很强的行业关联带动作用及渗透性，与其直接相关的行业有24个，间接相关的行业有124个。按照"发展极"理论，旅游业作为某个地区的主导产业和发展极，可以带动旅游地交通运输、住宿、餐饮、娱乐、建筑、文化、绿色农产品、工艺品加工等产业的迅速发展，对当地经济的发展有很强的扩散效应和辐射作用。在农村地区，旅游业的发展具有很强的联动效应，"吃、住、行、游、购、娱"的旅游活动可以带动交通运输、酒店、餐饮、导游、旅游纪念品加工和销售、农产品深加工、特色种养殖等大批相关产业的发展，农民可以直接或间接地参与到旅游业的发展中，农民参与旅游的渠道明显增多，从旅游业发展中

获得实惠自然会增加。

旅游业相关产业发展调整了旅游地的产业结构，农村地区多数是以种植业为主要产业，第一产业所占比重较大，第三产业所占比重比较小，经济效率和服务水平较低。农村地区旅游的开发为该地区第二产业、第三产业的发展创造了非常多的机会，促进该地区产业结构的优化升级，使当地农村原有、单一的产业结构发生改变，由第一产业转变为第一产业与第二产业、第三产业相结合的经济模式。以旅游服务为主的第三产业迅速发展，促使农民向非农产业转产，直接和间接地增加了农民收入。

2.3.2 发展旅游业能够吸收农村剩余劳动力，增加农民收入

农村劳动力由于文化程度低、缺乏一定技能等特点，使其缺乏相应的就业竞争力，因此，农村剩余劳动力的问题比较突出，当前我国大约有2亿的农村剩余劳动力，且每年还要新增600万左右。旅游业是以劳动密集型而著称的服务性产业，具有较高的就业乘数效应。同时，旅游业的就业门槛相对较低，人力资源结构总体上向初级技能劳动者倾斜，劳动就业的培训成本较低，具备吸纳目的地剩余劳动力实现充分就业的作用。因此，在农村及周边地区发展旅游业可以吸收更多的农村剩余劳动力就近就业。

世界旅游组织认为，旅游业每增加1个就业人员，能为社会创造6~8个就业机会，就业乘数效应极大，旅游业的发展为农民提供了相关就业岗位，如各交通运输、旅游景区、宾馆饭店、旅行社等部门提供的直接就业机会，以及与旅游业相关的建筑业、加工制造业等部门提供的间接就业机会，农民就业机会明显增多，相应增加了从旅游业中获得的实惠。

2.3.3 旅游业发展可以改善农村基础设施，间接增加农民收入

基础设施水平决定着一个地区旅游业的发展水平，交通、通信、电力、水利、教育、卫生、医疗设施等基础设施的健全与完善决定着旅游目的地开发的前景及程度。旅游业的持续健康发展，是以良好基础设施与服务为保证的，风光秀丽、环境整洁、民风淳朴、交通快捷、服务热情已经成为目前旅游发展中吸引游客的制胜法宝。因此，旅游业的发展对基础设施和环境的要求比较高，不断地健全和完善基础设施建设，能够为旅游业创造更好的环境，有利于增加旅游发展的后劲。反之，如果旅游地基础设施不完善，则会成为制约旅游业发展的瓶颈。

农村地区基础建设一直比较薄弱，在农村地区发展旅游业的首要任务就是要改善该地区的基础设施，二者是相辅相成的关系，大力发展旅游业的同时，有利于促进交通、通信、水利、电力、教育、卫生、医疗等基础设施的建设和完善，反过来基础设施的完善又会进一步促进旅游业的发展，吸引更多的游客，创造更多的旅游收入，这是一个良性循环。因此，随着旅游业的发展，农村各项基础设施逐步完善，农民拥有了良好的生活环境，有利于农民生产生活成本的节约，间接增加了农民收入。

2.3.4 旅游业发展有利于保护生态环境，促进农民收入持续增长

良好的生态环境是旅游业可持续发展的根本保证和物质基础，二者之间相辅相成。对于农村地区，农民都有脱贫致富的愿望，在充分认识了自身的旅游发展优势、可持续发展重要性的基础上，当地农民就会自发地保护和改善他们赖以生存的生态环境，提高生态环境质量，可以吸引更多的旅游者，保持旅游地经济持续发展。

旅游业的持续健康发展，在促进社会经济发展和提高人民物质文化生活水平的同时，可以设立旅游收入专项资金用来保护和改善生态环境，促进旅游业的深入发展，在保持二者良性循环的过程中，当地的农民能够获得直接或间接的收益，进而又促使他们积极参与环境的保护和治理改善，实现生态环境与经济的协调发展，这样能够保证农民旅游收入的持续增长，最终达到保持生态环境和经济协调发展的理想目标。

2.3.5 旅游业发展改变了农民收入结构

旅游业的发展带来了农村产业结构的转变，增加农民收入的同时，收入结构也随之发生变化。旅游相关的就业岗位增多，工资性收入逐步增加。同时，随着旅游相关产业的快速发展，农民由靠传统农业生产赚钱向靠经营农业旅游项目赚钱转变，家庭经营收入中的第一产业收入的比重有所降低，第二、第三产业收入比重不断增加。与此同时，财产性收入和转移性收入也会逐步增加。具体来看，与旅游业相关的农民收入主要来源于工资性收入、经营性收入、财产性收入（见图 2-1）。

工资性收入，主要来源于在旅游景区内就业的固定工资收入，或在其他旅游相关部门就业的固定工资收入，从事建筑行业的工资性收入等。

经营性收入，主要来源于民俗住宿、餐饮、经营"农家乐"等直接旅游收入，除此之外旅游业发展也促进了当地农产品、土特产品、手工艺品、小商品等销售，增加了农民经营性收入。

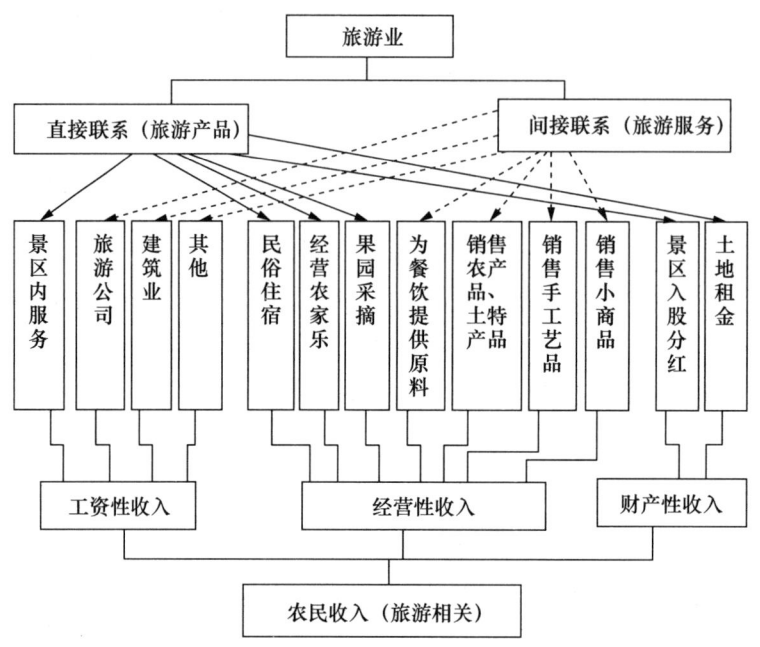

图2-1 旅游业对农民收入结构的影响

财产性收入，主要包括旅游景区、旅游设施建设中吸收农民以土地入股，并取得相应的土地入股分红收入、土地租金收入等。

2.3.6 旅游业发展有助于加快城乡发展一体化

我国长期以来实行城乡分割的二元经济社会结构，重城市、轻农村的政策偏好，使得城乡差距不断增加，并已经成为社会经济发展中的突出矛盾。城乡发展一体化指的是城市和乡村两个不同特质的经济社会单元和人类聚落空间，在一个相互依存的区域范围谋求融合发展、协调共生的过程。而城乡发展一体化的关键是基于城乡统一市场和共享城乡资源背景下的产业统筹。当前非农业生产已经成为国民经济的主导产业，旅游业作为一种非农产业，是第三产业中的重要产业，旅游业以其综合性、关联性和较高的乘数效应在城乡发展一体化中发挥着不可替代的作用。

大力发展旅游业,尤其发展乡村旅游可以消除城乡的空间分割,加强城乡间的横向联系,有利于生产要素在城乡之间的自由流动;发展旅游业的过程同时也是改善环境、创造服务的过程,可以提升整个社会公共服务的水平,推动城乡公共资源均衡配置,有效带动农村基础设施建设,促进城乡基础设施一体化;旅游业有利于加强城乡之间文化交流、促进社会的和谐发展,加快城乡一体化进程,缩小城乡差距。

2.4 本章小结

本章对国际旅游岛、旅游业、农民收入等概念进行了相应的界定,明确了研究范围。阐述了"发展极"理论、产业结构调整理论、生命周期理论、可持续发展等相关理论,与此同时,本章梳理了旅游业发展对农民收入影响的机理,并绘制了机理图,详细分析了旅游业发展对农民收入结构的影响,为进一步的分析研究提供了理论基础(见图2-2)。

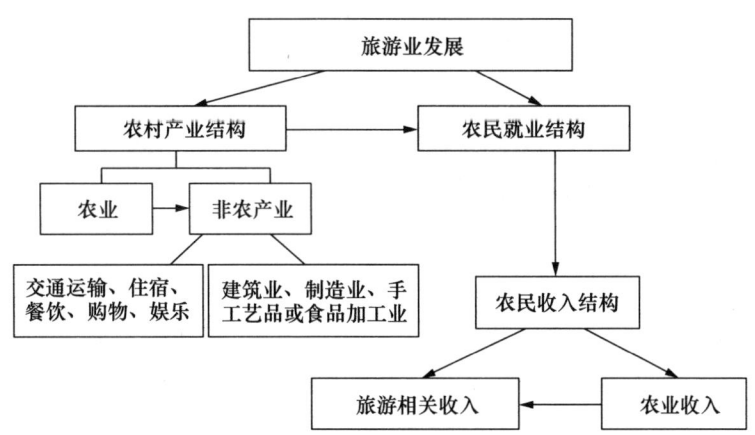

图2-2 旅游发展影响农民收入的机理

第3章 海南省国际旅游岛建设背景、意义及规划分析

3.1 海南省国际旅游岛建设背景

海南1988年建省，拥有陆地面积3.54万平方公里，海洋面积200万平方公里，是中国陆地面积最小、海洋面积最大的省份，总人口为880万。海南全省阳光、海水、沙滩、植被、气候五大旅游要素俱全，年平均气温为25.3℃，森林覆盖率超过50%，人均寿命全国排名前茅。近年来，按照"生态立省、开放强省、产业富省、实干兴省"的指导方针，积极实施"大企业进入、大项目带动、高科技支撑"战略，海南省经济呈现出结构优化、效益提高、活力增强、速度趋快的又好又快发展态势。海南省拥有国内独一无二的热带海岛旅游资源，生态环境优越，四季温暖，气候宜人。滨海旅游、热带雨林、特色温泉等热带旅游资源十分丰富，品位高，相比较国际其他海岛旅游资源也具有一定的独特性和稀缺性，适合发展国际上流行的多样化度假旅游，海南省丰富、多样的旅游资源为发展以旅游业为龙头的现代服务业，建设国际化的海岛旅游胜地提供了得天独厚的条件。同时，海南省作为我国最大的经济特区，也是唯一的省级经济特区，要更好地发挥改革开放的排头兵作用。由于旅游业具有低消耗、高效益、多关联等特点，使得旅游业成为战略性产业，再加上经济发展水平的提高，人们消费需求增多，为旅游业发展提供了越来越广阔的市场。因此，海南省必须抓住时机，充分发挥示范带动作用，努力将旅游业发展成为支柱产业，使海南省的经济发展水平迈上新的台阶。

第3章　海南省国际旅游岛建设背景、意义及规划分析

旅游业是战略性产业，资源消耗低，带动系数大，就业机会多，综合效益好。改革开放以来，我国旅游业快速发展，产业规模不断扩大，产业体系日趋完善。当前，我国正处于工业化、城镇化快速发展时期，日益增长的大众化、多样化消费需求为旅游业发展提供了新的机遇。2009年12月1日国务院提出了加快发展旅游业的指导意见。海南省的经济发展可谓"万事俱备，只欠东风"，2009年12月31日，国务院适时提出了加快发展海南省旅游业、建设国际旅游岛的指导意见，此举为海南省的经济快速发展吹来了一股强劲东风。国务院出台的《关于推进海南国际旅游岛建设发展的若干意见》（以下简称《意见》），为海南省的经济建设、旅游发展指明了方向。这也是继1988年建省办经济特区之后，海南省发展史上又一件具有里程碑意义的大事。《意见》中总共9个部分的内容，包括总体要求、生态文明建设、提升旅游业管理水平、大力发展与旅游相关的现代服务业、积极发展热带农业、加强基础设施建设、社会建设、发展新型工业、落实保障措施。

《意见》中提出的战略定位是：将海南省建设成世界著名的海岛休闲度假旅游目的地、国际经济合作与交流的重要平台、中国旅游改革创新的试验地、全国生态文明示范区、海洋资源开发与服务的重要基地、国家热带农业资源基地。

《意见》中指出发展目标：截止到2015年，海南省旅游产业各方面的水平都要有显著的提升，如旅游管理营销水平、服务水平、旅游产品开发的市场化水平、国际化水平等。旅游业增加值占海南省GDP比例要达到8%以上，第三产业增加值占海南GDP比例达到47%以上，第三产业就业人数占总就业人数的比重要达到45%以上，海南省人均GDP、农村居民收入水平、城镇居民收入水平都要达到全国中上水平，同时要显著提高社会事业发展水平，如教育、卫生、文化、社会保障等方面，继续保持全国领先水平的生态环境质量。截止到2020年，旅游服务标准要与国际全面接轨，如旅游基础设施及服务水平、经营管理等都要遵循国际准则，世界著名的海岛休闲度假旅游地初步建成。旅游产业的经济效益显著增强，旅游业增加值占海南省GDP比重达到12%以上，第三产业增加值进一步提高，占海南省GDP比重达到60%，第三产业就业人数进一步增多，占全省就业人数的比重达到60%，全省人均GDP、农民收入、城镇居民收入要迈入国内先进水平行列，生态环境质量继续保持国内领先水平，旅游产业壮大成熟使得海南省可持续发展能力显著增强。

3.2 海南省建设国际旅游岛的重要意义

(1) 海南省建设国际旅游岛,有助于构建具有海南特色的经济结构和更具活力的机制。随着海南省经济结构调整和增长方式转变,以旅游业为龙头的第三产业的地位越来越突出,并且旅游业必将成为海南经济发展的支柱产业。国际旅游岛发展战略的提出,有助于构建具有海南特色的经济结构和充满活力的管理体制,实现海南经济社会高效快速发展,同时这一战略举措也是我国改革发展战略在海南的示范先行,是为我国旅游业改革发展提供经验的"试验田"。

(2) 海南省建设国际旅游岛,是提高海南省旅游国际竞争力的重要途径。改革开放以后,我国旅游业逐渐发展成为新兴的朝阳产业,该产业具有明显的国际竞争优势。海岛度假休闲旅游一直以来都是国际旅游的热点,海南省作为全国唯一热带海岛省份,旅游环境与资源具有稀缺性,具有较强的比较优势参与国际旅游市场的竞争。建设海南国际旅游岛,构建走向世界旅游市场的通道、平台,有利于提升整个国家旅游业的国际竞争力,最终实现我国旅游业的转型升级、走向世界。

(3) 海南省建设国际旅游岛,有助于进一步推进海南生态省建设。海南作为全国唯一热带岛屿省份,良好的生态环境是海南省可持续发展的基石。1999年海南省率先在全国提出建设生态省,多年来始终坚持生态立省发展战略,强调把环境保护、资源合理开发利用和高效生态产业发展有机结合,促进国民经济快速健康发展和社会文明进步相协调科学发展。建设国际旅游岛,大力发展以旅游业为主导的服务业,可以使海南省的生态环境优势得以充分的发挥和保持,通过发展绿色产业、建设生态文明,根本转变经济发展方式的理念是海南省未来产业发展的必然趋势。

3.3 海南省国际旅游岛建设的具体规划

为贯彻落实国务院的《意见》精神,2010年6月,海南省政府将《意见》

进一步细化，制定了《海南国际旅游岛建设发展规划纲要（2010~2020年）》（以下简称《纲要》），《纲要》按照《意见》中提出的各项要求，在全面系统分析国际旅游岛建设发展的内部条件和外部环境的基础上，做出了具体的规划安排。

3.3.1 总体目标

《纲要》中提出国际旅游岛建设要采取"三步走"的战略：

第一步，3年夯实基础，截止到2012年，国内外游客接待量达到3160万人·天·次，旅游收入总量达到314亿元，旅游业增加值占GDP比重达到7.5%，第三产业增加值占GDP比重达到47%，第三产业就业人数占到总就业人数的39%。

第二步，5年各方面水平显著提升，截止到2015年，力争全省人均GDP、农民收入、城镇居民收入水平要达到全国中上水平，国内外游客的接待量达到4760万人·天·次，旅游收入总量达到540亿元，旅游业增加值占GDP比重达到9%以上，第三产业增加值占GDP比重达到50%以上，这两项指标的标准都超过了《意见》中提出的标准，第三产业就业人数比重达到45%以上。

第三步，通过10年实践，初步建成国际旅游岛。截止到2020年，全省人均GDP、城镇居民收入、农民收入力争迈入国内先进水平行列，旅游收入总量达到1240亿元，接待国内外游客达到7680万人·天·次，第三产业增加值占GDP比重达到60%，旅游业增加值占GDP比重达到12%以上，第三产业就业人数进一步增多，比重达到60%，具体指标如表3-1所示。

表3-1 海南国际旅游岛建设主要经济指标

指标名称	2009年	2012年		2015年		2020年	
		绝对值	年均增长	绝对值	年均增长	绝对值	年均增长
地区生产总值（亿元）	1646.6	2376	13%	3430	13%	6900	15%
人均生产总值（元）	19166	26930	12%	37835	12%	72850	14%
城镇人均可支配收入（元）	13751	19320	12%	27140	12%	48900	12.5%
农民人均纯收入（元）	4744	6665	12%	9620	12.5%	17720	13%
旅游人数（万人·天·次）	2250.33	3160	12%	4760	14.6%	7680	10%

续表

指标名称	2009 年	2012 年		2015 年		2020 年	
		绝对值	年均增长	绝对值	年均增长	绝对值	年均增长
旅游收入（亿元）	211.72	314	14%	540	20%	1240	18%
旅游业增加值比重（%）	6.4	7.5		9		12	
第三产业增加值比重（%）	45	47		50		60	
第三产业从业人数比重(%)	34.6	39		45		60	

3.3.2 空间布局

按照统一设计、稳步推进、滚动开发的空间发展模式，《规划》中将海南省的各个市县进行了科学的定位，确定了国际旅游岛建设的功能分区，以此加强对主要旅游景区和度假区的规划控制，全省共划分为 6 个功能区域。

北部功能区，《规划》中指出北部功能区是以海口市作为中心城市，将文昌市、澄迈县、定安县纳入其中，功能区总面积为 7965 平方公里，占全省面积的比重为 23.37%。该功能区的经济发展基础较好，综合发展条件优越，交通和信息联系快捷，是全省经济发展快、实力强、综合功能突出的产业功能区。针对该功能区的比较优势，在其范围内要重点建设一条将海口东西海岸、澄迈县和文昌市、定安县串联起来的综合经济发展走廊，加快建设海口滨海旅游度假区、福山咖啡文化风情小镇，同时也要大力发展琼北优质水果农业带、文昌市北部和澄迈县的农业产业区。

南部功能区，《规划》中指出南部功能区是以三亚市为中心城市，将陵水县、保亭县、乐东县纳入其中，功能区总面积为 6955 平方公里，占全省面积的比重为 20.41%。南部功能区的旅游资源十分丰富，在全省范围内旅游业发展相对比较快，是旅游业发展的核心区域。该功能区要将香水湾、清水湾、亚龙湾、大东海、天涯海角、龙沐湾等景区和度假区串联起来，重点打造高品质的滨海休闲度假旅游带，充分发挥旅游发展的带头和示范作用。

中部功能区，《规划》中指出，中部功能区将琼中县、白沙县、屯昌县、五指山市包括其中，功能区总面积为 7184 平方公里，占全省面积的比重为 21.07%。该功能区是万泉河、昌化江、南渡江等主要河流的发源地和主要水源涵养区，是海南省的生态核心区，在中部功能区内首先要处理好生态保护与旅游发展的关系。因此，该功能区要重点建设具有民族文化特色及热带雨林特色的旅游项目，大力发展建设核心景区和度假区，如白沙森林温泉、五指山、鹦哥岭、百花岭景区，同时也要建设白沙县、通什特色农业产业区。

东部功能区，《规划》中指出，东部功能区只包括琼海市、万宁市两市，功能区总面积为3576平方公里，占全省面积的比重为10.49%。该功能区的滨海旅游资源丰富程度仅次于三亚市，旅游业发展势头强劲，是全省旅游业率先发展的重点地区。因此，该功能区也要依托滨海旅游资源，构建万泉河、博鳌水城、石梅湾、兴隆温泉等核心景区和度假区构成的滨海休闲度假旅游带，同时也要大力发展琼海市、万宁市的农业综合发展区。

西部功能区，《规划》中指出，西部功能区以儋州市为中心城市，将临高县、昌江县、东方市和洋浦经济开发区纳入其中，功能区总面积为8407平方公里，占全省面积的比重为24.66%，是第一大功能区。该功能区对外交通联系便捷、工业基础较好、发展潜力大。因此，该功能区要重点建设洋浦经济开发区、东方工业园区、昌江循环经济产业区等工业聚集点，同时大力建设临高县、儋州市热带现代农业基地，东方市、昌江县农业综合发展区。

海洋功能区，《规划》中指出，海洋功能区主要包括三沙市（西沙、南沙、中沙群岛）及海南省管辖海域，该功能区海洋资源丰富，因此要抓住这些优势，充分发展海洋旅游业，使海洋渔业及交通运输业的发展进一步提升，海洋石油，天然气勘探、开采和加工业逐步壮大，对于其他海洋新兴产业要不断地鼓励与支持。

3.4 海南省国际旅游岛建设发展原则

（1）打造世界精品，遵循国际准则。为建设国际化的旅游海岛，就要坚持国际化准则，要坚持以产业、企业、项目三者联动带动的发展模式，高起点规划、高质量建设，要突出自身的优势，积极重点扶植和培育本土特色品牌，同时加快引进国际知名品牌，以此带动旅游业的科技含量和文化底蕴不断提升，建造一批拥有核心竞争力的旅游品牌和企业。

（2）坚持惠民强岛。国际旅游岛建设的根本目的就是要提高海南人民的生活水平和质量,要让全体岛民真正从国际旅游岛建设和发展中获得实惠,除了要打造中外游客的度假天堂之外,更重要的是要让全体岛民满意,这是国际旅游岛建设发展的主要原则。因此,海南在做大做强旅游业的同时,对于中西部地区,应该做到旅游产业与其他产业融合发展,政策上要优先倾斜,项目上要优先考虑,优先发展旅游产业,基础设施建设相对均衡。

(3)坚持保护生态环境。海南省社会经济发展的首要任务是要保护生态环境、建设生态文明、节约能源资源。国际旅游岛建设过程中始终要树立生态文明的理念,充分保护得天独厚的生态环境优势,形成资源节约型和环境友好型的产业结构、发展方式和消费模式。

(4)坚持示范、创新。国际旅游岛建设发展要打破体制障碍,破解发展中出现的难题,大胆创新,解放思想,充分发挥区位、资源及政策优势,有效地整合资源,积极探索适合海南实际的建设开发模式、管理体制及运行机制,充分发挥海南国际旅游岛先行示范作用,为全国旅游业发展提供借鉴意义。

(5)坚持规划引导,稳步推进。国际旅游岛建设过程中首先要进行科学合理统一规划,准确定位旅游景区,尤其是对投资规模大、占用较多优质资源、市场排斥性较强的旅游项目要从整体上进行控制,实施"顶层设计"的理念,以避免资源浪费和重复建设。同时,合理控制发展步骤,对空间布局逐步优化,实现各区域均衡协调发展,使国际旅游岛建设稳步有序地进行。

(6)坚持全面协调发展。国际旅游岛建设中首先要协调发展第一产业、第二产业和第三产业,实现相关产业与旅游业的融合发展。为加快推进城乡一体化进程,要实现城镇发展和新农村建设的协调发展。为营造和构建和谐的社会环境,旅游业与社会事业也要协调统一。为促进海南社会全面健康发展,除了要考虑旅游资源的商业性开发之外,还要重点关注旅游开发的公益性。

3.5 国际旅游岛建设海南省旅游业发展面临的机遇

3.5.1 国际旅游岛建设促进海南省旅游经济快速增长

旅游经济增长是指在一定时期内,某个国家或地区旅游经济总产出数量增加、规模扩大。旅游经济增长通常受到旅游资源及其开发和利用的程度,旅游投资增长率及投资效率,旅游就业人数和旅游就业质量,旅游科技进步程度及利用情况,旅游业的对外开放水平等多种因素影响。此外,还有一项重要的因素就是相应的政策支持。海南省旅游经济的增长离不开政府的政策支持,实施落地签证、免签证、离境退税、离岛免税等优惠政策,都会极大地促进海南省旅游业的发展,而国际旅游岛的建设是海南省旅游发展的一项重要支持政策,海南省旅游产业将大幅度开放,必将促进海南省旅游经济的快速增长。

3.5.2 国际旅游岛建设促进海南省旅游业的持续发展

按照旅游可持续发展理论,旅游可持续发展是指,"在充分考虑旅游与自然资源、社会文化和生态环境相互影响与作用的前提下,将旅游开发建立在生态环境承受能力之上,谋求旅游业与自然、环境和文化的协调发展,造福子孙后代的旅游经济发展模式"。

海南省在过去的20多年中以其独特的旅游资源和自然环境吸引着国内外的游客,但是在旅游发展过程中,有意无意地忽视了生态环境、传统民族文化的脆弱性,随着越来越多的游客进入,管理方式粗放,出现了景观被破坏、环境被污染等负面效应,导致海南省的资源、环境面临着巨大的压力,旅游可持续发展受到威胁。建设国际旅游岛对可持续发展提出了明确的指导,要求海南省旅游业发展必须坚持可持续发展的系统观、可持续发展的资源观、可持续发展的市场观、可持续发展的产业观和可持续发展的效益观,要重点发展适合环境和文化保护的旅游产品和活动,既能兼顾当地的生态环境,又能保持当地的特色文化。同时,针对要求制定了科学的旅游业总体发展规划和旅游资源开发规划,进一步提出了要加强对旅游业的管理,提高旅游者和旅游企业对可持续发展的认识,这些举措都有利于海南省旅游业的可持续发展。

3.5.3 国际旅游岛建设促进海南省旅游结构的调整

国际旅游岛建设之前,海南省多数是旅游观光型产品,产品结构单一、低端、老化,在市场上越来越缺乏优势和核心竞争力,无法满足现代旅游消费的多样性需求,而随着旅游者品位的提升,越来越追求有综合性、有特色、自然与本色以及能够自身参与其中的旅游产品,而国际旅游岛建设提出要深入调整旅游产品结构,不断扩展旅游方式,逐步形成以滨海度假旅游为主导,多种旅游方式融合发展的局面，挖掘旅游产品内涵，提升海南省旅游业的核心竞争力。

除此之外，海南省旅游区域结构存在很大的不平衡，需要逐步调整，之前海南的旅游区域主要集中在东线，使得中部和西部地区线路的游客非常少，出现了东部地区环境面临较大压力，而中部、西部地区又冷清的局面，海南省除了有大海和沙滩景色之外，还有更加稀有的绿色生态资源，为此，国际旅游岛建设提出了中部地区、东部地区、西部地区协调发展的要求，国际旅游岛的建设将会使海南省的旅游产品不断丰富，各区域不断协调发展。

3.5.4 国际旅游岛建设促进海南省文化旅游的发展

旅游者旅游的动机之一是与旅游地居民交往、了解当地文化和生活方式，旅游活动是旅游者文明素质提高的过程。旅游业是文化性很强的经济产业，文化是旅游的灵魂，现代旅游是旅游者为了满足自身的精神文化需要而进行的一种高级消费，旅游者越来越注重旅游产品的文化性。海南省20多年的旅游发展一直都是以资源为主，旅游企业在旅游开发的过程中更多的是看重商业利益，许多旅游景点的商业元素多于文化元素，海南省特色文化发掘和弘扬明显不足，导致旅游发展中出现了"高产低效"、"客源不足"等问题，国际旅游岛建设提出要深度挖掘海南省的民族文化、热带森林文化、海洋文化，大力发展文化旅游，用文化引领景区的发展，此举有利于提升旅游产品的文化内涵，提高旅游产品的文化品位，能够吸引更多的旅游者，进而带动旅游业的蓬勃发展。

3.6 本章小结

本章详细阐述了国际旅游岛建设的背景，从有利于建立有特色和活力的机制、有利于提升海南省国际竞争力以及推动生态省建设三个方面强调了国际旅游岛建设的重要意义。重点从总体目标和空间布局两个方面对目标规划进行了解析，同时也提出了国际旅游岛建设应遵循的原则，详细分析了国际旅游岛建设背景下海南省旅游业发展面临的机遇。通过以上几个方面的分析明确了2010～2020年衡量国际旅游岛建设的经济指标及具体内容，为进一步理解和比较国际旅游岛建设成效提供相应的依据。

第4章 海南省旅游业发展对经济增长的拉动效应研究

改革开放 30 多年来的实践证明，我国旅游业已经成为国民经济新的经济增长点和重要支柱产业，在保增长、扩内需、调结构等各个方面都扮演着越来越重要的角色。由于旅游业属于产业关联广、渗透力强、就业带动作用大的综合性服务产业，大力发展旅游业能够刺激消费、扩大内需，实现产业结构优化升级，其对国民经济的消费、投资、出口的增长具有明显的拉动作用，作为朝阳产业的旅游业对国民经济增长的拉动作用是综合性的。旅游业在实践中的重要作用使其成为在理论研究方面的热点。关于旅游业发展对经济增长的拉动效应的研究方法较为丰富，主要有乘数理论、投入产出法、旅游卫星账户、协整检验法、Granger 因果检验法等。这些方法在旅游业经济影响评价中的运用较为成熟，但它的应用有一定的局限性和应用尺度，同时获得完整的基础数据较为困难。

海南省旅游业在产业中的地位，从最初的特色产业到重要产业、支柱产业，直至现在的主导产业，其对全省经济增长的拉动效应作用逐渐增加。2009 年国际旅游岛建设战略目标的确定，为海南旅游业的发展提供强劲的动力和巨大的空间，旅游业对海南经济发展的支撑作用进一步增强。2015 年海南省地区生产总值为 3702.76 亿元，为 2009 年的 2 倍左右。2015 年海南省旅游收入 543.37 亿元，是 2009 年的 2.5 倍左右。本章运用海南省旅游业的依存度、贡献率和拉动率 3 个指标，来测算海南省旅游业对经济增长的拉动效应。

4.1 研究方法

本书采用旅游业依存度、贡献率和拉动率3个指标来衡量旅游业对经济增长的拉动效应。国内张伟等（2011）、宋鄂平等（2013）、张晋华等（2017）运用该方法分别对安徽省、湖北省恩施州、山西省进行了相关研究，分析效果较好。该方法数据易得、计算简单，易于从时间上纵向比较，空间上横向比较。指标的具体含义如下：

（1）旅游业依存度。该指标衡量旅游业收入在地区国民经济中所占比重。计算公式为：

$$DR_t = L_t / GDP_t \times 100\%$$

公式中：DR_t为旅游业依存度；L_t为当年地区旅游总收入；GDP_t为当年地区生产总值。

（2）旅游业贡献率。该指标测量旅游消费的增长对地区生产总值增长所做的贡献。计算公式为：

$$GR_t = (L_t - L_{t-1}) / (GDP_t - GDP_{t-1}) \times 100\%$$

公式中：GR_t为旅游业贡献率；L_{t-1}为上一年地区旅游总收入；GDP_{t-1}为上一年地区生产总值。

（3）旅游业拉动率。该指标测量旅游业对国民经济相关产业的带动作用。计算公式为：

$$LR_t = YR_t \times GR_t \times 100\%$$

公式中：LR_t为旅游业拉动率；YR_t为当年地区生产总值增长率。

4.2 旅游拉动效应的时间维度分析

海南省旅游业发展迅速，尤其是国际旅游岛战略目标确定后，旅游业的依存度和贡献率都显著增强，对全省经济增长的拉动效应愈显强劲。海南省旅游业依存度、贡献率和拉动率分别由2007年的13.66%、14.84%、2.84%增长到2015年的14.67%、28.9%、1.67%（见表4-1），图4-1进一步刻画了三指标的增长形态。2011年以后旅游业贡献率快速增长，进一步说明海南国际旅游岛建设成绩显著，旅游经济平稳健康发展，以旅游业为龙头的现代服务业加快发展，服务业成为拉动经济增长的主要动力。

表4-1 海南省旅游业对经济增长拉动效应的时间序列变化（2007~2015年）

年份	旅游业依存度	旅游业贡献率	旅游业拉动率	年份	旅游业依存度	旅游业贡献率	旅游业拉动率
2007	13.66%	14.84%	2.84%	2012	13.28%	16.55%	2.18%
2008	12.80%	8.42%	1.67%	2013	13.62%	16.99%	1.73%
2009	12.80%	12.83%	1.29%	2014	13.85%	15.93%	1.79%
2010	12.48%	11.19%	2.78%	2015	14.67%	28.90%	1.67%
2011	12.85%	14.49%	3.22%				

资料来源：据《海南省统计年鉴》（2006~2016年）中相关数据计算整理。

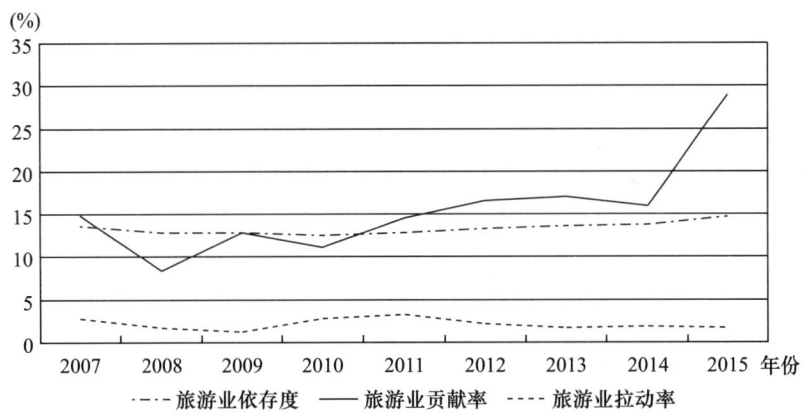

图4-1 2007~2015年三指标的时间序列变化

通过以上的分析发现，海南省旅游业在未来发展过程中，要注意与其他产业之间协调发展的同时，要进一步增强旅游业拉动效应，充分发挥旅游业支柱产业的作用，增强海南经济实力。

4.3 拉动效应的空间维度分析

4.3.1 海南省与周边省份旅游业拉动效应比较

海南省与云南、贵州、广西、湖南、青海五省区在社会发展和旅游经济形态等方面有诸多相似之处，通过各省份及全国指标之间的比较分析，可以看出海南省旅游业的发展变化及所处的水平，有利于海南省制定合理的旅游产业发展政策，也有利于国际旅游岛战略的顺利实施。本章选取2008年、2012年、2015年三个节点的指标数据进行比较分析（详见表4-2）。

表4-2 2008年、2012年、2015年海南与周边省区及全国的旅游业拉动效应指标值

区域	2008年			2012年			2015年		
	旅游依存度	旅游贡献率	旅游拉动率	旅游依存度	旅游贡献率	旅游拉动率	旅游依存度	旅游贡献率	旅游拉动率
海南	12.80%	8.42%	1.67%	13.28%	16.55%	2.18%	16.56%	36.94%	3.41%
云南	11.64%	8.98%	1.74%	16.51%	28.39%	4.52%	31.78%	125.38%	10.53%
贵州	19.50%	30.29%	4.89%	27.35%	39.15%	7.55%	42.84%	123.03%	14.43%
广西	7.60%	7.91%	1.53%	12.73%	28.91%	3.26%	22.79%	62.74%	5.38%
湖南	7.37%	5.63%	1.26%	10.08%	17.95%	2.30%	15.07%	45.26%	3.42%
青海	4.94%	0.08%	0.02%	6.57%	14.69%	1.88%	12.06%	40.06%	2.58%
六省平均	10.64%	10.22%	1.85%	14.42%	24.27%	3.62%	23.52%	72.24%	6.62%
全国	3.69%	1.33%	0.24%	4.99%	7.33%	0.72%	6.30%	8.31%	0.83%

资料来源：根据2009年、2013年、2017年全国及各省国民经济及社会发展统计公报中数据整理计算而得。

由表4-2可以看出，海南旅游业依存度指标在周边地区的位序处于中等水平，2008年处于第二位，高于云南、广西、湖南和青海，但低于贵州6.7个百分点。2012年有所下降，处于第三位，与第一位的贵州相比，相差14.07个百分

点,云南上升到第二位,超过海南 3.23 个百分点;2015 年海南处于第四位,广西上升到第三位,海南与第一位的贵州相差 26.28 个百分点。与全国同期平均水平相比,显著高于全国同期平均水平,分别高出 9.11、8.29 和 10.23 个百分点,位于全国上游水平。

从旅游业贡献率指标来看,2008 年海南为 8.42%,位于第二位,高于广西、湖南和青海,但低于贵州 21.87 个百分点,低于云南 0.56 个百分点;2012 年处于第五位,仅高于青海。2015 年海南旅游贡献率也有较大幅度增长,比 2012 年增长了 20.39 个百分点,但其他五省(区)的旅游贡献率增长幅度飞快,均超过海南。云南、贵州两省的旅游贡献率分别达到了 125.38%、123.03%。与全国平均水平相比,海南旅游业的贡献率处于较高水平。

从旅游业拉动率指标来看,2008 年最高的是贵州,其次是云南,海南排在第三位,低于贵州 3.22 个百分点,2012 年海南旅游拉动率增长到 2.18%,但与其他省份相比,处于第五位。2015 年海南旅游拉动率增长到 3.41%,比 2012 年增长了 1.23 个百分点,但仅高于青海,与第一位的贵州相差 11.02 个百分点。与全国的平均水平相比,海南旅游业的拉动率处于较高水平。

从三指标总体情况看,海南旅游业对经济增长拉动效应逐年增加,但与其他省份相比并不突出,可以从以下两个方面进行分析。

一方面,海南建省办经济特区以来,特别是海南国际旅游岛建设上升为国家战略以后,海南紧紧围绕推动科学发展、绿色崛起,加快推进国际旅游岛建设发展的总体思路,加快旅游产业的发展,取得了令人瞩目的成就,近年来海南省积极加强顶层设计,增强旅游产业发展内生动力;全面启动全域旅游创建工作,旅游产业发展形成合力;打造十大旅游产品体系,加大旅游产业供给侧结构性改革,海南旅游收入增长不断地创造新高,旅游业逐步成为带动现代服务业发展的龙头产业。

另一方面,与云南省和贵州省相比,这两个省份的经济总量和人口总量都远远超过海南省,其旅游总收入总量是海南省的 8 倍左右,这两个省的旅游业在一定程度上走在海南省的前面,而国际旅游岛的建设和独特的热带海洋资源使得海南省旅游业呈现出持续向好的发展态势;同时这两个省有着深厚的民族文化底蕴和独特的气候条件,旅游资源非常丰富,近两年这两个省都在大力地推动旅游业的转型升级,提质增效,形成了一批新的旅游景点,再加上高铁经济的影响使得这些地区的旅游实现井喷式增长。所以,贵州省、云南省的旅游拉动率有较大幅度的增长。

因此,海南省旅游产业发展也要学习周边省份的成功经验和做法,加强与周边省份的交流与合作,进一步加强自身的特色,继续保持持续健康发展的势头。

4.3.2 海南省各县市的旅游业拉动效应比较分析

一个省份经济的发展一般是由各市县来带动,通过对省内市县之间旅游业拉动效应差异性的相互比较,可以发现旅游业发展的省域内差异状况,有利于提高旅游政策的针对性。表4-3选取了海南省18个市县,采用2015年国民经济与社会发展统计公报的原始数据,对旅游业依存度、贡献率和拉动率三项指标进行了统计。从表4-3中可以看出,三亚市、琼海市的各项指标均高于海南省平均水平。

表4-3 2015年海南省各市县旅游业对经济增长拉动效应的三项指标值

地区	旅游依存度	旅游贡献率	旅游拉动率	地区	旅游依存度	旅游贡献率	旅游拉动率
海口市	15.25%	33.20%	2.74%	临高县	1.91%	7.15%	0.76%
三亚市	67.79%	50.55%	4.61%	儋州市	4.88%	5.46%	0.68%
五指山市	10.33%	15%	1.48%	东方市	3.10%	22.73%	0.83%
文昌市	7.49%	10.72%	1.09%	乐东县	4.55%	23.52%	3%
琼海市	25.98%	37.25%	3.73%	琼中县	8.73%	48.15%	5.32%
万宁市	20.16%	10.95%	1.22%	保亭县	22.54%	33.56%	3.89%
定安县	4.54%	9.71%	1.08%	陵水县	11.57%	31.70%	3.58%
屯昌县	3.74%	17.65%	1.91%	白沙县	4.65%	15.55%	1.68%
澄迈县	7.10%	21.19%	1.44%	昌江县	5.04%	6.86%	0.99%
海南省	16.56%	36.94%	3.41%				

资料来源:根据各市县的统计公报计算得出。

从旅游依存度来看,三亚市最高67.79%,其次是琼海市,第三位的是保亭县。最低的是临高县只有1.91%。三亚市作为海南最南端的城市和我国唯一的热带滨海城市,拥有优越的区位优势和丰富的旅游资源优势,三亚市一直坚定不移地把旅游业作为支柱产业，创新旅游管理、开发、服务模式，全面实施旅游产业"转型增效、协调发展"战略。实施政府主导、旅游精品和可持续发展战略，全市旅游产业规模不断扩大，整体素质明显提升，支柱产业地位继续巩固，对经济社会发展的促进作用明显增强。琼海市的旅游资源较为丰富，加上万泉河、红色娘子军的历史文化浓厚，再加上博鳌亚洲论坛永久会址的确立，为琼海的旅游发展提供了迅速发展的广阔空间。临高县旅游、人文、自然景观等资源非常丰富，发展旅游业有独特优势。但由于基础设施欠缺、创新意识不强等，临高县旅游资源和亮点没有深度挖掘出来，旅游经济发展受到制约，旅游业发展缓慢。2015年以来，临高县积极加大旅游宣传促销工作力度，加快旅游基础设施建设，加强整治旅游市场力度，努力提升行业管理水平和服务质量，为营造临高旅游健康快速发展的良好环境奠定了坚实的基础。

从旅游贡献率来看，三亚市最高，达到了50.55%，其次是琼中县，达到了48.15%，最低的是儋州市。琼中县地处海南省的中部生态保护核心区，经济发展一直受到限制，国际旅游岛战略目标提出之后，琼中县依靠珍稀的生态资源大力发展旅游业，旅游总收入增长速度明显高于地区生产总值增长的速度。其中琼中县以乡村旅游为突破口，逐渐走出了一条旅游兴农、旅游促农、旅游富农的特色乡村旅游发展之路。儋州市是西部中心城市，以第一产业、第二产业为主，由于儋州市的旅游景点比较分散、规模小、旅游发展规划滞后等原因，旅游业占经济总量的比重比较小，虽然近几年，旅游收入大幅度增长，但其增长速度显著低于地区生产总值的增长速度。

从旅游拉动率来看，高于全省平均水平的有琼中县、三亚市、琼海市，保亭县和陵水县，其中最高的是琼中县5.32%，其余市县都低于全省平均水平，有4个县的旅游拉动率不足1%，其中最低的儋州市0.68%。这个指标主要是受到旅游贡献率的影响。

旅游依存度与贡献率两指标可以分别反映旅游业在国民经济中所占比重与旅游业发展速度，所占比重表明地区国民经济对旅游业的依赖程度，而发展速度在一定程度上可显示旅游业发展的未来状况。图4-2的散点分布反映了海南省各市县的旅游依存度和旅游贡献率的情况。三亚市的依托丰富的旅游资源在两个指标上与其他市县拉开了很大的距离。琼海市处于第二位，与三亚市的差距还是比较大的。

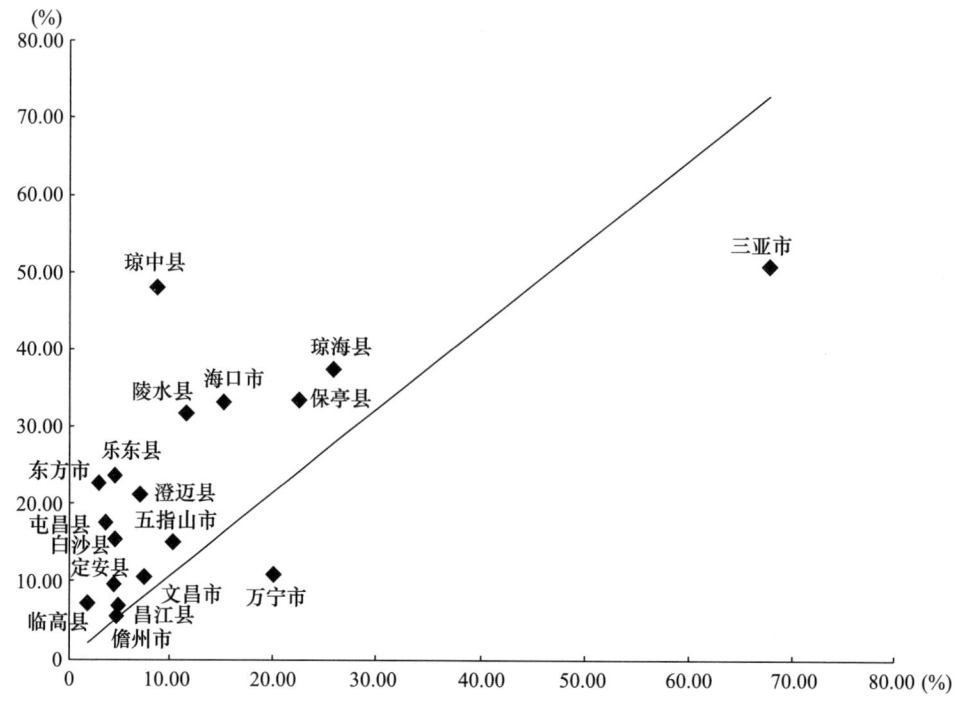

图4-2 海南省各市县旅游依存度与旅游贡献率的散点分布图

通过图4-2比较发现,三亚市和万宁市的依存度大于贡献率,说明这两个市的旅游业在地区经济中所占比重较大。除了这两个市以外,其他市县均分布于1:1线以上,即贡献率大于依存度,这说明这些市县的旅游业发展势头迅猛。其中,琼中县显示出极强的发展趋势,尽管依存度为8.73%,贡献率却达到了48.15%,发展速度位列全省第二。同时,琼海市旅游业发展速度也较快,旅游贡献率达到了37.25%,位列全省第三位,旅游依存度为25.98%,其发展速度与在国民经济中所占比重基本协调,因此分布在1:1线附近。

未来在海南省全域旅游工作的推动下,要让全省旅游产业发展形成合力,同时也要因地制宜,挖掘各市县的旅游产业特色,调整旅游产品,提高旅游质量,推动全省各市县旅游业均衡发展。

4.3.3 基于全省GDP测算各市县旅游业拉动效应

本书探讨的三个指标均存在区域尺度的相对性。对各市县三个指标值的计算均采用了各市县GDP值,反映出来的情况均为各市县旅游业对自身市县的拉动效应。如果利用全省GDP值再来计算每个市县旅游业对省域经济的拉动效应,结论将会有不同,具体如表4-4所示。

表4-4 基于海南省GDP测算的2015年各市县旅游业对经济增长拉动效应的三项指标值

地区	旅游依存度	旅游贡献率	旅游拉动率	地区	旅游依存度	旅游贡献率	旅游拉动率
海口市	4.74%	9.30%	0.86%	临高县	0.08%	0.32%	0.03%
三亚市	7.97%	5.88%	0.54%	儋州市	0.31%	0.46%	0.04%
五指山市	0.06%	0.10%	0.01%	东方市	0.11%	0.35%	0.03%
文昌市	0.35%	0.54%	0.05%	乐东县	0.13%	0.92%	0.08%
琼海市	1.42%	2.19%	0.20%	琼中县	0.09%	0.61%	0.06%
万宁市	0.92%	0.59%	0.05%	保亭县	0.24%	0.44%	0.04%
定安县	0.09%	0.24%	0.02%	陵水县	0.37%	1.23%	0.11%
屯昌县	0.06%	0.32%	0.03%	白沙县	0.05%	0.20%	0.02%
澄迈县	0.50%	1.13%	0.10%	昌江县	0.13%	0.26%	0.02%

资料来源:根据各市县的统计公报计算得出。

由表4-4数据可知,旅游业对经济增长的拉动效应发生了变化。例如,比较海口与三亚两市的拉动效应。当选取两市各自的GDP值进行测算时,海口市的依存度为15.25%、贡献率为33.2%、拉动率为2.74%;三亚市的依存度为67.79%、贡献率为50.55%、拉动率为4.61%。由此可以看出,三亚市的拉动效应大于海口市。而当选取全省GDP值进行测算时,海口市的依存度为4.74%、贡献率为9.3%、拉动率为0.86%;三亚市的依存度为7.97%、贡献率为5.88%、拉动率为0.54%,海口市的拉动效应大于三亚市。可见,海口市当年旅游业较三亚市对全省经济增长拉动更强,而三亚市旅游业对本省经济增长更强。这就涉及区域尺度的问题,即一市县拉动效应的大小与选取区域的大小有关。因此,拉动效应应考虑区域尺度,区域范围不同,其结论会出现差异。

从各市县的角度来看,拉动效应的区域差异明显,旅游业发达的地区(如三亚、琼海)的拉动效应远高于其他市县。这些地区的旅游资源丰富、旅游产品数量及种类众多、质量高,属于全省旅游业的龙头;琼中地区随着国际旅游岛战略的实施,旅游基础设施不断完善,旅游产品逐渐丰富,逐渐突出特色,旅游经济增速较快。如琼中县在乡村旅游方面逐渐成熟，特色突出，旅游经济持续快速增长。琼北地区（如儋州市、临高县等）旅游经济整体较为落后，还需要进一步挖掘旅游内涵，打造特色产品，完善基础设施，进一步增强旅游业的拉动效应。

4.4 本章小结

本章以旅游总收入、地区生产总值为基数，从时间、空间两个维度对海南省旅游经济增长的拉动效应进行了分析，得出以下结论：

（1）从时间维度来看，2007～2015年，海南省旅游业依存度、旅游业贡献率和旅游业拉动率总体不断提高，其中旅游贡献率和旅游拉动率增长幅度更大。而且，随着国际旅游岛战略的深入实施，这种效应将持续增强。

（2）从省域空间维度来看，海南省旅游业对经济增长拉动效应与其他相邻省份相比，效应并不突出，但显著高于全国的平均水平。

（3）从市域空间维度来看，海南省各市县旅游业对经济增长拉动效应存在空间差异，东部地区持续增长，中部地区增长势头迅猛，北部地区增长缓慢。

（4）分析"拉动效应"这一概念时要注意区域尺度问题。

第5章 海南省旅游业发展与农民收入的现状分析

海南省国际旅游岛建设在大力发展以旅游业为龙头的服务产业，促进经济社会又好又快发展的同时，根本落脚点是让900万海南人民的生活水平大幅度提高，从2010~2015年的6年间，海南这个被注入了全新动力的海岛得到了前所未有的关注和翻天覆地的变化，GDP高速增长，海南省经济全面复苏，其中旅游业的贡献居功至伟，受国际旅游岛建设利好因素影响，6年来，海南省旅游业发展逐渐成熟，国内外知名度显著提高。

5.1 海南省旅游业发展状况分析

5.1.1 旅游人数、旅游收入显著增加

从表5-1中的数据可以看出，国际旅游岛建设之后，各项指标与建设前相比都有显著的增加，并逐年增长。

2010年是海南省国际旅游岛建设的开局之年，随着一系列免签证、离境退税、离岛免税等优惠政策的实施，海南旅游吸引了越来越多的国内外游客的到来，旅游人数达到2587万人次，同比增长14.98%，其中入境游客明显增加。从游客接待总数上来看，与邻近的广西、广东相比差距还很大，但从旅游收入增长速度方面比较，海南已经超过这两个省区。旅游总收入达到257.63亿元，同比增长21.7%，其中，国内旅游收入235.61亿元，同比增长22.19%；入境旅游

收入22.02亿元，同比增长16.49%。

2011年，海南省接待国内外游客首次突破3000万人次，值得注意的是，游客接待量由1000万人次增长到2000万人次，海南省用了8年时间，而从2000万人次增长到3000万人次，海南省却只用了3年时间。旅游总收入达到324.04亿元，比上年增长25.8%。

表5-1 2008~2015年海南省旅游业的变化情况

年份	全省GDP（亿元）	旅游收入（亿元）	人均GDP（元）	旅游收入占全省GDP比重（%）	第三产业增加值占GDP比重（%）	旅游业增加值占全省生产总值（%）	旅游人数（万人次）
2008	1503.1	192.33	17691	12.80	42.81	5.2	2060
2009	1646.6	211.72	19254	12.80	45.25	6.3	2250
2010	2064.5	257.63	23831	12.5	46.19	6.7	2587
2011	2522.7	324.04	28898	12.88	45.54	6.9	3001
2012	2855.5	379.12	32377	13.28	46.91	7.1	3320
2013	3177.56	428.56	35663	13.49	51.74	7.3	3672
2014	3500.72	484.98	38924	13.85	51.85	7.4	4060
2015	3702.76	543.37	40818	14.67	53.26	7.6	4492

资料来源：《海南省统计年鉴》。

2012年，随着海南国际旅游岛知名度的提高，旅游业继续快速增长，旅游总收入达到379.12亿元，比上年增长17%，其中，国内旅游收入356.79亿元，增长19.1%，到2015年海南省旅游人数4492万人次，旅游总收入已经达到543.37亿元，比2010年翻了一番，同时旅游收入的增长幅度明显大于旅游接待人数的增长幅度，旅游发展质量不断提升。具体变化趋势可以从图5-1直观看出。

5.1.2 产业结构不断优化

从图5-2可以直观看出，2010年，海南省三次产业比重为26:28:46，各次产业内部结构明显优化，第三产业增加值占GDP的46.19%，旅游收入占全省GDP的12.554%，占第三产业生产总值的27.02%，旅游业增加值占全省GDP比重达到6.7%，该比重高于全国5%的水平，也略高于国内部分旅游城市的水平（如天津市为6%，江苏省为6.5%）。但是与国际著名旅游目的地相比较（如瑞士旅游业增加值占GDP比重约为10%），仍然存在较大的差距。

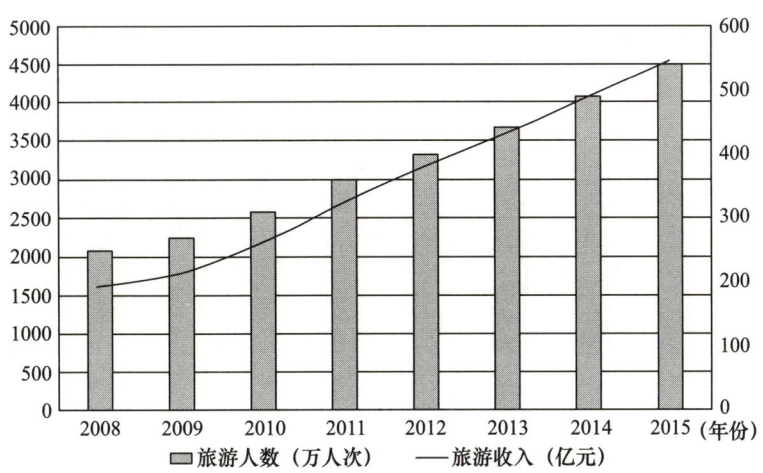

图5-1 海南省旅游市场增长情况

2011年，海南省旅游收入占全省GDP的比重为12.88%，占第三产业生产总值的比重为28.20%，第三产业增加值占GDP的比重为45.54%，旅游业增加值占全省GDP比重达到了6.9%，继续高于全国的平均水平，旅游业对海南省国民经济影响力日渐凸显。

2012年，海南省旅游业收入占全省GDP的比重为13.28%，占第三产业生产总值的比重为28.30%，第三产业增加值占GDP的比重为46.91%，旅游业增加值占全省GDP比重达到7.1%，三次产业的比例调整为25∶28∶47，第三产业比重持续提高，服务业进一步发展，为实现国际旅游岛建设要求，海南省的服务业必须要以更快的速度增长，才能匹配旅游业快速发展的需要。

2015年，海南省旅游业总收入占全省GDP的比重为14.67%，第三产业增加值占GDP的比重为53.26%，旅游业增加值占全省GDP比重达到7.5%，三次产业的比例结构调整为23∶24∶53，第三产业对全省生产总值增长的贡献率为61.4%，服务业迅速发展。

按照国际标准，如果单一产业直接贡献率占全国GDP的比重达到或超过8%，该产业即为支柱产业，从3年的数据来看，海南省旅游业对当年国内生产总值的贡献率已经超过了8%，且达到14%左右，这一结果表明旅游业已经发展成为海南省的支柱产业。"十二五"是海南推进国际旅游岛战略的第一个五年，旅游产业规模和效益显著提升，在各行业经济增速出现普遍放缓的情况下，全省旅游经济总体保持稳定较快的发展态势，为全省经济增长做出了应有贡献。

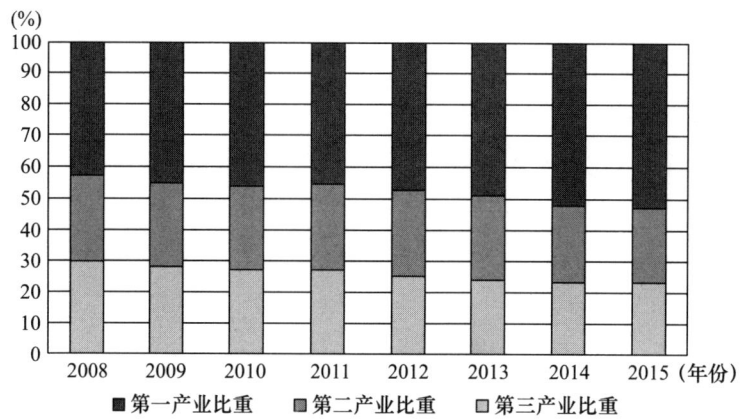

图5-2 2008~2015年海南省产业结构情况

从2012年数据进一步分析来看，海南省产业结构中第三产业比重高于全国水平，第一产业比重也高于全国水平，第二产业水平比较弱，低于全国水平，三次产业结构的比重进一步表明，海南省重点发展旅游业为龙头的第三产业，配合第一产业、第二产业所形成的产业组合，符合产业转移理论，有利于整体经济效益的最大实现（见图5-3）。

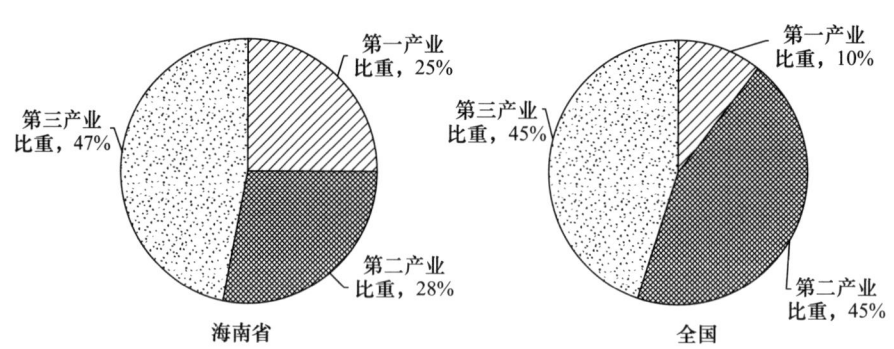

图5-3 2012年海南省与全国产业结构的比较

5.1.3 就业结构不断调整

旅游业作为涉及交通、游览、住宿、餐饮、购物、文娱六个环节的综合性行业，就业门槛相对比较低，就业成本比其他产业低 36.3% 左右。大力发展旅游业，除了能够增加大量的旅游直接就业岗位，由于旅游经济具有很强的产业关联性，旅游业自身发展壮大还能够带动农业、建筑业、制造业、食品加工业等相关行业的发展，增加了大量旅游间接就业岗位，旅游业的快速发展使得全省就业人数显著增加。

从海南省就业结构的变化可以看出（见表 5-2、图 5-4），截止到 2012 年海南省就业人数逐年增加，第一产业从业绝对数量最多，但第一产业就业人数所占比重逐年下降；第二产业就业绝对数量最少，就业数量所占比重有缓步上升的趋势；第三产业就业人数所占比重逐年上升，结合产业结构的变化来看，2012 年海南省就业结构变化略微滞后于产业结构变化，这与配第一克拉克定律相符，表明随着海南省旅游业的发展，未来就业还有较大的提升空间，全省就业人数还将持续增加，从 2013 年开始至 2015 年，第三产业就业人数已经超过第一产业就业人数，成为就业人数最多的产业，海南省就业结构的变化与产业结构的变化处于平衡状态。

表 5-2 国际旅游岛建设前后就业情况

年份	全省从业人数（万人）	第三产业从业人数（万人）	旅游收入占第三产业比重（%）	旅游业从业人数（万人）	旅游业从业人数占全省从业人数比重（%）	第二产业从业人数比重（%）	第一产业从业人数比重（%）
2008	408.36	141.3	29.36	40.82	10	11.22	54.18
2009	424.56	150.73	27.51	42.63	10.04	11.36	53.14
2010	439.65	165.87	25.98	44.81	10.19	11.90	50.37
2011	459.22	179.51	26.80	50.63	11.02	11.92	48.99
2012	483.90	193.91	26.62	54.88	11.34	12.24	47.69
2013	514.56	226.86	26.07	59.14	11.49	12.68	43.23
2014	543.10	243.28	26.71	64.98	11.96	12.65	42.56
2015	555.77	256.14	27.55	70.56	12.70	12.55	41.36

资料来源：《海南省统计年鉴》，其中旅游业从业人数是由第三产业从业人数与旅游收入占第三产业比重估计而得。

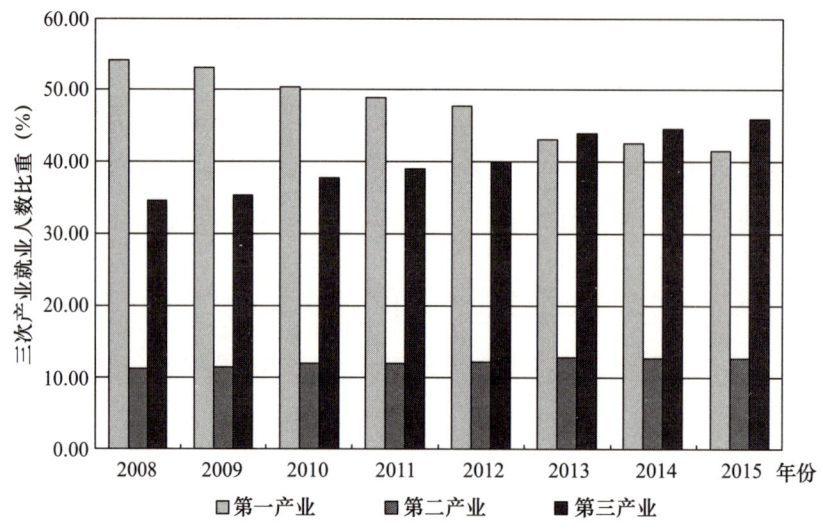

图5-4 海南省三次产业就业人数比重变化趋势

从第三产业内部就业人数来看，全省旅游业就业人数逐年增加，从2008年的40.82万人增加到2012年的54.88万人，到2015年的70.56万人，7年时间增长了72.86%。在国际旅游岛建设之后，旅游业就业人数占全省就业人数的比重逐年提高，2012年增加到11.34%。杨晓娟（2012）对旅游收入及第三产业从业人数进行线性回归发现，海南省旅游收入增加1亿元，带动第三产业从业人数平均增加3304人。因此，伴随着海南省旅游业快速发展，旅游业就业人数必将显著增加，就业结构不断完善。

5.1.4 第一步规划目标超额完成

综合来看，国际旅游岛建设的主要经济指标实际完成情况（见表5-3），2012年地区生产总值超出预期目标479.54亿元；人均生产总值超出预期目标5447元；旅游收入超出预期目标65亿元；旅游收入年增长率超出预期目标3%；旅游人数超出预期目标160万人次；旅游业增加值比重超出预期目标0.1%；第三产业增加值比重与预期目标持平；第三产业从业人数比重比预期目标超出1.07%，截止到2012年，国际旅游岛建设规划的第一步目标超额完成。

5.1.5 第二步规划目标基本完成

综合来看，国际旅游岛建设第二步主要经济指标实际完成情况（见表5-

4)，2015年地区生产总值超出预期目标272.76亿元；人均生产总值超出预期目标2983元；旅游收入超出预期目标3.37亿元；旅游收入年增长率超出预期目标2%；旅游人数与预期相差268万人次；旅游业增加值比重与预期相差1.4个百分点；第三产业增加值比重超出预期目标3.26个百分点；第三产业从业人数比重比预期目标超出1.09个百分点，截止到2015年，国际旅游岛建设规划的第二步目标基本顺利完成。

表5-3　2012年国际旅游建设主要经济指标完成情况

指标	预期值	实际值	完成情况（实际值-预期值）
地区生产总值（亿元）	2376	2855.5	479.5
人均生产总值（元）	26930	32377	5447
旅游收入（亿元）	314	379.12	65.12
旅游收入年增长率（%）	14	17	3
旅游人数（万人次）	3160	3320	160
旅游业增加值比重（%）	7	7.1	0.1
第三产业增加值比重（%）	47	47	0
第三产业从业人数比重（%）	39	40.7	1.07

资料来源：《海南统计年鉴》。

表5-4　2015年国际旅游建设主要经济指标完成情况

指标	预期值	实际值	完成情况（实际值-预期值）
地区生产总值（亿元）	3430	3702.76	272.76
人均生产总值（元）	37835	40818	2983
旅游收入（亿元）	540	543.37	3.37
旅游收入年增长率（%）	20	22	2
旅游人数（万人次）	4760	4492	-268
旅游业增加值比重（%）	9	7.6	-1.4
第三产业增加值比重（%）	50	53.26	3.26
第三产业从业人数比重（%）	45	46.09	1.09

资料来源：《海南统计年鉴》。

5.1.6 旅游业区域发展不平衡

国际旅游岛建设后海南全省的旅游业取得了快速发展，但由于地理位置、经济水平、旅游资源禀赋、基础设施条件、人才环境等原因，海南省各市（县）旅游发展水平在空间上存在着很大的差异（见表5-5）。

表5-5 国际旅游岛建设前后部分市县旅游收入变化情况

地区	2008年			2012年			2015年		
	旅游收入（亿元）	旅游人数（万人次）	第三产业从业人数比重（%）	旅游收入（亿元）	旅游人数（万人次）	第三产业从业人数比重（%）	旅游收入（亿元）	旅游人数（万人次）	第三产业从业人数比重（%）
全省	192.33	2060	34.6	379.12	3320	40.07	543.37	4492	46.09
海口市	60.02	637.9	56.2	101.57	952.9	58.72	160.06	1225	65.26
三亚市	91.05	604.2	50.12	192.2	1100	57.70	302.31	1496	65.54
琼中县	0.052	3.52	26.89	0.26	22	27.06	1.71	47	30.31
琼海市	8.4	270.35	30.24	17.3	185.2	35.53	49.82	279	36.95
儋州市	2.51	44	23.87	4.72	103.9	27.56	11.07	158	34.34

资料来源：根据《海南省统计年鉴》、《国民经济和社会发展统计公报》、《政府工作报告》整理而得。

从旅游收入的绝对数量来看，海南省各地区旅游业的发展很不平衡，2012年，海口市、三亚市旅游总收入已经突破100亿元，到2015年，海口市的旅游总收入为160.06亿元，三亚市的旅游总收入已经达到了302.31亿元，酒店、旅行社、旅游景区、景点主要集中在这些地区，全省旅游收入快速增长的80%是由地理位置优越的三亚市、海口市和琼海市等东部市县贡献的。以少数民族居多的中部、西部地区旅游发展缓慢，旅游收入较低，对当地的经济贡献比较小，产业带动效应不足，作为海南国际旅游岛建设的重要组成部分，中部、西部旅游发展程度直接关系到海南省旅游产品数量和质量的提高，中西部旅游如果能够快速发展起来，海南省旅游业将发挥更多的乘数效应，国际旅游岛才能全面建成。

从旅游业发展的增长幅度来看，各市（县）的旅游收入在国际旅游岛建设后都有显著的增加，增长幅度最快的是琼中县，琼中县2008年的旅游收入只有0.052亿元，2012年，旅游收入增加到0.26亿元，增长了4倍，截止到2015年琼中县的旅游总收入为1.71亿元，比2012年增长了5倍。旅游人数由2008年的

3.52万人增加到2012年的33万人,到2015年琼中县旅游人数增加到了47万人。琼中县地处海南省的中部生态保护核心区,经济发展一直受到限制,国际旅游岛战略目标提出之后,琼中依靠珍稀的生态资源大力发展旅游业,旅游总收入增长速度明显高于地区生产总值增长的速度。琼中县充分依托当地的生态资源,以及黎族、苗族文化资源,以乡村旅游为突破口,大力发展乡村旅游、生态旅游,逐渐走出了一条特色乡村旅游发展之路。

旅游收入增长幅度位居第二位的是三亚市,三亚作为海南最南端的城市和我国唯一的热带滨海城市,拥有优越的区位优势和丰富的旅游资源优势,三亚市一直都把旅游业作为支柱产业,深入挖掘自身优势,不断提升旅游产品质量,形成旅游精品,旅游收入继续保持较快增长,2012年旅游收入达到192.2亿元,比2008年翻了1.1倍,旅游人数由2008年的604.2万人,增加到2012年的1100万人,增长了82%。2012年第三产业从业人数比重为57.7%。2015年旅游收入达到了302.31亿元,比2012年增长了57%,第三产业从业人数比重增加到65.54%。

丰富的旅游资源及浓厚的历史文化,以及博鳌亚洲论坛永久会址的确立,为琼海的旅游发展提供了更加广阔的空间。琼海市充分利用博鳌亚洲论坛品牌,大力发展以会展业为核心的旅游项目,旅游发展成效显著,旅游收入显著增加,2012年旅游收入达到17.3亿元,比2008年增长了2.05倍,2015年琼海市旅游总收入达到了49.82亿元,比2012年翻了近3倍。

儋州市是西部中心城市,以第一产业、第二产业为主,由于儋州市的旅游景点比较分散、规模小、旅游发展规划滞后等原因,旅游业占经济总量的比重比较小,近年来,在大力推进国际旅游岛和"全域旅游示范省"的建设过程中,儋州市深入挖掘、整合旅游资源,旅游收入和旅游人数都有不同程度的增加,2012年旅游收入比2008年增长了88%,到2015年儋州市旅游收入达到了11.07亿元,比2012年增长了近3倍。

海口市作为海南的经济、政治、文化中心,旅游发展逐年平稳上升,2012年旅游收入为101.57亿元,比2008年增长了69.2%,旅游人数增长了49.4%,第三产业从业人数比重为58.72%。近年来,海口正在做强商务会展旅游,积极发展红色旅游、水上旅游、历史文化旅游,借助高铁时代的动力,能加快构建"旅游+"产业发展格局。2015年海口市旅游总收入达160.06亿元,比2012年增长了58%,第三产业就业人数比重增加到65.26%。

综合来看，旅游业发达的地区（如三亚、琼海）的旅游资源丰富、旅游产品数量及种类众多、质量高，属于全省旅游业的龙头；琼中地区随着国际旅游岛战略的实施，旅游基础设施不断完善，旅游产品逐渐丰富，逐渐突出特色，旅游经济增速较快。如琼中县在乡村旅游方面逐渐成熟，特色突出，旅游经济持续快速增长。琼北地区（如儋州市等）旅游经济整体较为落后，还需要进一步挖掘旅游内涵，打造特色产品，完善基础设施，进一步增强旅游业的发展。因此，在全省国际旅游岛建设及全域旅游工作的推动下，要让海南全省旅游产业发展形成合力，同时也要因地制宜，挖掘各市县的旅游产业特色，调整旅游产品，提高旅游质量，推动全省各市县旅游业均衡发展，实现全岛协调均衡发展。

5.2 海南省农民收入状况分析

海南自 1988 年建省以来，充分利用中央赋予的更大自主权和多项优惠政策，社会经济发展迅速，经过近 30 年的飞速发展，已经基本摆脱了贫穷落后的局面。但相对于全国其他经济发达地区，海南省经济发展水平还比较落后，尤其是海南省农村经济发展水平更加落后，农民收入水平较低，且存在较大差异，城乡之间收入存在较大差距。

5.2.1 海南省农民收入快速增长

从图 5-6 可以明显地观察出，随着海南省经济快速发展，农民收入逐年增加，2008 年全省农民人均纯收入为 4390 元，2009 年为 4744 元，比上年实际增长（扣除价格因素）9.2%。启动国际旅游岛建设后，农民收入明显提高，2010 年，农村居民家庭人均纯收入为 5275 元，比上年实际增长了 5.1%；2011 年达到 6446 元，比上年增长 13.4%；2012 年增加到 7408 元，比上一年增长了 11.4%。

与全国农民人均可支配收入相比较，海南省农民收入的绝对水平低于全国的平均水平，但从增长速度来看，海南省农民收入增长速度显著提高，2011 年起，海南省农民收入的增长率开始超过全国农民收入增长率。海南省 2015 年农民人均可支配收入达到 10858 元，比上年实际增长了 9%，全国农民人均收入 11422

元，比上年实际增长了 7.5%，随着海南省国际旅游岛建设的全面、深入地推进，海南旅游产品体系日渐丰富，不断培育开发旅游新业态。同时结合旅游精准扶贫，海南还深入挖掘乡村文化内涵，开发建设形式多样、特色鲜明的乡村旅游产品，让老百姓吃上"旅游饭"，海南省农民收入增长的后劲持续增强。

表 5-6 2008~2015 年海南省及全国农民收入增长变化情况

年份	海南省农民人均可支配收入（元）	实际增长率（%）	全国农民人均可支配收入（元）	实际增长率（%）
2008	4390	6	4761	8
2009	4744	9.2	5153	8.5
2010	5275	5.1	5919	10.9
2011	6446	13.4	6977	11.4
2012	7408	11.4	7917	10.7
2013	8343	9.7	9429	9.3
2014	9913	9.6	10489	9.2
2015	10858	9	11422	7.5

资料来源：《海南省统计年鉴》、《中国统计年鉴》。

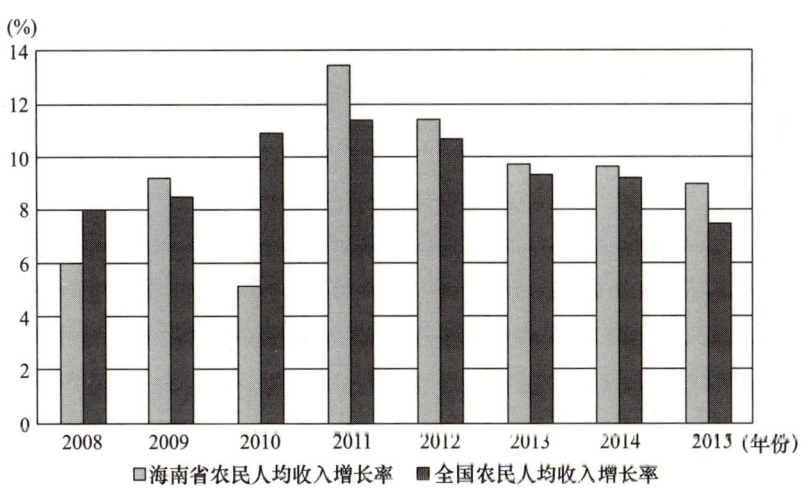

图 5-5 海南省农民收入及全国农民收入实际增长率变化

5.2.2 海南省城乡收入差距逐渐缩小

从城乡收入增长率来看，国际旅游岛建设后，海南旅游业迅猛发展，农民人均收入增长率逐渐超过城镇居民收入增长率。2010 年之前，海南省农民人均纯收入增长率都低于城镇居民人均收入增长率。2010 年是国际旅游岛建设的第一年，由于各方面都在起步阶段，政策效果还没有充分显现出来，该年农民收入增长率仍然低于城镇居民人均收入增长率，但是截止到 2011 年，农民人均收入比上年实际增长了（扣除价格因素）13.4%，开始超过城镇居民人均收入增长幅度。2012 年，农民人均收入的实际增长率为 11.4%，继续超过城镇居民人均可支配收入的实际增长率。2013 年农民人均纯收入 8343 元，比上年增长了 9.7%，城镇居民人均纯收入 22929 元，比上年实际增长了 6.6%，到 2015 年海南省农民人均收入达到 10858 元，实际增长率为 9%，农民收入增长率连续 5 年超过城镇居民收入增长率，城乡收入差距逐步缩小（见表 5-7，具体变化趋势见图 5-6）。

表 5-7 海南省农民人均纯收入与城镇居民人均收入的比较

年份	农民人均纯收入（元）	实际增长率（%）	城镇居民人均纯收入（元）	实际增长率（%）	城镇居民收入/农村居民收入
2008	4390	6	12608	8	2.87
2009	4744	9.2	13751	9.6	2.89
2010	5275	5.1	15581	8.4	2.95
2011	6446	13.4	18369	11.8	2.84
2012	7408	11.4	20918	10.4	2.82
2013	8343	9.7	22929	6.6	2.75
2014	9913	9.6	24487	6.9	2.47
2015	10858	9	26356	6.4	2.42

资料来源：《海南省统计年鉴》。

从海南省城乡居民收入比来看，该比例出现下降趋势（见图 5-7）。2010 年城乡收入比开始下降，由 2010 年的 2.95 下降到 2013 年的 2.75，2015 年城乡居民收入比为 2.42，虽然下降的幅度比较小，也能够反映出下降的趋势，随着国际旅游岛建设的顺利推进，以及农民利益越来越得到重视，海南省农民收入增长将会有更大的空间，城乡居民收入差距也将会大幅度地缩小。

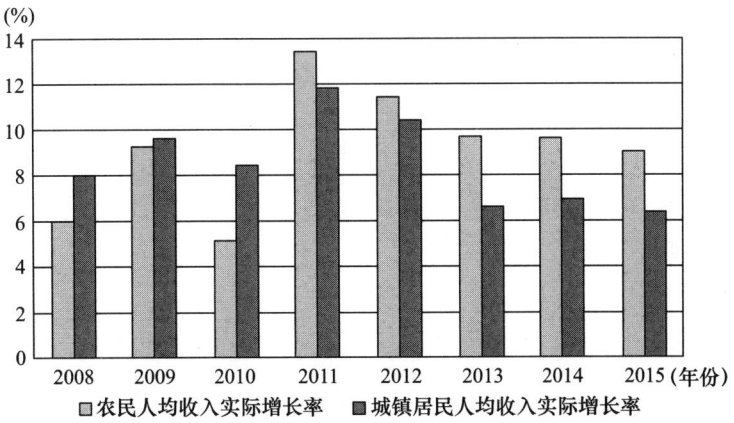

图 5-6 海南省农民收入及城镇居民收入实际增长率变化情况

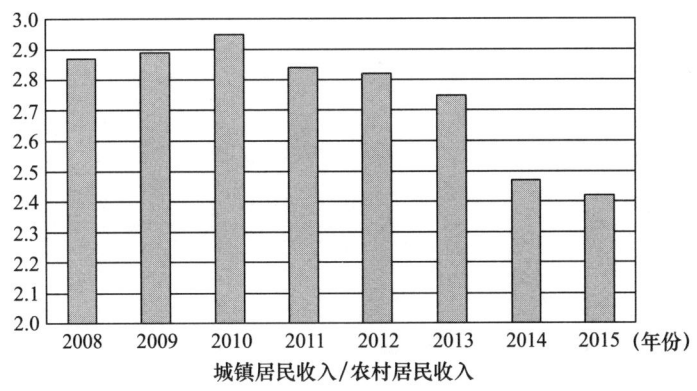

图 5-7 海南城乡收入差距变化趋势

5.2.3 海南省农民收入结构不断调整

农民收入结构是指按照性质或来源划分的收入构成，即由家庭经营收入、工资性收入、财产性收入、转移性收入四部分构成，收入结构主要反映农民收入各个组成部分之间的比例关系及变动状况。国际旅游岛建设后，海南省农民人均纯收入逐年增加，收入结构也随之发生了变化（见表 5-8、表 5-9、图 5-8）。

表5-8 海南省农民人均纯收入结构情况

年份	家庭经营收入（元）	家庭经营收入增长率（%）	家庭经营收入占总收入比重（%）	工资性纯收入（元）	工资性收入占总收入比重（%）	财产性纯收入（元）	财产性收入占总收入比重（%）	转移性纯收入（元）	转移性收入占总收入比重（%）
2008	3235	12.7	73.7	809	18.4	54	1.23	293	6.67
2009	3426	5.9	72.2	973	20.5	56	1.18	289	6.09
2010	3563	4	67.5	1262	23.9	108	2.05	342	6.48
2011	3827	7.4	59.4	2005	31.1	136	2.11	497	7.71
2012	4183	9.3	56.5	2476	33.4	173	2.34	576	7.78
2013	4443	6.2	53.3	2979	35.7	212	2.54	709	8.5
2014	4753	7	47.9	3596	36.3	177	1.79	1386	14
2015	5013	5.5	46.2	4251	39.2	195	1.8	1399	12.9

资料来源：《海南省统计年鉴》。

表5-9 海南省农民家庭经营收入的构成情况

指标 \ 年份	2008	2009	2010	2011	2012	2013
家庭经营收入（元）	3235	3426	3563	3827	4183	4443
其中：第一产业收入（元）	2873	2953	2947	3099	3248	3350
占家庭经营收入比重（%）	88.8	86.2	82.7	80.9	77.6	75.4
第二产业、第三产业收入（元）	362	473	616	728	935	1092
占家庭经营收入比重（%）	11.2	13.8	17.3	19.1	22.4	24.6

资料来源：《海南省统计年鉴》。

家庭经营收入、工资性收入、财产性收入、转移性收入四个方面的结果表明，海南省农民收入结构不断调整。

（1）从家庭经营收入来看（如表5-8所示），2009年海南省人均家庭经营纯收入为3426元，比上年增长5.9%；2010年家庭经营纯收入为3563元，比上年增长4%；2011年家庭经营纯收入为3827元，比上年增长7.4%；2012年家庭经营收入达到4183元，比上年增长9.3%，到2015年家庭经营收入达到5013元。

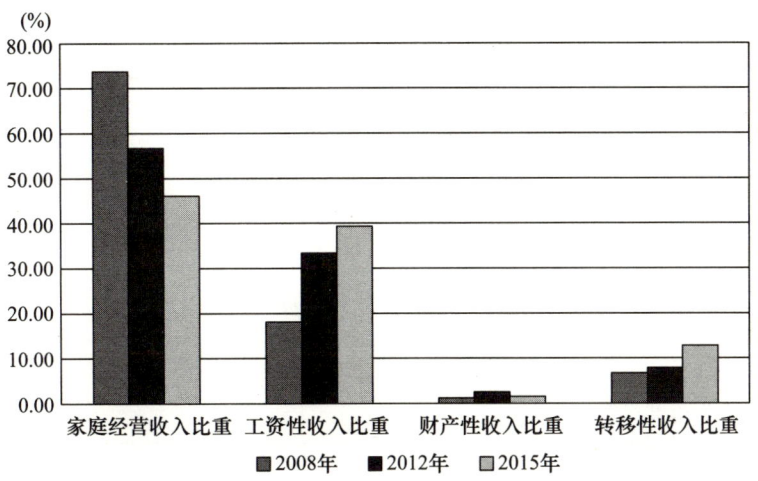

图 5-8 2008 年、2012 年、2015 年海南省农民收入结构比较

进一步分析家庭经营收入的内部结构发现，家庭经营收入中来源于第一产业的收入逐年增加，但第一产业收入占家庭经营收入的比重在逐年下降。来源于第二产业、第三产业的收入逐年上升，2012 年来源于第二产业、第三产业收入达 935 元，同比增长 28.5%，对农民收入增长的贡献率达到 21.5%，已经超过第一产业的贡献率。2013 年家庭经营收入中来源于第二产业、第三产业的收入增加到 1092 元，占家庭经营收入的比重达到 24.6%。近年来，海南大力发展乡村旅游，农村第二产业、第三产业迅速发展，农村产业结构逐渐调整，进而带动农民家庭经营收入结构不断变化。

（2）从工资性收入来看，2009 年农民人均工资性收入为 973 元，比上年增长 20.3%；2010 年农民工资性收入达到 1262 元，比上年增长 29.7%；2011 年农民人均工资性收入为 2005 元，比上年增长 58.8%，对农民收入增长的贡献率达到 63.5%；2012 年工资性收入增长到 2476 元；2015 年工资性收入增长到 4251元。以上数据可以说明，随着国际旅游岛建设规划的落实，海南省加大对各市县农产品加工业的投资力度，扶持工业园区建设，同时引入企业发展乡村旅游，实现农民就近就业，工资性收入显著增加。

（3）从财产性收入来看，2009 年农民人均财产性纯收入为 56 元；2010 年增加到 108 元，比上年增长了 92.9%，其中人均土地征用补偿收入为 65 元，同比增长 2.6 倍；2011 年财产性纯收入为 136 元，比上年增长 25.9%；2012 年财产性收入持续增加,达到173元;2015年达到195元。农民财产性收入的增加主要是由于国际旅游岛建设后,土地征用不断增多,农民获得的征地补偿收入相应增加,也进一步表明海南省征地补偿机制不断完善。

(4)从转移性收入来看,2009年农民人均转移性纯收入为289元;2010年为342元,比上年增长18.3%,其中财政转移性支付的政策性收入为165元,比上年增长26.0%;2011年转移性纯收入479元,增长40.1%;2012年转移性收入达到576元,比上年增长20.3%;2015年转移性收入达到1359元。转移性收入持续快速增长主要动力在于政府对农村居民增收的重视,支农惠农、财政转移支付力度的持续加大。

(5)从各部分所占比重来看(见图5-9),家庭经营性收入占纯收入的比重逐年下降,由2008年的73.7%下降到2012年的56.5%,其他三项收入所占比重均有不同程度的提升。其中,工资性收入所占比重增长最显著,由2008年的18.4%增长到2012年的33.4%,这一变化表明海南省工资性收入已经成为农村居民增收的重要推动因素。转移性收入所占比重和财产性收入都有小幅上升,农民收入结构也不断优化。

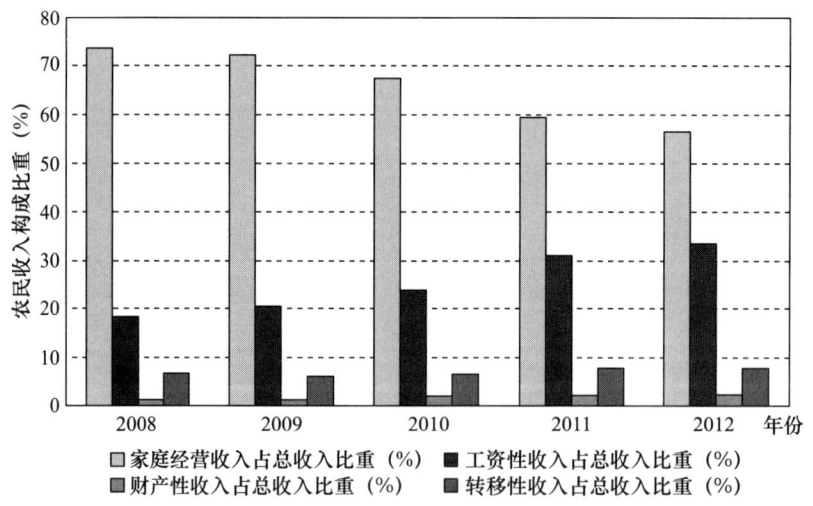

图5-9 海南省农民收入来源比重变化情况

综合以上分析来看,国际旅游岛建设后,农民收入在快速增长的同时,农民收入结构也在不断优化,农民收入逐渐改变了依靠第一产业支撑的局面,来自第三产业收入快速增长，工资性收入取代了家庭经营性收入，成为拉动收入增长的第一动力，越来越多的农民在岛内实现就业，就业结构不断变化。从总量上来看，家庭经营收入仍然是农民收入主体，但家庭经营收入的内部结构发生了变化，来自第二产业、第三产业的收入显著增长，主要是由于随着乡村旅游的发展，更多的农民在经营第一产业外，开始经营"农家乐"、手工艺品加工等其他产业，非农收入对农民增收的作用越来越强，如在2012年，农民的非农收入为4160元，占纯收入的比重为56.2%，对纯收入的贡献率达到84.6%，海南旅游业发展的不断完善，使得农村地区的产业结构不断调整，农民收入结构不断优化。

5.2.4 海南省各市县农民收入存在较大差异

海南省经济总体快速发展的同时，出现较大不平衡，各市（县）之间农民收入存在很大的差异，为进一步了解农民收入变化，需要具体分析海南省各市（县）农民收入及增长变化情况。

表5-10 2008~2015年海南省各市（县）农民收入情况　　　单位：元

年份 地区	2008	2009	2010	2011	2012	2013	2014	2015
全国平均	4761	5153	5919	6977	7917	9429	10489	11422
全省平均	4390	4744	5275	6446	7408	8343	9913	10858
海口市	5215	5643	6173	7191	8134	9155	10630	11635
三亚市	5189	5620	6502	7582	8825	9795	11285	12228
五指山市	2848	3201	3779	4780	5783	6650	7642	8490
文昌市	5220	5643	6124	7248	8196	9203	10509	11539
琼海市	4891	5292	5924	7220	8176	9256	10910	12006
万宁市	4869	5268	5813	6933	8017	8987	10432	11513
定安县	3846	4204	4748	5954	6989	8023	9339	10301
屯昌县	3702	3998	4670	5908	6943	8005	9326	10290
澄迈县	4793	5244	5920	7212	8165	9186	10688	11715
临高县	3898	4253	4767	5542	6548	7517	8833	9707
儋州市	4584	4914	5481	6781	7763	8741	10256	11200

续表

年份 地区	2008	2009	2010	2011	2012	2013	2014	2015
东方市	4250	4586	5108	6372	7482	8545	9974	10958
乐东县	3802	4156	4691	5925	7032	7967	9243	10204
琼中县	2376	2709	3341	4283	5481	6478	7883	8782
保亭县	2517	2872	3453	4482	5598	6443	7834	8735
陵水县	3428	3785	4214	5415	6435	7368	8976	9843
白沙县	2742	3079	3656	4738	5785	6701	7902	8732
昌江县	3638	3976	4423	5684	6846	7818	9563	10536

资料来源：《海南省统计年鉴》。

截止到2012年，海南省共包括3个地级市（其中，三沙市是2012年6月设立，由于设立时间较短，且缺乏相应的统计数据，分析中不包括其在内）、6个县级市、4个县、6个民族自治县（乐东黎族自治县、保亭黎族苗族自治县、陵水黎族自治县、白沙黎族自治县、昌江黎族自治县、琼中黎族苗族自治县），共19个市（县）。由于地理位置、资源环境、倾斜政策等影响，各市（县）之间的农民收入存在很大差异。

从表5-10的数据可以看出，三亚市以其得天独厚的条件，一直以来是海南省重点发展的旅游地区，农民收入增加显著，国际旅游岛建设为三亚市的发展注入了新的活力，农民收入快速增长，2012年达到8825元，2015年达到1228元，显著高于其他市（县），而且远远超过全国的平均水平；海口市作为海南省的省会城市，其农民收入水平居全省第四位，高于全国平均水平；2012年农民收入在6000元以下的地区主要包括五指山市、琼中县、保亭县和白沙县，其中农民收入最低的是琼中县，2012年农民收入为5481元，远远低于全省和全国的平均水平。2015年，农民收入在10000元以下的地区有五指山市、临高县、琼中县、保亭县、陵水县和白沙县，这些地区在未来的发展过程中需要进一步开发、挖掘整合自身的优势资源，让更多的农民享受到旅游发展带来的收益，同时也有利于当地的旅游发展进入"快车道"。

从图5-10可以更加直观地发现，国际旅游岛建设后，五指山市的农民收入增长速度是最快的，其后依次是琼中县、保亭县、白沙县，这些市县均位于海南省中部地区。由于地理位置、历史遗留、生态保护等问题导致中部地区虽然资源丰富，但收入水平却较低，国际旅游岛建设带动了这些地区农民收入的增长。因此，在国际旅游岛建设的过程中，要充分把握住这个机会，重点开发和扶持中部地区，有利于国际旅游岛建设目标的最终实现。

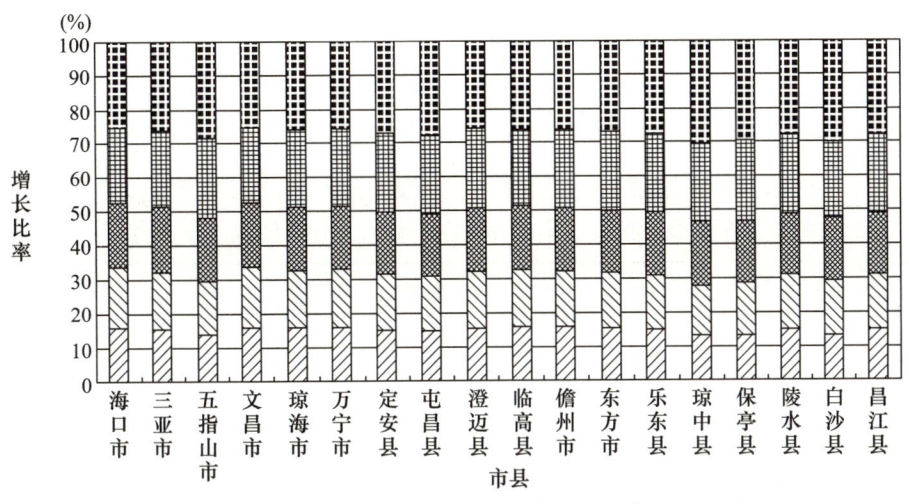

图 5-10 海南省各市（县）农民收入增长幅度

综合以上分析来看，国际旅游岛建设使海南省旅游业的发展更进一步，旅游产业的发展促进海南省产业结构不断优化：第一产业比重下降，第二产业和第三产业比重持续增加，同时各产业内部结构也逐步调整；就业结构逐步优化，农民收入水平不断提高，收入结构随之改变。旅游业为海南省的经济发展做出了巨大的贡献，旅游业已经成为海南省的支柱性产业，国际旅游岛建设的第一步目标已经基本完成，建设成效初步显现。随着国际旅游岛建设的不断深入，各项设施、政策的不断完善，国际旅游岛建设的第二步目标和第三步目标有可能会提前实现。

5.3 本章小结

本章详细分析了国际旅游岛建设前后，海南省旅游业发展和农民收入的变化情况。

（1）国际旅游岛建设促进了海南旅游业快速发展，旅游人数、旅游收入显著增加，旅游收入的增长速度超过旅游人数的增长速度，海南省旅游产业开始由数量型向效益型转变，旅游经营方式开始由粗放型向质量型转变。国际旅游岛建设三步走的第一步目标已经实现。

（2）海南省旅游发展存在很大的不均衡。由于先前海南旅游主要是以东部滨海资源为主，旅游收入中80%左右都来自东部地区，旅游产品结构、旅游线路单一，中部、西部地区的旅游发展比较缓慢。随着国际旅游岛建设，中部、西部地区以黎族、苗族少数民族文化、热带森林文化为依托的文化旅游、生态旅游迅速崛起，有利于实现东部、中部、西部地区协调发展。

（3）海南省三次产业结构不断优化。2012年三次产业的比重为25∶28∶47，2015年三次产业的比例结构调整为23∶24∶53，服务业进一步发展，第三产业比重持续提高，只有服务业快速发展才能适应旅游业快速发展的需求。但目前海南省第三产业比重与北京市的76.4%，上海的60%相比分别低了23.4%和7%，与世界旅游地区相比，也存在一定的差距。因此，海南未来以旅游业为龙头的现代服务业产业体系还需要进一步完善和提升。

（4）就业结构不断调整。国际旅游岛建设后，随着第三产业的快速发展，第三产业从业人数不断增加，旅游业的发展提供了大量的就业岗位，吸纳了更多人就业，旅游业就业总人数稳中有升，旅游业就业人数占全省就业人数的比重不断地增加，海南省就业结构变化与产业结构变化趋于一致，未来海南省还有很大的就业空间。

（5）农民收入不断增加，收入结构趋于稳定。旅游业的快速发展，旅游业的从业人数显著增加，带动了农民收入的增长，同时也改变了农民收入结构，工资性收入超过家庭经营收入成为收入增长的第一大推动力，家庭经营中的非农收入迅速增加。

（6）城乡收入差距逐渐缩小。国际旅游岛建设后，海南省农民收入的增长率开始逐步超过城镇居民收入增长率，城乡收入比逐年下降，由2010年的2.95下降到2015年的2.42，城乡收入差距逐渐缩小，未来如果越来越多的农民分享到国际旅游岛建设的利益，城乡收入差距必将大幅度缩小，城乡一体化将加快实现。

第6章 海南省旅游业发展对农民收入影响的典型案例分析

为了解决农民就业,加快农民增收致富,必须充分挖掘农业和农村内部增收潜力,为农民找到一个参与范围广、可持续的增收方式,而大力发展乡村旅游、热带休闲农业等非农产业有利于增加农民生产经营收入,有利于实现旅游业与农业的结合,实现传统农业的积极转型,促进农业生产经营专业化、标准化、规模化、集约化。国际旅游岛建设除了推动海南旅游产业高端化和国际化的发展之外,需要有更多类型旅游产品的支持和配合,乡村旅游便是重点挖掘的产品之一,乡村旅游的发展对农民收入影响的问题有待进一步深入研究。

2012年12月,通过实地调查和访谈相结合的方法,针对海南省三亚市槟榔村、琼中县什寒村、海口市美孝村、琼海市美雅村及儋州市盐丁村的旅游发展及农民收入的情况进行了调研,了解到各村落的旅游发展及农民收入的现状,并取得了第一手资料。这5个案例具有不同的侧重点,槟榔村位于旅游发展较快的三亚市,该案例的价值在于旅游景区的建设采取"政府扶持+企业运作+农户参与"的模式,全村以集体土地和房屋入股,与旅游企业利润分成,实现村民的就近就业,旅游景区和社区的融合发展,社区居民最大化地参与到旅游活动中;琼中县的什寒村是典型的贫困村,依照国际旅游岛建设的规划安排,该地区充分利用自身的生态资源和黎族、苗族特色文化大力发展乡村旅游,并逐步打造成琼中县的旅游特色品牌,既保护了生态环境又带动了经济发展,该案例为在国际旅游岛建设背景下,中西部民族贫困地区如何通过发展旅游业实现脱贫致富摸索出了一条新路子;海口市美孝村的案例价值主要体现在:如何通过发展乡村旅游逐步调整农村的产业结构上,通过不断地拓宽农民增收的渠道,使农民在较短时间内收入水平显著提高;琼海市美雅村的案例说明，在新型城镇化建设过程中，在原有村庄形态上大力发展乡村旅游，改善居民生活条件，农民通过集体经营分红增加收入的做法值得在全省乃至全国进行推广和借鉴；儋州市盐丁村的案例分析指出，目前农民依然处于贫困线以下，产业结构亟待转变，而又拥有独特的旅游资源的贫困地区，可以通过旅游扶贫，最终达到解决贫困问题的目标。

6.1 三亚市凤凰镇槟榔村案例

6.1.1 三亚市概况

三亚市地处海南岛最南端，全市面积1915.21平方公里，是一个汉族、黎族、苗族、回族等20多个民族聚集的地方，截止到2012年末，全市常住人口72.2万人，城镇人口49.33万人，农村人口22.87万人。三亚市设河东、河西区两个管理委员会，下辖6个镇（海棠湾镇、田独镇、凤凰镇、崖城镇、天涯镇、育才镇）。三亚市属于全国唯一的热带滨海旅游城市，境内海岸线209.1公里，有19个港湾，市内汇集了阳光、海水、沙滩、气候、森林、动物、温泉、岩洞、田园、风情十大风景资源，素有"东方夏威夷"之称。三亚市是整个海南省风景名胜最多、最密集的地方，如天涯海角风景区、南山文化旅游区、大小洞天旅游区、呀诺达热带雨林等著名旅游景区均位于三亚市，每年吸引着越来越多游客的到来。三亚市一直以"农业为基础、工业为主导、旅游业龙头"为发展原则，协调城乡及各产业发展的关系，以旅游业为龙头，"以城带乡、以旅促农、城乡互动、协调发展"的发展模式带动了三亚经济的迅速发展。2012年三亚市GDP为330.75亿元，旅游收入192.2亿元，占全省旅游收入的50.7%；旅游人数达到1102.2万人，占全省旅游人数的33.2%。旅游业的发展为三亚市的农民提供了更多的就业岗位，收入显著增加，2012年三亚市农村居民家庭人均纯收入达到8825元，居全省之首，其中，工资性收入1747元，同比增长23.6%，占人均纯收入比重19.8%；家庭经营纯收入5500元，比上年增加450元，增长8.9%；财产性收入432元，比上年增加67元。三亚市凤凰镇是2001年8月由羊栏镇、高峰镇合并而来，其东与三亚市中心区接壤，镇区中心至三亚市区10公里，至海口市283公里。该镇南面紧临南海，西靠天涯海角风景区，北靠群山，土地面积595平方公里，土地规模为三亚市第二大镇。为了加快凤凰镇的经济发展，全面建设小康社会，该镇提出了旅游兴镇的战略，不断加大农村和农业结构的调整力度，全面开发旅游资源，大力发展旅游观光农业，其中，凤凰镇的槟榔村取得了引人注目的成效。在充分挖掘热带资源包括热带沙滩、海水等经典景点、高端路线的同时，也不能忽视淳朴、清新的乡村资源，国际旅游岛建设中乡村旅游的发展是重要的组成部分，而且真正的国际旅游岛必须要有农村和农民的参与。为此，三亚市在原有滨海旅游发展基础上，大力发展乡村旅游，槟榔村是三亚乡村游的龙头典范，其成功的发展模式具有在全省推广和借鉴的重要意义。

6.1.2 槟榔村概况

槟榔村位于海南省三亚市城郊凤凰镇东北侧（见图6-1五星标注处），南抵西线铁路，北达水源池水库，地处水源池水库下游，因村前屋后栽满槟榔而得名，槟榔村区域面积5平方公里，是一个纯黎族的村庄。目前槟榔村委会辖有5个自然村，15个村民小组，全村1290户、6180人，现有耕地面积4326.7亩，

图6-1 槟榔村地理位置示意图

其中水田3795.7亩。主要的经济来源是通过种植水稻、槟榔、大棚瓜菜和设施农业哈密瓜、兰花等取得的收入，以及外出打工、旅游的收入。2008年槟榔村开始发展以建设槟榔河乡村旅游景区为主的乡村旅游、生态旅游，它是三亚市政府"以旅兴农"的重点项目，建设国际旅游岛的5A级旅游精品项目，创建社会主义新农村建设的小康示范项目，城乡一体化建设的典范项目。总规划面积约11.05平方公里，包括槟榔河及其周边12个村民小组及南新农场1个生产大队，其中旅游区面积约8.05平方公里，牛背岭生态保育区约3平方公里。项目采取分期建设，计划总投资额为15亿元，建设期限为6年。

6.1.3 槟榔村收入总体情况

槟榔村认真贯彻"一村多品、一户一业、一村一特色"的发展思路，大力发展"基地＋公司＋农户"都市休闲热带农业，不断优化村级经济产业结构，农民收入显著增加。

6.1.3.1 槟榔村农民收入变化情况

表6-1　2008~2012年槟榔村农民收入变化情况

年份\指标	全村经济总收入（万元）	集体经济收入（万元）	农民人均纯收入（元）	农民人均纯收入增长率（％）
2008	5612.5	9.5	6036	14.3
2009	6134.8	16.3	6632	9.9
2010	6507.8	24.6	7250	9.3
2011	7065.8	27.5	7750	6.9
2012	7715.2	38.7	8930	15.2

资料来源：槟榔村统计资料。

从表6-1可以看出，槟榔村的经济发展越来越快，全村经济总收入显著增加，农民收入越来越高。2006年开始，三亚市政府投资对槟榔村的基础设施进行完善，大力发展高效设施农业，大大提高了农民收入，到2008年农民人均纯收入达到6036元，比上年增长了14.3%，超过三亚市平均水平847元。2009年农民人均纯收入增加到6632元，比上年增长了9.9%，超过三亚市平均水平1012元，2009年被评为全国首批"生态文明村"。2010年槟榔村的槟榔河乡村旅游景区开始运营，带动槟榔村乡村旅游快速发展，为农民提供更多的增收渠道。截至2012年底，该村农民人均纯收入达到8930元，比上年增长了15.2%，再次超过三亚市农民人均收入平均水平。

6.1.3.2 旅游发展前槟榔村农民收入结构情况

槟榔河旅游景区建设前，槟榔村农民收入来源主要有以下几个部分：

（1）家庭经营收入：主要是来自于家庭经营收入的第一产业的收入。目前全村每家每户都在屋前屋后的闲置土地和荒地、坡地种植了槟榔树，全村总共种植槟榔达10多万株，每户平均80株左右，1株按80~100元计算，年收入在6000~8000元，每户人均纯收入为1500元左右。另外，槟榔村大力发展的设施农业成为该村农民增收的主要渠道。目前，全村有26户农民种植瓜菜，种植青瓜的面积达到了1000多亩，全年产量800万斤，收入600万元；种植豆角、玉米的面积为1600多亩，收入750万元，平均每户瓜菜收入11000元左右。除此之外，槟榔村现有3个兰花种植示范点，全村有64户农民加入农民合作社，平均每户种植1.5亩左右的兰花，兰花农民专业合作社以"龙头企业+合作社+农户+标准化"为模式：政府扶持大棚设施建设，龙头企业出资金、技术，农民以土地参股并投劳种植。合作农户可获得四大收入来源：一是出租土地获得每亩1400元左右的固定租金收入；二是土地固定收益回报金，每亩1600元；三是在合作社内就业获得1000~1500元的工资报酬；四是按兰花产品销售收入的20%~30%取得的提成收入或者按20%红利取得的分成收入，平均每亩可以获得5000元左右的纯收入，四项合计的农民人均纯收入为12000元左右。槟榔村投资100多万元建了哈密瓜新型设施农业基地3个，目前有53户农民参加了三亚南果果蔬农民专业合作社种植哈密瓜，同样也采取兰花合作社的经营方式，平均人均纯收入为10000元左右。

表6-2 槟榔村农民家庭经营收入来源

项目	种植槟榔	种植青瓜	种植豆角	种植玉米	种植兰花	种植哈密瓜
户数（户）	—	26	28	30	64	53
农民人均纯收入（元）	1500	10500	11000	10000	12000	10000

资料来源：根据2012年调查数据整理获得。

（2）工资性收入：由于槟榔村以前是贫困村，村里一部分人选择外出务工，常年在外务工的人数为600人左右,其中有一部分是大学毕业之后选择留在省外务工,还有一部分选择在省内的酒店、旅游景点就业,平均每月收入在3000~4000元。除此之外,有100人左右在本村农业合作社中打工获得工资收入,这一部分农民是将土地出租给合作社使用,自己作为合作社的农业产业工人,平均每月可以获得1500元左右的工资收入,从事这部分工作的人员以中年妇女为主,占到总人数的70%左右。

表6-3 槟榔村农民工资性收入来源

项目	在外务工	合作社务工
人数(人)	600	100
工资性收入(元)	3000~4000	1500

资料来源:根据2012年调研数据整理获得。

(3)财产性收入:从全村经济收入来看,槟榔村将2000多亩田地集中承包给南繁育种研究院用于南繁育种,每年为村里带来100多万元的收入。从农民自身来看,农民以土地参与农业合作社取得租金收入,每亩1400元的租金收入,每年平均每户获得的租金收入在4000元左右。

(4)转移性收入:由于瓜菜种植风险较大,价格波动幅度大,受惠面积小,为了更好地发挥设施农业的示范带动作用,促进农民持续增收,2011年起三亚市政府对新建连片10亩以上的农户、农业合作社给予资金补贴,优先补贴农户,平均每户可以获得每亩6000元左右的补贴收入。

与此同时,为了充分发挥全村大面积槟榔园的优势,该村还提出发展"循环经济"、"庭院立体生态经济"。引导农户在槟榔树下养殖家禽,修建兰花苗圃等,每家每户修建起沼气池,形成了"猪—沼—果"、"猪—沼—花"、"猪—沼—菜"等循环生态经济链,既美化了生活环境,降低了生活成本,同时也间接地增加了农民收入。

6.1.4 槟榔河景区建设对农民收入的影响

6.1.4.1 槟榔河国际乡村旅游景区发展规划

2008年4月胡锦涛总书记到槟榔村考察生态文明村建设,对该村的发展予以充分肯定,并催生了槟榔村乡村旅游业的发展。2008年6月,三亚市政府与北京春光集团海南分公司签署了《三亚市凤凰镇槟榔河旅游区项目合作协议书》，由该集团组建的三亚市槟榔河旅业有限公司对槟榔河片区实施5A级景区规划建设，该景区以国际旅游岛建设为契机、以城郊接合部热带风光为依托、以黎族文化为核心、以新农村建设示范点为亮点来进行旅游开发。在景区内将建设槟榔河亲水休闲长廊、黎族文化体验区、国际乡村养生度假区、槟榔河登山乐园、现代农业观光区、"农家乐"体验区、槟榔河山地运动区、综合服务中心，规模化开发夜生活休闲、乡村餐饮住宿、养生度假、复合型文化演艺、水体娱乐和乡村"农家乐"等项目，试图建成以乡村田园景观为核心的国际乡村旅游区域，建成休闲度假为主，观光、养生为辅的复合性度假区。预计未来每年接待游客人数达到300万人次以上，各类企业新增500多家，直接就业人数增加8000余人，间接就业人员40000多人，每年拉动三亚市GDP新增80亿元。该景区采取"政府扶持+企业运作+农户参与"的模式，1290家农户以集体土地和房屋入股，槟榔河旅业有限公司以资金、建设和管理入股，独立开发，双方合作共享利润分成。这种新型的农企关系可以有效地避免当地农民离土离乡、失地返贫的情况发生，让农民充分享受到旅游开发的成果，最大限度地保障农民利益，更重要的是也保留了当地居民的文化、生活、生产方式，实现人文景观和自然观光旅游产品和谐发展。

2008年10月1日，槟榔河国际乡村文化旅游区首个项目——"梦里黎乡农家乐"正式开业，这是一个集餐饮、购物、娱乐为一体的旅游景点。游客在此既能领略到优美的热带乡村自然风光，品尝到特色的黎家美食佳肴，又能欣赏到村民表演的竹竿舞、迎宾舞等黎族歌舞。2010年4月，槟榔河旅游区完成景区改造，建成景区景观大门、游客服务中心、黎族文化博览区、梦里黎乡游览区，初步实现景区运营。2012年，三亚槟榔河旅游景区已建成的项目有：黎族传统文化博览中心、"梦里黎乡农家乐"、游客接待中心、电瓶车游览、棋牌娱乐室等。

6.1.4.2 旅游景区开发对农民增收和就业的影响

槟榔河国际乡村旅游区的开发和建成，给当地村民提供更多就业机会，借助旅游区的知名度和客流量也为当地村民提供了良好的创业条件，拓宽了农民增收的渠道。

一方面，需要以村民及当地文化为景区资源的项目中，采取公司与农户合作的模式，村民提供房屋、土地，土地所有权归村民所有，开发公司提供资金和技术，经营管理权归开发公司，取得收入按比例分配，村民占25%，公司占75%。

目前，槟榔村的"梦里黎乡农家乐"和特色民居是两个已经成型的项目。已经有6户村民参与到"农家乐"项目中，村民以土地出资，开发公司负责建设和经营；特色民居客栈是由村民提供住宅，由公司出资重新修建、装饰黎族特色民居，村民依然住在里面，只需要空出一间或几间房用来接待游客，参与特色客栈项目的农户每家要抽出1个人负责服务接待，服务接待人员另外支付工资，客栈的收益依然按照村民25%，公司75%的比例分配。2010年，接待游客3万余人次，其中"农家乐"接待用餐人数达到2.49万人次，营业收入达到178.6万元，各类服务项目总营业收入达到185万余元。2011年底，槟榔河乡村文化旅游区接待游客增加到6万余人次，其中"农家乐"接待用餐人数增加到5万人次，营业收入增加到357.2万元，各类服务项目总营业收入达到370万元。

表6-4 槟榔村农民旅游相关收入来源情况

项目	就业岗位	就业人数（人）	农民人均纯收入（元）
旅游直接收入	环卫工作	90	1000
	安保工作	30	1500
	开电瓶车	10	1500
	餐饮工作	100	2000
	接待工作	6	2000
	营销工作	5	3000
	特色民居	10	5000
旅游间接收入	销售糯米酒	10	2000
	小超市	7	3000
	水果摊位	3	1500

资料来源：根据2012年调研数据整理获得。

另一方面，是由开发公司独立开发建设和经营的项目，村民在其中从事服务工作，直接获得工资收入。旅游景区的开发很好地转化了当地的劳动力，槟榔村景区中80%员工都来自本地村民。参与景区服务获得的工资收入明显增加。目前有90人左右参与景区的环卫工作，其中90%是30~40岁的妇女，每月收入1000元左右，30人从事安保工作，每月收入在1500元左右，10人开电瓶车，每月收入1500元左右，100人从事餐饮工作，每月收入2000元左右，6人左右负责接待，每月收入2000元左右。由于营销方面的工作对个人能力要求较高，仅有 5 人从事营销工作,每月工资收入 3000 元左右。除此之外,开发建设过程中需要的员工 70%以上都是槟榔村的村民,让村民真正地在开发中受益。

除此之外,槟榔河景区的开发也带动了相关行业的发展,随着槟榔河"农家乐"项目知名度的提高,3 户村民将自酿糯米酒销售给"农家乐"餐厅,平均每月可以卖出 40 坛左右,仅这一项每年可增收 6000 元。还有 2 户村民开办了超市,3 户村民摆设特色水果摊,收入显著增加。

6.1.5 槟榔河旅游项目经验启示及存在的问题

6.1.5.1 经验启示

(1) 社区参与的乡村旅游开发模式值得推广。槟榔河景区农民既是受益人也是投资人,通过新民居建设,参与"农家乐"餐饮、家庭旅馆等经营活动增收,形成了政府支持、企业运作、集体和农民共同参与的"四合一"开发模式,农民的土地产权不变可以使农民在不离乡的情况下进入非农产业就业,使整个村民真正地参与到旅游业中,也只有让当地农民参与其中并长久获益,才能使乡村旅游持续发展,也才是发展旅游业的根本目的,槟榔河景区的农民已经开始享受到旅游开发带来的好处。

(2) 重视人文环境的建设。旅游业的持久发展必须要与文化融合,未来的国际旅游岛究竟对世界游客具有多大的吸引力,其人文环境将最有发言权,深度挖掘槟榔河景区丰富的自然生态资源、黎族文化和非物质文化遗产资源,传承保护当地民族优秀文化是非常重要的。同时,槟榔河国际乡村文化旅游区的建设是三亚旅游产品由滨海转向腹地的标志,不仅丰富了三亚旅游产品内容,对整个海南乃至全国运用乡村旅游开发来解决"三农"问题具有重要的示范意义。

6.1.5.2 存在的问题

(1) 大多数农户以农业生产为主,参与旅游业意识不强烈。多数农民对旅游业发展认识不足,未参与农户认为参与不参与旅游业没有明显的影响,主要是年底能否分红,他们认为以自身的条件而言更适合种植经济作物。

(2) 农民受教育文化水平较低。槟榔村高中学历以下的村民占全村总人口的 75%左右,一些有高学历的年轻人选择在大城市就业,目前参与景区工作的村民基本上都是从事基层工作。在旅游感知方面,多数村民对在本村发展旅游业是持支持态度的,但主要问题是目前景区就业的工资收入较低,尤其是在征地补偿方面由于协调沟通不畅,出现了一些恶性冲突。

(3) 大部分村民缺乏生态环境保护意识。村民更多地关注旅游发展能够给他们带来多少经济利益，并不清楚对环境的影响，甚至有部分村民为了增加自己的经济收益，忽视了当地的环境和资源的保护，客观上破坏了景区建设中的生态环境。

鉴于以上问题，要重点加强对村民的培训及教育，提高村民的整体素质，逐步增强村民对旅游业、槟榔河景区发展、生态环境保护等的认知程度，充分调动农民参与的积极性，让大多数人真正参与到旅游业的发展中来。

6.1.6 槟榔村当前发展状况

经过近几年的建设，如今的槟榔村，环境优美、风景如画，越来越多的槟榔村村民办起了农家乐和乡村客栈，收入水平和生活质量比以前进一步提高，还住上了独具黎苗风情的小别墅。2014年，槟榔村被农业部认定为2014年中国最美休闲乡村，并获"特色民居村"称号。当前槟榔村已经形成"旅游业＋新型观光农业＋传统农业"的多维发展模式，2015年以来，槟榔村人均收入达到12000元左右。槟榔河国际乡村文化旅游区的开发建设，不仅丰富了三亚旅游产品内容，而且对整个海南乃至全国以乡村旅游开发来解决"三农"问题具有重要的意义。

6.2 琼中县红毛镇什寒村案例

6.2.1 琼中县概况

琼中黎族苗族自治县地处海南省的中部地区，"九分山、半分水、半分田"为其典型性的地貌特点，是典型的山区农业县、少数民族自治县和国家扶贫开发工作重点县，该县聚居着黎族、苗族、汉族，2012年总人口为17.45万，少数民族人口为12万，其中黎族人口占总人口的54%，苗族人口占总人口的8%。农业人口10.8万人，占总人口的比重达到62%。该县包括10个乡镇、11个国营农场。琼中县具有独特的山区气候，是海南省的生态核心区，素有绿色宝库之美称，全县森林覆盖率达到83.7%，居全省之冠。为了保护生态环境，琼中县一直面临着经济发展和保护生态环境，促进经济效益与生态效益双赢的问题，产业发展受到限制，产业规模相对较小，产业化程度不高，经济发展相对落后。2012年琼中县农民人均纯收入为5481元，处于全省最低水平。为改变经济落后状况，近年来琼中县除大力发展橡胶、槟榔、绿橙等传统特色农业之外，该县也大力发展桑蚕、养蜂等新兴特色产业。经过几年的发展，这些产业已具有一定规模，并成为该县的支柱产业，成为农民收入的主要来源，但农业产业收入增速比较小。琼中县旅游资源丰富，但是旅游经济发展缓慢，在《纲要》中提出，"海南岛中线的民俗、风情文化体验游以民族村寨、旅游小镇、民族文化博物馆等为载体，突出民族风情、民俗体验，开展民族民俗游"，为此琼中县确立了"一县、一区、二地"的发展目标，围绕"绿色农业示范县、海南国际旅游岛生态核心保护区、海南黎族、苗族文化传承发展重要基地、最佳宜居生态旅游胜地"的发展定位，开始大力发展旅游业，实现琼中县经济的快速增长。

6.2.2 什寒村概况

什寒村位于琼中县红毛镇西部（具体位置见图6-2五星标记处），红毛镇位于琼中县西部五指山山脉北麓，是白沙起义策源地，地处偏远山区，交通不够便利，经济发展相对落后，但该镇资源环境优越，森林覆盖面积占90%以上，生态保持较为完好，气候十分宜人。全镇共有土地面积约11万亩，其中耕地面积11265.5亩，水田6400亩，旱地4865.5亩，林地8.4万亩。人均耕地面积1.2亩，其中水田0.69亩，旱地0.52亩，林地9.01亩。全镇有11个村委会、49个村民小组，总户数1943户，总人口9394人，其中城镇人口635人，农村人口8832人。该镇经济发展主要以农业为主：一是发展粮食和橡胶、槟榔、益智种植等传统产业，其中水稻种植面积3841.8亩，橡胶种植面积17739.8亩，槟榔种植面积6591.6亩，益智种植10911.3亩；二是发展种桑养蚕、铁皮石斛种植、养蜂等特色产业，其中种桑1384亩，已建设蚕房共1496平方米，铁皮石斛种植5.2亩，养蜂1065箱。2012年该镇农民人均收入为5533元。

什寒[①]村是海南省中部五指山北麓独具特色的黎苗共居村寨，目前该村下辖4个自然村，冲沙、什托、元山3个黎族自然村和1个苗族自然村——新苗村，

---

① "什寒"是黎族地名，"什"在黎语中是"田"的意思；"寒"是寒冷的意思，"什寒"连起来，意思就是"寒冷的田"。

旅游业发展对经济增长及农民收入的影响研究

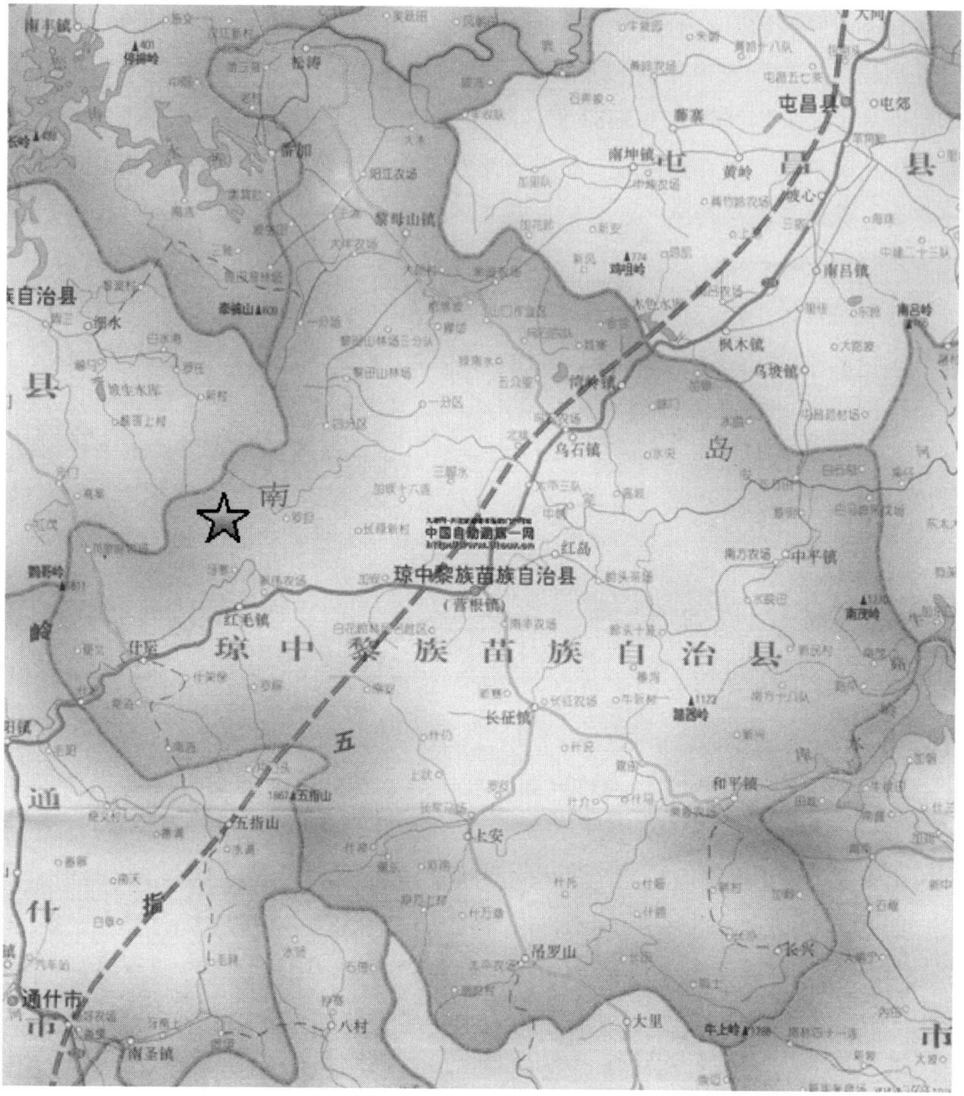

图 6-2 什寒村地理位置示意图

全村共有 92 家农户，总人口 520 人，其中，苗族人口 302 人、黎族人口 218 人。全村集体土地面积约 2600 亩，其中规划建设用地 82.5 亩。什寒村位于琼中县生态核心区，处在黎母山和鹦哥岭之间的高山盆地中，东、西、北三面都是天然林保护区，海拔近 800 米，是海南省海拔最高的村寨。2011 年省长罗保铭在促进中部市县农民增收座谈会上指出，"农民增收是国际旅游岛建设的战略性任务，国际旅游岛建设要打造海南百姓的幸福家园和中外游客的度假天堂,发展乡村度假将是实现这一目标的重要措施"。在国际旅游岛建设的大背景下,为进一步增加农民收入,按照海南国际旅游岛建设"中部功能区"规划的设计要求,琼中县开始大力发展乡村旅游,对边远少数民族村庄经济发展的产业转型升级进行大胆的探索,2011年什寒村开始"奔格内"乡村自由行旅游项目建设,农民收入发生显著变化,国际旅游岛建设下乡村旅游的发展为什寒村兴农、促农、富农做出了巨大的贡献。

6.2.3 旅游发展前什寒村农民收入情况

什寒村由于海拔较高、天气寒冷、地理位置封闭,是国家重点扶持贫困县里排名居后的乡镇中最落后的一个村庄,属于"贫困中的贫困"。由于地理位置的原因,什寒村种植橡胶,根本长不大;种植槟榔,槟榔果太小;种植桑树,桑叶发育不良;种植葡萄,结出的葡萄非常酸涩,传统的作物很难在这个村庄种植,村民们只能种植水稻和益智(中药材),水稻只能种植一季,每亩产量800斤左右,与山脚下的村庄相比,产量减少近40%。此外,村民们每家每户还种植益智,由于经营分散、缺乏管理等原因,益智价格波动很大,价格高时达到每斤30元,价格低时只有每斤5角,收入缺乏相应的保障导致什寒村的农民收入非常低。部分村民为增加收入,去山上采摘藤果、野蜂蜜、药材,但只是杯水车薪。从表6-5中可以看出,该村2009年农民人均纯收入仅为946元,而全县农民收入为2709元,两者相差1763元。为了切实提高什寒村农民收入,2010年起政府对什寒村开展新型扶贫,结合什寒村自身现状,成立了"南药种植合作社",大力引导农民发展铁皮石斛、益智和养蜂等新兴特色产业,逐步优化该村产业结构,有效带动了农民增收,到2010年什寒村农民人均纯收入提高到1786元,比上年增长了88.8%。随着特色产业的逐步完善,增收效益逐年增加,2011年什寒村农民人均纯收入达到2720元,比上年增长了52.3%,比2009年增长了2.8倍,但与琼中县农民收入4283元相比,还相差1563元,农民收入相对比较低。2012年随着乡村旅游的兴起,该村农民收入增长到5302元,比上年增长了94.9%,与全县农民收入5481元相比仅低了179元,什寒村乡村旅游发展显著增加了农民收入,但总体而言,该村农民人均收入还处于相对较低水平。

发展旅游业前,什寒村农民收入主要来自以下几个方面(见表6-6):

表6-5 什寒村农民收入变化情况

项目	2009年	2010年	2011年	2012年
琼中县农民收入（元）	2709	3156	4283	5481
什寒村农民收入（元）	946	1786	2720	5302

资料来源：根据2012年调研数据整理获得。

表6-6 旅游发展前什寒村农民家庭经营收入来源

项目	种植业				养殖业	
	种植铁皮石斛	种植益智	种植高山茶	种植水稻	养蜂	养鹅
户数（户）	25	18	21	12	10	8
农民人均纯收入（元）	6000	5000	4000（预期）	1000	4000	4000

资料来源：根据2012年调研数据整理获得。

（1）家庭经营收入中的第一产业收入：随着农业产业结构的完善，什寒村农民增收渠道逐步拓宽，农民收入逐步增加。

（2）种植业收入：种植业主要以种植铁皮石斛①和益智为主，什寒村地处高海拔、低气温的山区，非常适宜种植铁皮石斛，目前全村有25户农民以土地入股，以"农户+合作社"的方式与琼中县红毛镇永康南药种植专业合作社进行合作，入股的农户平时不需要打理铁皮石斛，铁皮石斛收成后，扣除成本以及合作社所得，剩余利润由农户平分。2012年种植铁皮石斛达到4.8亩，年底收获2亩，产量为230公斤，每斤价格在500元左右，总收入22万元左右，扣除掉成本，平均每农户分红2000元，此举极大地增强了农民致富的信心。目前，该村还有24.8亩铁皮石斛处于初种阶段，随着铁皮石斛种植数量的增加，一些游客专门来这里参观铁皮石斛，相应地带动了什寒村旅游观光产业的发展；全村有18户村民种植益智，种植面积达到了1300亩，种植益智的村民人均收入在5000元左右；因什寒村海拔高、温度低、日夜温差大等特殊地理条件，高山茶是一项耐寒又便于种植管理且种植效益较高的新型产业，由乌石农场岭头茶场重点扶

---

① 铁皮石斛，兰科多年生附生草本植物。具有促进消化、抗风湿、降低血糖血脂、抗肿瘤、保护视力、滋养肌肤、抗衰老等功效。由于它具有独特的药用价值，在国际药用植物界称为"药界大熊猫"；在我国的中医药界被喻为"最昂贵的草"，在民间被称作"救命仙草"。

持,该茶场为村民们提供技术指导、种苗、采摘、收购等全方位的扶持引导。目前,什寒村有21户农民有意参与第一批高山茶种植项目,已落实地块面积约330亩。在调查的农户中,还有12户农民主要依靠种植水稻获得收入,人均纯收入在1000元左右,收入较低。

(3) 养殖业方面的收入(见表6-6):琼中县森林覆盖率大,四处青山环绕,生态环境极佳,植物品种丰富,蜜源充足,为发展生态养蜂创造了得天独厚的自然环境。养蜂成为村民致富的一条途径。截止到2012年,该村共有10户农民养殖蜜蜂,每箱蜜蜂一年能够产出10~12斤蜂蜜,由于蜜蜂长期放养在黎母山上,蜜蜂采的是百花蜜,有香味,属于原生态花蜜,市价在每斤90~110元,每户平均收入在15000元左右。发展养蜂业的投入少,前景好,农民养蜂不仅增加了经济收入,还能为植物传授花粉,提高农作物的产量和品质,实现了经济效益和生态效益双丰收,并逐步成为琼中县生态农业发展中的新亮点;除此之外,什寒村实施"公司+基地+专业合作社+农户+市场"的模式发展养鹅业,天富鹅业公司对养殖农户和养鹅专业合作社实行免费技术培训和售后服务,提供优质鹅苗和饲料,并实行最低保护价回收,最低保护价每市斤不低于7元,同时还对困难养殖农户提供小额贷款担保。目前,全村有8户农民参与养鹅,每3个半月为一个周转期,一年可以饲养3批,农民人均年纯收入4000元左右。

(4) 工资性收入:什寒村农民收入中另外一部分主要来自于工资收入,该村有100人左右在外打工,主要是在省内从事建筑业及旅游相关行业的工作,在外打工的农民人均纯收入为2500~3000元。

6.2.4 旅游业发展对什寒村农民收入的影响

6.2.4.1 旅游发展规划

什寒村因地制宜,大力调整经济结构,培植石斛种植、养蜂等新兴产业的同时,在建设国际旅游岛的大背景下,开始开发其得天独厚的旅游资源,引导村民发展乡村原生态旅游业,为村民寻找新的增收渠道。2011年什寒村开始了"奔格内"(黎语,意为"来这里")乡村自由行旅游项目的建设,该项目是由琼中县政府投资,农民以主角身份参与景区经营。原生态乡村旅游项目的具体规划:一是推销传统乡村特色,高海拔的古村,村道两旁的景观,黎族、苗族合居,黎族、苗族的语言,黎歌及苗族织锦;二是展示风情民居特色,对现有民居建筑进行重新设计,改造成牛角飞檐的金字塔式的建筑风格;三是改进特色民族服饰,为适应旅游需要，对传统的黎族、苗族服饰进行创意设计，改变传统的黑底色，发展多色系服装；四是打造游客驿站，完善客栈、旅馆、民宿、露营等适合多层次游客需求的旅游设施；五是丰富娱乐项目，依托热带雨林独有的自然环境，发展更多可以留住游客的娱乐项目，打造拓展基地、露营基地，发展滑翔伞项目、滑草项目、冷泉项目、私人密地等。作为走村串寨原生态乡村民俗体验游的示范村之一，什寒村主要的经营理念是针对自驾游或背包客，游人不能太多，否则会破坏小村的宁静和安详，不拆一处民房，保持小村原样，不惊扰村民生活。

发展旅游业，首先需要对环境、基础设施进行改造，作为政府投资建设，2011~2012年，琼中县筹集各级、各部门扶贫资金287万元，对什寒村71户农户房屋进行危房改造。2012年，政府投入46万元资金，对什寒村进行环境改造，建设文化广场、环村道、立面改造、太阳能路灯、公共厕所以及篮球场等基础设施。2012~2013年，琼中县再次投入292万元，建设客栈、茅草屋、射弩场、露营基地、民宿、农家乐、观景台等旅游设施。2013年9月26日什寒村荣获"最美中国乡村"的称号，全国仅有10个乡村获此殊荣，而什寒村是海南省唯一入选的乡村。该称号是对什寒村乡村旅游资源，特别是黎族、苗族传统民俗文化资源以及近两年来乡村旅游迅速发展的肯定，同时进一步提高了琼中县旅游的知名度、美誉度和影响力，有利于推动什寒村乡村旅游的迅速发展。

6.2.4.2 发展乡村旅游对农民收入的影响

"奔格内"乡村旅游的发展大幅地提高了什寒村农民收入水平。什寒村的乡村旅游是由政府投资建设，琼中县旅游委下属的琼中旅游管理总公司负责具体操作，一方面，该公司帮村民腾出自家富余的房间，出资为村民装修，改造成民宿，同时为村民提供了被子、床、柜子等必需品，目前全村共有37间这样的民宿。另一方面，政府扶持村民建造房子，购买餐桌，村民自己购买椅子和餐具来经营"农家乐"，目前全村共有两家"农家乐"，一是黎家"农家乐"，二是苗家"农家乐"。民宿和农家乐两方面取得的收益按照固定比例进行分配，60%归农民所有，35%归公司所有，作为旅游管理资金，用来支付保洁、环境养护等费用，5%留给村委会作为集体经济收入。2012年接待访客7000人，为村民创收近20万元。截至2013年10月，共接待游客1.42万人，为村民创收58万元。

乡村旅游的发展也带动了相关产业的发展，随着游客的逐渐增多，部分村民依然在山上采集灵芝、野蜂蜜出售，一年平均获得3000元左右的收入。全村有3家农户为"农家乐"供应山兰米酒，游客增多，山兰米酒的销量增加，每月的收入为 800~1000 元。

此前，什寒村部分青壮年农民选择在外面打工，随着乡村旅游的开发，部分在外务工的农民开始回到村内，在村内打工的人数逐渐增多。目前，该村正在进行旅游基础设施的建设，有 50 个村民在从事搭建高脚楼、建靶场等工作，每月收入在 2500 元左右。旅游局还将相继开发一些民族旅游产品，如黎锦苗绣、民族舞蹈、背篓工艺品，目前村里已经建起了黎锦坊，有 23 个村民在学习黎锦编织，随着乡村旅游项目的增加，更多的村民将会直接或间接地参与到旅游活动中来，从旅游发展中获得的实惠逐渐增多。

表 6-7 什寒村农民旅游相关收入来源情况

项目	就业岗位	就业人数（人）	农民人均纯收入（元）
旅游直接收入	保洁	6	1000
	环境养护	8	1200
	景区建设	50	2500
	农家乐	60	6000
	特色民居	37	2500
旅游间接收入	销售野蜂蜜	10	500
	销售山兰米酒	12	1000
	水果摊位	5	1500

资料来源：根据 2012 年调研数据整理获得。

6.2.5 什寒村经验启示及存在的问题

6.2.5.1 经验启示

什寒村原生态乡村旅游和特色农业开发初具规模，黎族、苗族文化得到了较好的保护，同时该村主要以自驾游和背包客为主，客源定位明确。目前，在什寒村"吃农家饭、住农家院、观自然景、赏民族风情"已成为民俗乡村旅游的一道亮丽风景线，也已经成为全省乡村游的示范点。什寒村因地制宜，不破坏森林资源，发展特色农业经济，利用自然环境资源，发展生态旅游的开发模式，找到了保护生态环境和经济发展的契合点，既能守住青山，又能增加什寒村的农民收入，拓宽农民增收渠道，示范意义非常重大。

6.2.5.2 存在的问题

通过调查发现，目前全村参与旅游业的农民人数较少，只占全村总人口的28%，72%的农民还没有从事与旅游业相关的工作，大部分农民还是以农业经营为主，作为其收入的主要来源，旅游收入总体还比较低，且从事旅游的村民多数属于兼业经营。从调查的情况来看，目前参与旅游业的农民受教育程度普遍高于其他农民，比较容易接受新事物。因此，为避免"马太效应"，以及出现新的贫富差距，政府要不断地加强对村民的教育培训，逐步提高村民的整体素质。

目前什寒村旅游发展方式单一，旅游开发难度大，只能由政府投资建设，农民以主角身份参与景区经营，但以政府投资为主存在一些弊端，政府投资是以财政投入形式进行，由于政府财力有限，而旅游投资数额庞大，这使得政府投资力不从心，影响旅游后续开发的扩展，容易出现旅游产品整合开发力度不足，特色资源挖掘缺乏力度，农民参与乡村旅游建设缺乏深度，多数村民不能吃上"旅游饭"等问题，因此不能充分激活旅游经济活力，旅游开发存在不可持续的可能性。与此同时，政府的投资效益明显低于企业投资效益。因此，在未来乡村旅游发展中要不断突出什寒村的旅游特色，让什寒村特色经济展现出来，以吸引投资者目光，引导大型企业的进入，逐渐演变成由企业为主，政府为辅的开发模式，充分释放什寒村的旅游经济活力。

6.2.6 什寒村当前发展状况

什寒村紧紧围绕"吃、住、行、游、购、娱"旅游六要素，根据什寒村当地民俗特色，深入挖掘黎苗文化内涵，策划丰富多彩的乡村旅游产品，让游客充分享受"住农家屋，吃农家饭，干农家活，享农家乐"的自在。2013年以来，什寒村村民开店由2家发展到现在的18家，包括农家乐饭店、土特产店、茶吧、烧烤园等。什寒村旅游收入从无到有，每年飞速增长，据不完全统计，全村2013年旅游收入60余万元；2014年旅游收入113.3万元；2015年，什寒村乡村旅游接待游客5.7万人次，同比增长26.67%，实现旅游收入726.46万元。在发展过程中，琼中县坚持以居民"零动迁"、生态"零破坏"、环境"零污染"为宗旨，以村民不失业、不失地、不失居为基础，实现什寒开发乡村旅游增资产、增就业、增收入的目标。通过合理分享利益，形成了"政府+公司+农民合作社+农户+品牌+基地"的"奔格内"什寒经营模式，乡村旅游的多业态发展有效地增加了农民收入。

自 2013 年 8 月正式开门迎客以来，什寒村民的人均纯收入持续增长，2013 年人均纯收入为 6429 元，2014 年达到 7582 元，2015 年增长到 8795 元，3 年时间每年以接近 20% 的速度增长，成为联手扶贫的一个典范。2013 年什寒村被评为最美中国乡村。2014 年，被国务院评为全国民族团结进步模范集体，被国家农业部评为中国最美休闲乡村历史古村，被中外旅游文化协会、中国文化与旅游产业联盟评为最美中国乡愁旅游村寨，被海南省旅游委评为海南五椰级乡村旅游点。

6.3　海口市永兴镇美孝村案例

6.3.1　海口市概况

海口市地处海南岛北部，土地面积 2304.84 平方公里，是全省政治、经济、科技、文化中心，交通邮电枢纽，各种文化的交会处。海口市地处热带滨海，热带资源呈现多样性，富于海滨自然特色风光景观。海口市分设 4 个区，下辖 23 个镇和 18 个街道办事处，150 个社区居委会，249 个村民委员会，2504 个经济社（村民小组）。截止到 2012 年底，全市总人口为 161.59 万人，其中，农业人口 64.47 万人，占 39.9%，非农业人口 97.12 万人，占 60.1%。2012 年全市 GDP 为 820.58 亿元，从三次产业来看，第一产业增加值为 57.74 亿元，第二产业增加值为 201.67 亿元，第三产业增加值为 561.17 亿元，三次产业对 GDP 增长的贡献率分别为 4.9%、27.2%、67.9%，三次产业结构调整为 7.0∶24.6∶68.4，第三产业发展迅速。2012 年海口市农村居民人均纯收入 8134 元，收入结构中工资性收入增长较快，占纯收入的 39.3%；家庭经营收入占 47%，家庭经营收入中依然以第一产业为主。

海口市旅游资源丰富，但由于特色不明显，与三亚市相比缺乏明显的竞争力，出现了"海口旅游市场被边缘化"，"海南旅游南热北冷"及"海口旅游吸引力不强"等问题。海口市作为省会城市，对海南省经济、社会发展具有不可替代的带动辐射作用。在当前国际旅游岛建设中，海口市作为中心城市来建设，面临着快速发展的机遇，海口市以此为契机，制定了相应的发展规划，丰富旅游产品，突出海口特色，竞争力不断提升，2012 年，海口市全年接待过夜旅游人数952.9 万人次，旅游业总收入达到 101.57 亿元。

6.3.2　美孝村概况

永兴镇位于海口市西南部，是海口市 10 个中心乡镇之一，也是海南省"百镇重点建设"乡镇。地处在羊山腹地，总人口 30236 人，其中非农业人口 4616 人，占 15.27%，农业人口 25620 人，占 84.73%。该镇下辖 8 个村委会、79 个自然村，已创建文明生态村 49 个，其中省级文明生态村有美孝、美目、冯塘 3 个村庄。2012 年，全镇地区生产总值 4.25 亿元，其中第一产业、第二产业、第三产业占总产值比重分别为 47.2%、29.7%、23.1%。该镇种植业以水果、瓜菜、橡胶、槟榔、果蔗为主，盛产荔枝、黄皮、柑橘、菠萝蜜、杨桃、人心果、石榴、香蕉等多种热带水果，黄皮种植面积达 13600 多亩，形成了规模化、集约化、基地化的强劲发展势头，年产黄皮 50 多万公斤，产值达 800 多万元，已经成为海口黄皮的主产区。

美孝村（具体位置见图 6-3 五星标记处），地处羊山万年火山地区，拥有独特的火山风貌，地理位置优越，土地资源丰富，土地总面积 6500 多亩，但耕地只有 80 亩，因此，美孝村大力发展种植业，主要种植黄皮、荔枝、太子橘、菠萝蜜等热带水果，目前，美孝村种植黄皮 3000 多亩，年产 140 多万斤，产值 400 多万元，成为远近闻名的"黄皮村"。全村共有 223 户，961 人，2012 年，美孝村农民人均纯收入达到 9300 元左右。

6.3.3　旅游发展前美孝村农民收入来源情况

通过调查发现，旅游业发展前，美孝村农民收入主要来源于以下几个方面：

（1）种植业收入：由于美孝村属于火山石羊山地区，耕地比较少，但山地富含矿物元素，因此，美孝村普遍种植黄皮、荔枝，经鉴定种植出的黄皮、荔枝等水果含有丰富的硒①，经过几年品种的改良，配合有力的宣传措施，水果销售状况非常好。目前，村里几乎家家都有果园，58 户农民种植黄皮，43 户农民种植荔枝，32 户农民种植太子橘，总共拥有果园 4000 多亩，种植户人均收入在 7000 元左右。

---

① 硒具有抗癌防癌、清除自由基、提高免疫力功能、养颜抗衰老等作用。

图6-3 美孝村地理位置示意图

(2) 养殖收入：村民们在自家的果园里饲养鸡、鸭等家禽，家禽被围在果园里，吃掉果园里的害虫，有助于果树的生长，家禽的粪便还可以作为果树的肥料，饲养出来的家禽属于生态、绿色产品，销路旺盛，销售价格明显提高，养殖家禽年收入在4000元左右。

(3) 黄皮酒加工收入：每年村里的黄皮产量高，而黄皮在海南高温的天气不适宜存放，这样使得黄皮的损耗比较大，损耗的黄皮售价会降低，进而影响到农户的整体收入水平。因此，部分村民考虑到这一情况，将黄皮进行粗加工，目前5户村民将多余的黄皮用来酿造黄皮酒，每斤黄皮酒的价格20元左右，黄皮酒的年销售收入在8000~10000元，加工销售黄皮酒进一步增加了农户收入。但从目前经营状况来看，加工黄皮酒的农户比较分散，且产量较低，如果能够以村民入股建立工厂,精细加工,大批量生产,能够获得更多的经济效益,也能带动更多的村民收入水平的提高。

(4) 黄花梨根雕、盆景手工业收入:除种植果园之外,美孝村一部分村民以从事黄花梨根雕业为主,根雕收入成为村民收入增加的重要来源,该村专门从事根雕业的有32家农户,还有28户属于兼业经营,农忙时在果园工作,农闲时从事根雕。除此之外,目前还有30多人正在学习根雕技术。从事根雕业的农民年龄在20~40岁,平均每户根雕年收入8万元左右;美孝村地处羊山腹地,各种植物资源丰富,山上的树木常年生长在火山石地里,根部形成了独特的自然造型,采伐回来进行培育、修整,做成盆景既有观赏价值,又有经济收入,根雕、盆景带动了全村300多人就业。但在调查中发现,近两年来,随着黄花梨的升值,原料收购比较困难,收购成本增加,销售风险增大,导致资金周转出现问题,根雕业的发展也受到了相应的影响。

表6-8 旅游发展前美孝村农民收入来源

项目	种植业			养殖业	黄皮酒加工	手工艺品加工
	黄皮	荔枝	太子橘			
户数(户)	58	43	32	133	5	60
农民人均纯收入(元)		7000		1000	2500	20000

资料来源:根据2012年调研数据整理获得。

6.3.4 旅游业发展对美孝村农民收入的影响

6.3.4.1 美孝村乡村旅游规划

1999年海南省在全国率先提出了建设生态省的理念,2000年起,海南省从治理农村生活环境入手,开始创建生态文明村,截止到2012年底,海口市已建成文明生态村1512个,占全市自然村的71%。美孝村内有保存完整的火山古村落,生态资源独特,属于最先建设的文明生态村。国际旅游岛建设为海口市旅游业的发展带来了新机遇和挑战,海口市旅游业面临着如何创新发展的问题,而创新的突破口就是要实现农业资源和旅游资源高效配置,农业与旅游业融合,大力发展具有较强包容性的乡村休闲旅游。美孝村依托森林公园、省级精品文明生态村及海口市十大旅游名村,大力建设以生态、体育、观光为特征的乡村休闲度假区,游览景区古迹有荔枝观赏区、黄皮观赏区、花梨根雕展区、美孝古村落民宅古迹。拓展旅游休闲活动项目有骑车游览热带水果园,逛羊山古村庄活动;果园采摘品尝活动;吃农家饭,享受乡村特色菜肴,还可畅饮黄皮酒;干农家活,亲身体验田间管理、水果采摘等农活。购农家物,可以购买的商品有农村自产的蜂蜜、荔枝、黄皮、家禽以及根雕、盆景等手工艺品。2012年,美孝村被评为首批海口市十大乡村旅游名村,乡村旅游迅速升温。

6.3.4.2 乡村旅游发展对农民收入的影响

美孝村乡村旅游的发展已经成为村里新的经济增长点,逐步调整着美孝村的产业结构、村民的就业结构,农民收入进一步增加。

(1)"农家乐"经营收入增加:"农家乐"特色餐馆是围绕自家房屋建设,属于投入成本少、效益回收快、回报高的经营项目,目前美孝村有3家农户从事"农家乐"的经营,2012年接待游客6000人左右,人均年收入增加5000多元。

(2)农产品销售收入增加:在每年的5月,荔枝、黄皮成熟的季节,来到美孝村采摘的游客比较多,一般进入采摘园每人收费15元,可以任意采摘,之后按照采摘的数量购买。除此之外,游客在欣赏火山美景的同时,购买农家鸡、鸭、蜂蜜、黄皮酒的游客增多,这样将农产品直接销售给消费者,既提高了农产品的销售价格,也增加了农民收入。

(3)手工艺品销售收入增加:随着来村里参观、休闲旅游人数的增多,到村里购买根雕、盆景的人数也明显增加,从事根雕业的农户不需要去外面推销自己的产品,能够就地销售,其销售收入也增加了。根雕销售的火热也带动更多的农民从事手工艺品加工,进一步增加了农民就业机会。

表6-9 美孝村农民旅游相关收入来源情况

项目	就业岗位	就业人数(人)	农民人均纯收入(元)
旅游直接收入	农家乐	30	5000
旅游间接收入	种植业	200	8000
	养殖业	20	2000
	销售黄皮酒	30	3000
	手工艺品	100	25000

资料来源:根据2012年调研数据整理获得。

6.3.5 美孝村乡村旅游发展的经验启示及存在的问题

6.3.5.1 经验启示

美孝村以生态文明村建设为基础，依托自身独特的火山古村落、大规模果园等特色大力发展生态、观光乡村旅游的思路是非常正确的，同时也标志着美孝村从创建生态文明村向经营生态文明村转变，有利于生态文明村的持久发展。美孝村在旅游开发中注重突出自身特色，坚持旅游开发与保护生态资源相结合，调查中发现，美孝村现有老村和新村，由于老村生活不便，大多数村民选择在新村生活，只有少数孤寡老人还住在老村里面，但在建造新村时，政府要求新村建筑要与村庄环境风貌相协调，保护古村特色风貌，以此保证旅游业的可持续发展。乡村旅游的发展不仅有利于增加农民收入，解决农村剩余劳动力就业及农副产品升值的问题，而且有利于调整农村的产业结构，加快城乡均衡发展的步伐，改善农村的生态环境，提高农村的文明水平，对建设社会主义新农村有很大的促进作用。

6.3.5.2 存在的问题

在美孝村调查中发现，85%的被调查者认为在国际旅游岛建设的背景下，大力发展旅游业能够进一步提高农民的收入水平。但由于美孝村旅游业发展时间短，基础设施还不完善，还存在很多问题："农家乐"、观光农业，其经营比较分散，目前参与的农户数量比较少，全村只有经济条件较好、容易接受新事物的3家农户在经营"农家乐"，采摘果园只有种植面积较大的几家开放，整体的经营规模小，接待能力受到限制，经营不够规范，旅游经营缺乏专业的人才。被调查的村民希望政府给予更多的资金扶持及建设用地的支持，希望能够由专业的旅游企业来进行规范经营。因此，在美孝村乡村旅游发展中，要通过合理的利益分配机制，提高农民参与乡村旅游的积极性和保护乡村旅游景观的自觉性，保证村民对旅游开发的长久支持力度。随着各项旅游设施及管理的不断完善和规范，乡村旅游的持续发展将使美孝村农民的旅游收入进一步提高。

6.3.6 美孝村当前发展状况

目前，美孝村因其拥有物质形态和非物质形态文化遗产，具有较高的历史、文化、科学、艺术、社会、经济价值已经入选国家级传统村落，政府加大对美孝村的投入力度，围绕火山石古村落的生态资源打造旅游项目，推广美孝村的古村落观光+农家乐+农业观光采摘+根雕手工艺多种乡村旅游项目,极大地提升了乡村旅游、生态旅游的品牌影响力,促进了旅游业快速发展。不断促进生态、旅游、文化与农业的深度融合,调整产业结构,村民文明素质显著提高,农民收入进一步增加。

6.4 琼海市博鳌镇美雅村案例

6.4.1 琼海市概况

琼海市位于海南省东部,全市总面积1710平方公里,常住人口50万人,琼海市下辖12个镇和彬村山华侨经济区,辖区内有3个国营农场和1个国营林场。琼海市是一个华侨之乡,琼海籍海外华侨、华人和港澳台同胞约有55万人,分布在世界五大洲28个国家与地区。2012年全市GDP总量达到145.1亿元,三次产业结构比例为41.7:17.2:41.1,农民人均纯收入为8176元,高于全国平均水平。琼海市位于万泉河中下游,是红色娘子军的故乡,旅游资源丰富,同时又是举世瞩目的"博鳌亚洲论坛"所在地,在博鳌亚洲论坛的影响下,琼海市的旅游业发展十分迅猛,已经由观光型向休闲旅游型发展,2012年接待旅游过夜人数达到185.2万人次,旅游总收入达到了17.31亿元。国际旅游岛建设规划中琼海市属于东部功能区,未来发展的重点是依托博鳌亚洲论坛会议中心的优势,大力发展滨海休闲度假旅游区。

6.4.2 美雅村概况

美雅村位于琼海市的博鳌镇,博鳌镇位于琼海市东部海滨,万泉河入海口,下辖17个村委会,205个村民小组,总人口2.7万人,总面积86平方公里,该镇的显著特征是国际会议组织——博鳌亚洲论坛永久性会址所在地,博鳌小镇也因此一夜成名,博鳌旅游业迅速崛起,同时也有力地带动了当地服务业、餐饮业等第三产业的蓬勃发展。在国际旅游岛建设背景下,博鳌镇全面启动了打造博鳌"天堂小镇"战略,截至2011年底,博鳌全镇生产总值达到6.84亿元,其中第三产业生产总值达1.76亿元,占全镇生产总值的25.73%,全镇从事第三产业人数达 2050 人，农民人均纯收入为 6527 元，第三产业成为博鳌镇发展农村经济和增加农民收入的重要支柱。2012 年，琼海市在挖掘本土文化的基础上，启动博鳌风情小镇建设和博鳌乡村带状公园建设，投入 2000 多万元对博鳌镇进行改造，一种更高端的旅游形态——乡村深度游在该镇火热起来，博鳌镇迎来了新的发展机遇。

美雅村（具体位置见图 6-4 五星标记处）毗连博鳌禅寺和亚洲论坛会址，美雅村远离海景，世代以传统的种植业为生。美雅村也是一个华侨村，几乎每家每户都有亲人在南洋一带。美雅村现有居民 28 户，总人口为 137 人，占地面积 250 亩。随着生态文明村的建设，美雅村依托博鳌亚洲论坛，旅游经济迅速发展。2012 年，美雅村人均纯收入达到 15000 元，第三产业已经成为支撑该村农民收入的主要来源。

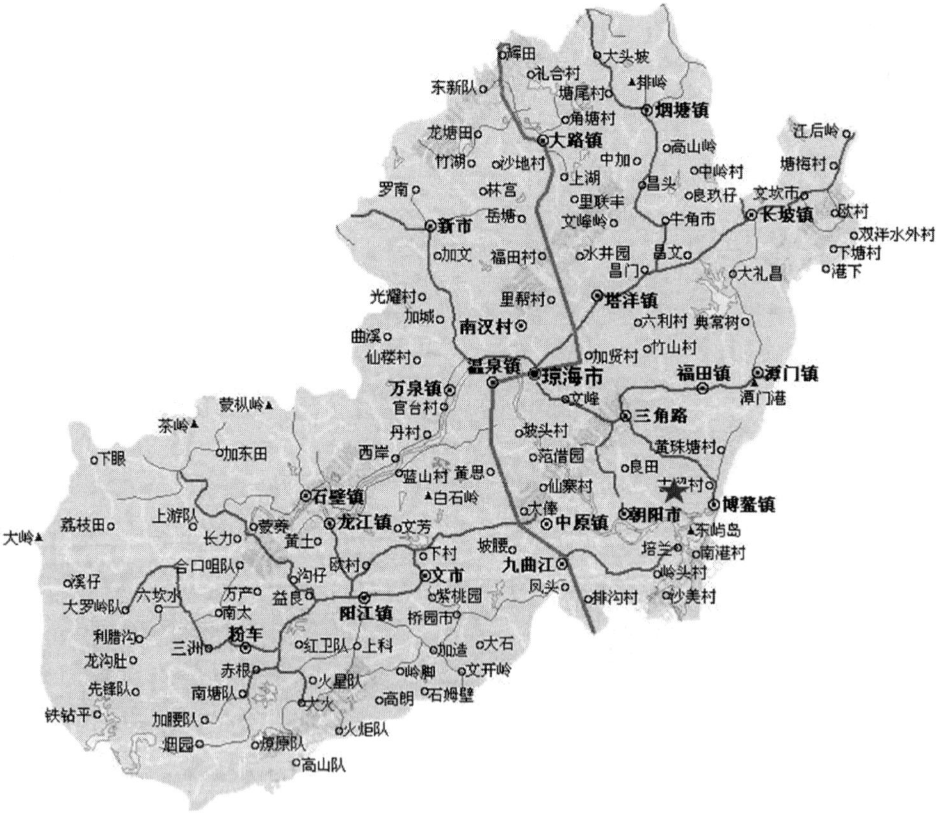

图 6-4　美雅村地理位置示意图

6.4.3 旅游发展前美雅村农民收入来源情况

通过调查发现,旅游业发展之前,美雅村农民收入的主要来源有以下几个方面:

(1) 种植业收入,美雅村居民世代以种植业为生,全村20户农民都种植水稻、槟榔,农民人均收入为2000元。此外,全村有8户村民种植青椒,由于琼海市种植面积过大,运输费用增加,青椒价格出现不稳定的情况,农民人均收入为6000元左右。

(2) 除此之外,有5位村民在博鳌镇从事摩托运输,人均收入为1500元左右。

(3) 工资性收入,美雅村由于距离博鳌亚洲论坛会址较近,部分村民在景区内实现了就业,目前有20位村民选择在该景区工作,主要从事安保、餐饮、客房服务等工作,人均收入为2000元左右。

表6-10 旅游发展前美雅村农民收入来源

项目	种植水稻、槟榔	种植青椒	摩托运输	工资性收入
户数/人数	20户	8户	5人	20人
农民人均纯收入(元)	2000	6000	1500	2000

资料来源:根据2012年调研数据整理获得。

6.4.4 旅游业发展对美雅村农民收入的影响

6.4.4.1 美雅村旅游规划

美雅村虽然毗连博鳌禅寺和亚洲论坛会址,但之前村民的生活并没有因为亚洲论坛的火热而发生太大的变化。随着亚洲论坛的成长,博鳌小镇的人也逐渐意识到来此旅游的游客偏好的不是高楼大厦,而是优美的乡村自然景观和田园风光。2012年,琼海市提出"打造田园城市,构建幸福琼海"的发展思路,坚持在"不砍树、不拆房、不占田、就地城镇化"的原则下,着手打造新型城镇,并大力推进美丽乡村建设,投入2000多万元对博鳌镇进行田园化改造,整合朝烈、美雅、岭头、南强、大路坡5个各具特色的村庄,连片打造乡村带状公园,在改造过程中充分保存农村原有样貌,对农村的基础设施进行就地提升和改造,改造后的乡村以郊野公园、旅游景区、特色风情园等方式与城市发展紧密相连。

目前，乡村带状公园已经成为博鳌旅游的必游景点。美雅村作为博鳌乡村公园的一部分，2012年开展生态文明村建设，村容村貌发生了翻天覆地的变化，该村依托博鳌亚洲论坛的优势，把田园景色与具有实用价值的休闲设施相结合，成立农民合作社并进行乡村旅游经营，成为博鳌深度旅游项目之一。目前已建成农家乐、乡村风情旅馆、自行车营地等基本旅游服务点，已经成为国内外游客体验琼海乡村风情的文明生态村之一，年接待游客达到了100万人次，乡村旅游项目前景广阔。

6.4.4.2 乡村旅游的发展对农民收入的影响

美雅村乡村旅游的发展已经为村民带来了实实在在的经济利益，美雅村的产业结构发生了改变，第三产业成为支柱产业，农民收入显著增加。

（1）"农家乐"经营收入增加，美雅村8户村民合资开办了"阿叔农家乐"，这些村民既是股东又是员工，每月固定工资2000元左右，年终还将按照利润进行股东分红，目前，农家乐经营收入平均每月达到20万元左右，解决了30名村民的就业问题。

（2）家庭旅馆收入增加，目前美雅村有3户村民开办了家庭旅馆，共有客房12间，每月经营收入10000元左右。

（3）销售水果收入增加，农家乐旅游的发展带动了其他商品的销售，目前有5位村民主要从事椰子等水果销售，随着旅游人数的增加，水果销售收入显著提高，每月收入达到5000元左右。

表6-11 美雅村农民旅游相关收入来源情况

项目	就业岗位	就业人数（人）	农民人均纯收入（元）
旅游直接收入	农家乐	30	10000
	家庭旅馆	10	6000
旅游间接收入	销售水果	8	2000

资料来源：根据2012年调研数据整理获得。

6.4.5 美雅村乡村旅游发展的经验启示及存在的问题

6.4.5.1 经验启示

美雅村依靠博鳌亚洲论坛效应，同时将乡村旅游开发与文明生态村建设结合起来，已经发展成为田园风情驿站，农村产业结构不断调整，第三产业成为支柱产业，农民切实享受到了旅游发展带来的利益，农民生活质量、收入水平显著提高，生态农民、旅游农民、文化农民等新型农民广泛地出现。在美雅村发展乡村旅游的过程中，有两个成功的经验可供借鉴：

一是"不拆房、不砍树、不征地"，保持村庄原始风貌，突出特色，在原有村庄形态上改善居民的生活条件，这完全符合中央城镇化工作的要求，为新型城镇化建设的提出提供了有力的支持，城乡发展一体化将会得到进一步推进。

二是村民"有就业、有工资、有分红"，充分展现了旅游发展过程中将农民的利益放在首位的思路，农民通过集体经营分红增加收入的做法将在农村改革的过程中被广泛借鉴，美雅村是在海南省旅游"群众做主"的主题下，发展乡村游具体实践的一个成功的范例，为推动全省乡村旅游发展提供了可参考模式。

6.4.5.2 存在的问题

在未来乡村旅游的建设中要始终把环境保护以及农民增收放在首位，良好的生态环境是旅游发展的基础，因此，美雅村村民要充分认识到其中的重要性，不断地提高自身素质，自觉保护本村的生态环境。在调查期间发现，由企业投资的规模更大，起点更高的"农家乐"正在不断地增加，面对未来的竞争，村民自办的项目要充分发挥自身的特色，保证质量，不断提高自身的竞争力。

除此以外，美雅村还要不断地丰富旅游产品，为游客提供多元化的旅游度假服务的同时，吸引更多的本村村民及周边村民就业，充分发挥美雅村拉动乡村旅游经济的杠杆作用，以一带多，连片发展，让周边村庄的农民也享受到旅游辐射作用带来的利益。

6.4.6 美雅村当前发展状况

2013年初，在琼海推进博鳌风情小镇建设时，美雅村建起绿野驿站、水塘咖啡、农家乐等，吸引了越来越多的游人。作为海南乡村旅游发展的典型，美雅乡村公园建设后，不但使家园变成了公园，带动了乡村旅游的发展，还解决了农民就业问题。村民在种水稻、瓜菜等农作物的同时，还合股经营农家乐等项目或者在农家乐中打工，并获得多种收入。2014年，美雅村村民人均可支配收入突破2万元。产业发展之路越来越宽，农民不离乡、不离土实现创业就业，在自家门口就吃上了"旅游饭"，过上了富足的日子，农民收入渠道从原来单一的生产性收入转为经营性、财产性、工资性和生产性4种收入方式。

6.5 儋州市峨蔓镇盐丁村案例

6.5.1 儋州市概况

儋州市位于海南岛的西北部,濒临北部湾,陆地面积3400平方千米,占全省总面积的9.6%,海岸线长度为267.3公里,占全省海岸线总长度的14.7%,全市人口为105万,其中农业人口为65万,占总人口的62%。儋州市是海南省土地面积最大、人口最多的县级市,也是海南省西部的经济、交通、通信和文化中心。辖区有17个镇,4个市属农场及3个工业园区。2012年儋州市GDP总量为176.78亿元,第一产业、第二产业、第三产业结构依次为51.2:14.5:34.3,农民人均纯收入为7763元,高于全省的平均水平,但低于全国的平均水平。儋州市是海南省西部的中心城市,在海南省提出建设国际旅游岛的宏伟战略目标下,西部旅游开发将成为支撑国际旅游岛建设的关键支点之一,作为海南省第三大城市,儋州市旅游发展对西部其他市县示范带动作用及对国际旅游岛建设的支撑作用至关重要。在《纲要》中指出"海南岛西线特色探奇体验游以西部特有的自然风光、历史遗迹、溶洞、库湖、矿山等资源为依托,开展观光游、自助游,增强游客的体验性"。为此,儋州市制定了"一市双城三大功能区"的区域发展战略,即儋州市包括那大城区和滨海新城,北部地区依托洋浦建设新型工业产业区;东部、中部、西部地区依托资源特点,建设综合产业区;南部地区坚持经济发展和环境保护并举,建设生态产业区。2012年儋州市接待过夜游客63.83万人次,旅游总收入为4.72亿元。

6.5.2 盐丁村概况

盐丁村是峨蔓镇最边远的一个行政村(具体位置见图6-5五星标记处),峨蔓镇位于儋州市北部,全镇总面积为76.5平方公里,下辖13个村委会,104个自然村,总人口29000人。峨蔓镇是一个滨海乡镇,以龙门激浪和笔架岭而闻名儋州,海岸线蜿蜒曲折,全长35公里,但由于交通不便,旅游业发展比较缓慢。峨蔓镇农业主要以种植水稻、旱粮、芝麻和豆类为主,但该镇常年温度较高,干旱缺水，粮食产量较低，该镇属于儋州市的贫困地区。

图 6-5　盐丁村地理位置示意图

盐丁村包括盐丁村、细沙村、灵返村、南湖村、小迪村 5 个自然村，共有 520 户村民，总人口 2717 人，该村土地极其稀少，人均土地只占 40% 左右。因靠海而居，世代以打鱼、晒盐为生。盐丁村拥有距今 1200 多年、总面积达 2000 多亩的古盐田，1300 多个由火山岩制成的盐槽，除此以外，盐丁村还拥有土地庙、细沙古灯塔、敬字亭、外翰林民居等文化古迹。

盐丁村的现状是靠近大海但没有港口，由于资金限制无法建造大型渔船，村民一般用小渔船在浅海捕捞；由于土地稀少而且贫瘠，不能出产粮食，村民的粮食全部要依靠购买；由于晒盐工艺属于传统的落后工艺，而且盐业法规加大实施力度以后，没有加碘的盐不准进入市场，再加上食盐实行专卖，所以近年来，盐丁村的盐民和盐田面积都在大幅减少，盐丁村面临着严峻的产业结构调整问题。2011年，盐丁村农民人均纯收入仅为2006元，2012年，该村农民人均纯收入增加到2100元，1年之间仅增长了94元，与全省平均收入相比，两者相差5308元，并且该收入水平还低于海南省贫困线人均标准（2650元）550元。盐丁村农民脱贫致富问题亟待解决。

6.5.3 盐丁村农民收入来源

盐丁村农民收入主要来源于以下几个方面：

（1）渔业收入：目前，全村有35户农民以打渔为生，由于渔船较小，只能在浅海捕捞，而且近年来浅海可捕捞鱼的数量在逐年减少，收入非常不稳定，人均年收入为2000~2500元。

（2）晒盐收入：盐丁村大部分年轻人不愿意学习传统晒盐技术，全村从事晒盐的人数越来越少，目前从事这项工作的基本上都是老年人，有30户左右的农民还在从事晒盐，但由于传统工艺晒制的海盐不是加碘盐，且产量不高，这些盐一般只用来加工盐焗鸡、鸭和蛋类等食品，因此盐价比较低，从事晒盐农户人均纯收入为1500~2000元。

（3）种植甘蔗收入：目前，全村有22户农民种植了甘蔗，每户种植2亩左右，平均年收入为1000~1500元左右。

（4）工资收入：面对如此窘迫的情况，多数人选择外出务工，根据调查统计，盐丁村目前有1200人左右在外打工，外出务工人员中有2/3的人员的受教育程度在高中以下，务工的地点主要分布在岛内的海口、三亚及附近的洋浦等地，主要从事一些建筑、服务业及加工业，农民人均纯收入为3000元左右。

表6-12 盐丁村农民收入来源

项目	渔业	晒盐	种植甘蔗	工资性收入
户数/人数	35户	30户	22户	1200人
农民人均纯收入（元）	2500	2000	500	3000

资料来源：根据2012年调研数据整理获得。

进一步调查发现,盐丁村贫困的主要原因包括:第一,气候干旱,土地贫瘠,产量较低,经营分散,缺乏主导产业;第二,缺乏资金和技术支持,养殖业发展缓慢;第三,耕作方式原始落后,农业结构单一,效益低下;第四,交通不便,基础设施非常脆弱,急需建设和完善。

海南省国际旅游岛建设已有3年之久,在该村进行调查时发现,仍有89%的被调查者不知道国际旅游岛建设具体指什么,但62%的被调查者认为当地具有独特的旅游资源,发展旅游业后其家庭收入将会有所增加,22%的被调查者认为有很大增加,16%的被调查者认为无增加,没有人认为收入会有所减少。

6.5.4 旅游扶贫的对策

盐丁村属于海南省非重点贫困地区的贫困村①,在国际旅游岛建设3年之际,面对这样基础设施脆弱,产业发展缓慢,收入水平低下的村庄,农村贫困问题非常严重,如果不尽快地解决而任由其继续存在或蔓延下去,"富民强岛"将只是一句空话,国际旅游岛建设总体目标的实现必然会受到影响。

如何在国际旅游岛建设的大背景下,充分利用、挖掘该村的旅游资源,提高农民收入显得极为紧迫。2013年,峨蔓镇政府考虑到盐丁村晒盐产业没落的现实及独特的地貌和环境资源,结合国际旅游岛建设儋州规划步骤,对盐丁村未来的发展方向进行了新的定位,决定将盐丁村打造成为热带风情小渔村,发展相关旅游产业,让更多的农民参与到旅游中来。

盐丁村规划的旅游产业有三个方面:第一,利用盐丁村悠久的晒盐传统,以"千年制盐古法"吸引游客前来观赏;第二,依托盐丁村海滩上遍布的火山岩资源,发展石雕产业,吸引游客前来雕刻、观赏和购买;第三,利用盐丁村沿海连片的红树林,组织游客到此进行海钓活动。除此之外,将盐丁村传统的晒盐产业重新定位,考虑到盐丁村生产的盐质不符合食用盐标准,盐丁村将瞄准非食用盐产业,制造相应的非食用盐品种。据了解。目前社会上兴盛的足浴、理疗等行业都需要相应的非食用盐,盐丁村打造这一产业的市场前景会比较广阔。

风情小渔村的旅游开发建设离不开政府的大力扶持,政府要加大对盐丁村的扶贫力度,可以参照琼中县什寒村的做法,先由政府投资为主开发旅游业。

---

① 非重点贫困地区的贫困村是指"两个十年扶贫开发纲要"(2001~2010年、2011~2020年)实施期间,在非国家、省扶贫开发工作重点县(市)没有被列入贫困村和特困村扶持、现在农民人均纯收入等多项指标依然处于贫困线下、水电路房等基础设施及村容村貌比较落后的行政村及其所辖自然村。

目前，峨蔓镇政府已经按照"先路后水再电的路径"开始逐步完善盐丁村的基础设施，整治村容村貌，预计一年后，盐丁村农民人均收入将会比现在翻两番。

6.5.5 盐丁村当前发展状况

盐丁村以其保存完好的古盐田旅游资源和历史文化，以及儋州市政府的大力宣传和扶持，逐步形成具有特色的旅游产品，吸引了越来越多的游客到来，乡村旅游异常火爆，当地村民收入显著提高。针对千年古盐田，海南省已批准建设盐丁生态博物馆，这一举措加大了对这一非物质文化遗产的保护力度，同时儋州市政府也加快建立盐丁村古盐田红树林自然保护区，随着盐丁村基础设施的不断完善，将吸引越来越多的村民从事乡村旅游，可以更大限度地实现富民。

6.6 本章小结

（1）国际旅游岛建设中旅游发展给农民收入带来了初步的影响，影响程度逐步加深。国际旅游岛建设后，各个地区都制定了相应的发展规划，到2012年为止，由于建设期比较短，多数地区还处在摸索、完善的阶段，许多地方都是重新进行规划，旅游业才刚刚开始发展，旅游项目开发比较少，农民的参与层次比较低，规模比较小，旅游业的效用还没有充分发挥出来。但通过对参与旅游业的农户调查发现，旅游业的发展已经为参与的农户带来了初步的收益。2012年以来，随着示范效应的扩大，越来越多的农民自发地、主动地参与到旅游活动中来，随着国际旅游岛建设的深入进行，农村的产业结构发生转变，旅游业的影响程度逐渐加深，农民增收的幅度越来越大。

（2）社区参与的乡村旅游开发模式值得推广。如果当地居民不能充分参与到旅游业中，不能从旅游业发展中获得收益，就会引起他们的排斥心理，甚至会产生一系列的极端行为，进而造成对当地旅游业的毁灭性影响，在景区开发模式上采取社区参与模式，农民可以在土地产权不变的情况下进入非农产业就业，农民真正地参与到旅游业中，实现收益的长久性。只有让当地农民参与其中并长久获益，才能使乡村旅游持续发展，农民才能充分享受到旅游开发带来的好处，这才是发展旅游业的根本目的。

（3）旅游业发展的增收效应存在差异。在调查中发现，国际旅游岛建设对富裕村庄的促进作用相对较小，对贫困村庄的促进作用相对较大。在国际旅游岛建设后，一些地区政府以此为契机，对贫困村开展旅游扶贫，取得了较好的效果，贫困地区由于土地贫瘠，耕地缺乏，但具有独特的旅游资源，发展旅游业可以使农民摆脱完全对土地与农业的依赖，能够带动更多的人就业，如案例中提到的什寒村，发展乡村旅游对农民增收的效果非常大，什寒村的农民迅速实现了脱贫致富。

同时，旅游业发展对村庄内部的影响也存在差异，通过对以上案例的分析，发现发展乡村旅游的收益大部分是由经济水平和学历较高的农户获得的，而经济条件较差的农户由于无力承受发展旅游的前期投入，再加上思想观念比较保守落后，很难从旅游中获益，他们中的大多数人基本上没有参与到旅游业中来，旅游发展的增收效应受益面比较窄。目前，海南省农民家庭总收入中旅游收入比重还比较低，大部分农民还是以第一产业为主，从第一产业向第三产业转型，对于多数村民来说，是一时非常难以理解和接受的。因此，在大力发展旅游业的过程中要注意避免"富者更富，穷者更穷"的马太效应的产生，防止出现新的贫富差距。

（4）旅游从业人员的整体素质逐渐提高。从5个案例我们可以看出，乡村旅游发展之初，农民普遍的受教育程度比较低，思想比较保守，且缺乏相应的指导和培训，他们对旅游行业的发展意义和发展趋势缺乏相应的认识，导致他们认为从事农业生产经营能够满足基本的生活需要，缺乏产业转型升级的动力，缺乏发展乡村旅游的动力。多数学者通过实证研究表明，农民素质水平是影响收入的主要因素。随着当初"吃螃蟹"人的示范效应，以及政府不断地加强对农民的专业指导和培训，当地农民的素质显著提高，他们自主开发的意识和动力不断增强。

（5）生态环境保护意识亟待加强。生态环境、特色资源关系到旅游业的可持续发展，关系到国际旅游岛的可持续发展，因此，在发展旅游业的过程中要注意生态环境、特色资源的保护，在调查中发现，海口市美孝村最有特色的观光景点就是火山古村落，村民一直缺乏相应的保护意识，但随着政府的教育和引导，村民们逐渐认识到了生态环境保护的重要性，认识到只有保护特色的旅游文化才能保持旅游业的持续发展。与此同时也要注意生态低碳的问题，虽然海南省一直重视生态文明村的建设,但由于一些农民素质较低,只关注旅游给他们带来的经济利益,并没有意识到环境的重要性,不懂得保护甚至会随意破坏环境,有的生态村光鲜两年后又回到了脏、乱、差的情况。因此,要提高农民保护生态环境的自觉性,保持村民对旅游开发的长久支持力度,实现旅游业的持续、健康发展。

第7章 海南省旅游业发展对农民收入影响的实证分析

旅游业一直是海南省重点发展的产业,而国际旅游岛建设目标是要将旅游业发展成海南省的支柱产业,从长远来看,旅游业发挥的作用会越来越大,这其中旅游业的发展对农民收入影响程度如何?特别是国际旅游岛建设前后这种影响程度如何变化?本章在上述理论和典型案例分析的基础上,进一步通过实证分析对上述问题予以明确,由于海南省各市(县)的经济发展水平、旅游资源状况、旅游发展程度存在很大差异,为充分考虑各地区的差异,本章利用面板数据为研究对象,运用面板数据单位根检验和协整检验的分析方法,对海南省旅游业发展与农民收入增长之间的关系进行客观量化的研究。

7.1 旅游业发展对农民收入影响的总体分析

7.1.1 变量的选取和说明

(1)被解释变量:农民人均纯收入,具体参照2.1.3中的解释,为消除可能出现的异方差,对农民人均纯收入取对数处理,记为nmsr。

(2)解释变量:旅游总收入占GDP比重,该指标可以进一步地反映出旅游业对地区的经济贡献,该比重越大,旅游业发展越快,对当地的经济贡献也就越大,记为lyfz。

(3)控制变量:除了考虑旅游收入之外,还要控制影响农民收入的其他因

素,由于涉及各市(县)的数据,统计资料比较少且不统一,考虑到获取数据的可靠性和完整性,重点选取了以下指标:

农村就业结构:该指标以农村劳动力中从事非农产业的人数与农村劳动力总人数比率来衡量。该指标能够较好地反映农村生产发展情况,比率越高,农村中非农就业人数越多,农村就业结构较好,说明农村城镇化水平较高,记为 ncjy。

产业结构:用第二产业、第三产业 GDP 占全省 GDP 的比重来衡量,用来解释产业结构对农民收入增长的影响,记为 cyjg。

(4)虚拟变量:为了分析国际旅游岛建设的影响,引入虚拟变量,记为 di, $di=0$(2010 年前,即国际旅游建设之前);$di=1$(2010 年之后,即国际旅游岛建设后)。

表 7-1 变量的描述性统计结果

变量	最大值	最小值	均值	中位数	标准差
nmsr(农民人均纯收入)	9.0853	7.4224	8.2982	8.2935	0.3948
lyfz(旅游发展)	0.9089	0.0006	0.0913	0.038	0.1552
ncjy(农村就业结构)	0.4012	0.0377	0.2426	0.2376	0.0733
cyjg(产业结构)	0.936	0.162	0.5952	0.591	0.1708

7.1.2 样本的选择及模型的设立

为了更加全面、真实地反映海南省旅游业发展对农民收入的影响,本章以面板数据为样本进行实证分析,面板数据是一类包括了时间序列和截面两个维度的混合数据,模型能够同时反映出被研究对象在时间和截面单元的变化规律,能够反映出不同时间、不同单元的特性,可以有效地控制个体异质性,使模型包括的信息更加全面有效,同时通过增加模型的自由度,可以降低变量间多重共线性带来的影响,使估计的结果更加有效可靠,也使研究更加深入。本书以海南省 17 个市(县)2003~2015 年 13 年的面板数据为样本进行分析,由于白沙县、三沙市缺乏旅游收入方面的数据资料,所以样本中不包括这两个市(县)。固定在某一年份上,它是由 17 个农民收入、17 个旅游发展、17 个农村就业结构、17 个产业结构数值组成的截面数据;固定在某一市(县)上,它是由 13 年农民收入、13 年旅游发展、13 年农村就业结构、13 年产业结构数据组成的 4 个时间序列。

面板数据由 17 个个体组成，共有 884 个观测值。数据来源于 2004~2016 年《海南省统计年鉴》、《海南省国民经济和社会发展统计公报》。本章的实证部分主要是采用 Eviews 6.0 软件运算完成。

理论模型如下：

$$nmsr_{i,t} = c + \beta_0 lyfz_{i,t} + \beta_1 lyfz_{i,t} \times di + \beta_2 di + \sum_j \gamma_j con_{j,t} + \varepsilon_{i,t}$$

其中，i 表示市（县），t 表示时期，$nmsr_{i,t}$ 表示市（县）i 在 t 时期的农民人均纯收入，$lyfz_{i,t}$ 表示市（县）I 在 t 时期的旅游发展状况。con_j 表示第 j 个控制变量；c、β_0、β_1、β_2、γ_j 表示待估参数；$\varepsilon_{i,t}$ 表随机扰动项。

7.1.3 实证分析结果与模型检验

7.1.3.1 单位根检验

在分析变量序列的协整性之前，首先要对面板数据中的变量序列进行平稳性检验，以保证协整关系的真实可靠及避免伪回归的存在，本书采用 LLC (Levin – Lin – Chu)、Fisher – ADF 和 Fisher – pp 等方法进行面板单位根检验。

（1）ADF 检验：ADF 检验是基于 DF 检验（Dickey 和 Fuller 给出了模拟的临界值，此检验称为 DF 检验）来实现的，由于在 DF 检验中，常常因为序列存在高阶滞后相关而破坏了随机扰动项 ε_t 是白噪声的假设，将 DF 检验中使用的 $\nabla y_t = \gamma y_{t-1} + \varepsilon_t$，扩展为：

$$\nabla y_t = \gamma y_{t-1} + \xi_1 \nabla y_{t-1} + \xi_2 \nabla y_{t-2} + \cdots + \xi_{p-1} \nabla y_{t-p-1} + \varepsilon_t$$

假定序列 y_t 服从 $AR(P)$ 过程。

检验假设：H_0：$\gamma = 0$（存在单位根）H_1：$\gamma < 0$。

在序列存在单位根的假设条件下，对参数 γ 估计值的显著性检验 t 统计量不服从常规的 t 分布。在实际操作过程中，ADF 检验中增加了参数 p，p 称为滞后期，滞后期的选择一般根据具体情况而定，通常选择能保证 ε_t 是白噪声的最小的 p 值。除此之外，按照每个序列所表现出来的时间趋势情况，在进行单位根检验时需要对模型进行选择。如果变量序列具有时间趋势，则选择含有线性趋势和常数项的面板数据模型；如果变量序列不具有时间趋势，则选用仅含常数项的面板数据模型。

（2）LLC 检验：LLC 检验原理仍是基于 ADF 检验式形式，区别之处是在 LLC 检验中使用的是 Δy_{it} 和 y_{it} 的剔除了自相关，剔除了确定项影响的代理变量，且该代理变量是标准的。

具体做法是：首先，从 Δy_{it} 和 y_{it} 中剔除掉自相关和确定项的影响，并对其进行标准化处理，作为代理变量。其次，使用代理变量进行 ADF 回归，$\hat{\varepsilon}_{ij}^* = \rho \tilde{\varepsilon}_{ij}^* + v_{it}$。

LLC 修正的 $t_{\hat{\rho}}$ 渐近服从 $N(0,1)$ 分布。

详细步骤如下：$H_0: \rho = 0$（存在单位根）；$H_1: \rho < 0$。

LLC 检验是左单端检验。LLC 检验以如下 ADF 检验式为基础：

$$\Delta y_{i,t} = \rho y_{i,t-1} + \sum_{j=1}^{k_i} \gamma_{i,j} y_{i,t-j} + Z'_{it}\phi + \varepsilon_{i,t} \quad i = 1, 2, \cdots, N; \ t = 1, 2, \cdots, T \tag{7-1}$$

其中，Z_{it} 表示外生变量（确定性变量）列向量，ϕ 表示回归系数列向量。

第一步，估计代理变量。首先确定附加项个数 k_i，然后做出以下两个回归式：

$$\Delta y_{i,t} = \sum_{j=1}^{k_i} \hat{\gamma}_{i,j} \Delta y_{i,t-j} + Z'_{i,t}\hat{\phi} + \hat{\varepsilon}_{i,t} \tag{7-2}$$

$$y_{i,t-1} = \sum_{j=1}^{k_i} \tilde{\gamma}_{i,j} \Delta y_{i,t-j} + Z'_{i,t}\tilde{\phi} + \tilde{\varepsilon}_{i,t-1} \tag{7-3}$$

把上述式（7-2）和式（7-3）分别移项得：

$$\hat{\varepsilon}_{i,t} = \Delta y_{i,t} - \sum_{j=1}^{k_i} \hat{\gamma}_{i,j} \Delta y_{i,t-j} - Z'_{i,t}\hat{\phi} \tag{7-4}$$

$$\tilde{\varepsilon}_{i,t-1} = y_{i,t-1} - \sum_{j=1}^{k_i} \tilde{\gamma}_{i,j} \Delta y_{i,t-j} - Z'_{i,t}\tilde{\phi} \tag{7-5}$$

把 $\hat{\varepsilon}_{i,t}$ 和 $\tilde{\varepsilon}_{i,t-1}$ 进行标准化：$\hat{\varepsilon}_{ij}^* = \hat{\varepsilon}_{it}/s_i$，$\tilde{\varepsilon}_{ij}^* = \tilde{\varepsilon}_{it-1}/s_i$，其中 s_i，$i = 1, 2, \cdots, N$ 是式（7-1）对每个个体回归时得到的残差的标准差，从而得到 $\Delta y_{i,t}$ 的代理变量 $\hat{\varepsilon}_{ij}^*$ 和 $y_{i,t-1}$ 的代理变量 $\tilde{\varepsilon}_{ij}^*$。

第二步，接下来对二者进行如下回归：

$$\hat{\varepsilon}_{ij}^* = \rho \tilde{\varepsilon}_{ij}^* + v_{it} \tag{7-6}$$

LLC 检验表明，上式中估计量 $\hat{\rho}$ 的修正的 $\tilde{t}_{\hat{\rho}}$ 统计量渐近地服从标准正态分布，之后根据检验的结果做出对原假设的判断。

$$\tilde{t}_{\hat{\rho}} = \frac{t_{\hat{\rho}} - (\tilde{N}T) S_N \hat{\sigma}^2 s(\hat{\rho}) \mu_{m\tilde{T}}^*}{\sigma_{m\tilde{T}}^*} \to N(0,1)$$

其中，$t_{\hat{\rho}}$ 表示标准的 t 统计量；N 为截面容量；$\tilde{T} = T - (\sum_i k_i/N) - 1$，（$T$ 为

第7章 海南省旅游业发展对农民收入影响的实证分析

个体容量);S_N 为每个个体长期标准差与新息标准差之比的平均数;$\hat{\sigma}^2$ 为误差项 v_{it} 的方差;$s(\hat{\rho})$ 是 $\hat{\rho}$ 标准误差;$\mu_{m\tilde{T}}$ 表示均值的调整型,$\sigma_{m\tilde{T}}$ 标准差的调整项。

(3) PP 检验:针对 ADF 检验中可能存在高阶相关的情况,Philips 和 Perron 于 1988 年提出了一种非参数检验方法,称为 PP 检验,其检验方程为:$\nabla y_t = a + \gamma y_{t-1} + \varepsilon_t$。

该检验对方程中系数 γ 的显著性 t 统计量进行了修正,检验假设与 ADF 检验假设相同,即序列有单位根,$\gamma = 0$,检验统计量为:

$$t_{pp} = \frac{\gamma_0^{1/2} t_\gamma}{\omega} - \frac{(\omega^2 - \gamma_0) T s_\gamma}{2\omega\sigma}$$

其中,$\omega^2 = \gamma_0 + 2\sum_{j=0}^{q}\left(1 - \frac{j}{q+1}\right)\gamma_j, \gamma_j = \frac{1}{T}\sum_{t=j+1}^{T}\tilde{\varepsilon}_t \tilde{\varepsilon}_{t-j}$

t_γ 和 s_γ 是系数 γ 的检验 t 统计量和标准误;$\hat{\sigma}$ 是检验方程的估计标准误;T 是时期总数;q 是截尾期。鉴于不同序列的不同性质,PP 检验同样也包括三种检验类型:仅含有常数项,同时含有常数项和趋势项以及不含常数项和趋势项。

通过 Eviews 6.0 软件对四个变量进行单位根运算,结果如表 7-2 所示。

表 7-2 面板数据的单位根检验结果

变量	检验形式 (C, T, R)	检验方法		
		LLC 检验	ADF 检验	PP 检验
nmsr	(C, T, 1)	-4.1281***	20.9728	39.4944
D (nmsr)	(C, 0, 1)	-7.9119***	65.7864***	64.4944***
lyfz	(C, T, 1)	-12.360***	52.6908**	38.2988
D (lyfz)	(C, T, 0)	-9.3856***	50.0948**	89.3574***
ncjy	(C, T, 1)	-13.102***	33.2013	54.927
D (ncjy)	(C, T, 0)	-13.493***	66.7028***	136.67***
cyjg	(C, T, 1)	-9.4092***	57.2072***	62.1257
D (cyjg)	(C, T, 0)	-10.234***	85.307***	138.8180***

注:检验形式中(C, T, L)分别表示截距项(没有该项用 0 表示)、时间趋势(没有该项用 0 表示)和滞后期,滞后期数由软件根据 AIC 确定。D 表示对原序列进行一次差分,***和**分别表示 1% 和 5% 的显著性水平。

从以上运算的结果可以看出，农民人均纯收入（nmsr）水平值的 ADF 检验和 PP 检验不显著，旅游发展水平值 PP 检验不显著，农村就业水平值的 ADF 检验和 PP 检验不显著，产业结构水平值的 PP 检验不显著，因此不能拒绝存在单位根的"零假设"，即变量数据中存在单位根，进一步对变量进行一阶差分，并对其进行单位根检验，结果显示各变量的一阶差分值通过了显著性检验，拒绝了各截面存在单位根的"零假设"，一阶差分面板数据都是平稳序列，即变量序列是同阶单整的。

7.1.3.2 面板数据的协整检验

面板数据的协整检验是将面板数据的各横截面序列整体进行检验，这样能够有效利用已有数据，从面板数据中发现某一个体不包含的信息。因此单位根检验后，需要检验数据之间是否存在协整关系。基于稳健性的原则，当所有的变量序列为同阶单整时，根据 E－G 两步法，通过协整检验来确定变量间是否存在长期均衡关系，在面板数据中大多都采用 Pedroni 检验、Kao 检验和基于 Johansen 检验的 Fisher 方法进行协整检验。

（1）Pedroni 检验：Pedroni 提出了一系列允许不同截面之间存在不同个体效应和趋势的协整检验，在下面的回归形式中：

$$y_{it} = \alpha_i + \gamma_i t + \beta_{1i} x_{1ir} + \beta_{2i} x_{2ir} + \cdots + \beta_{ki} x_{kit} + \cdots + \beta_{Ki} x_{Kit} + \varepsilon_{it} \quad (7-7)$$

其中，$t = 1, 2, \cdots, T$；$i = 1, 2, \cdots, K$；T 表示时期总数；N 表示截面总数；K 表示外生变量的个数。假定 y 与 x 满足一阶协整，即 $I(1)$。

参数 α_i 表示截面个体的确定效应，γ_i 表示截面个体的趋势效应。

该检验的 H_0 假设：不存在协整关系，则在零假设下残差项 ε_{it} 应为一阶单整过程，通过进行以下的辅助回归来进一步判断残差项是否为一阶单整。

$$\varepsilon_{it} = \rho_i \varepsilon_{it-1} + \gamma_{it}, \text{ 或者 } \varepsilon_{it} = \tilde{\rho}_i \varepsilon_{it-1} + \sum_{j=1}^{p_i} \Phi_{ij} \Delta \varepsilon_{it-1} + \upsilon_{it} \quad (7-8)$$

其中，$t = 1, 2, \cdots, T$；$i = 1, 2, \cdots, N$

（2）Kao 检验：Kao 检验的思路与 Pedroni 检验思路相类似，但是 Kao 检验的条件更加严格。在第一阶段回归时，Kao 检验确定了模型中必须且只允许包含个体确定效应，并且模型中外生变量的系数是齐性的，即不同截面外生变量的系数相同。

在确定了检验回归：$\varepsilon_{it} = \rho_i \varepsilon_{it-1} + \gamma_{it}$ 后，基于不存在协整关系的假设 H_0，Kao 检验构造了一系列服从标准正态分布的统计量，如下式：

$$ADF = \frac{t_{\hat{p}} + \sqrt{6N}\hat{\sigma}_r/(2\hat{\sigma}_{lu})}{\sqrt{\hat{\sigma}_{lr}^2/(2\hat{\sigma}_r^2) + 3\hat{\sigma}_r^2/(10\hat{\sigma}_{lr}^2)}}$$

其中估计的方差为：$\hat{\sigma}_r^2 = \hat{\sigma}_u^2 - \hat{\sigma}_{uv}^2 \hat{\sigma}_v^{-2}$，估计的长期方差为：$\hat{\sigma}_{lr}^2 = \hat{\sigma}_{lu}^2 - \hat{\sigma}_{luv}^2 \hat{\sigma}_{lv}^{-2}$。

(3) 基于 Johansen 检验的 Fisher 方法：Johansen 协整检验原理相对复杂一些，简单来说，设变量 y_{1t}，y_{2t}，…，y_{kt} 都是非平稳的一阶单整序列，x_t 是 d 维外生向量，代表趋势项、常数项等。

$$y_t = A_1 y_{t-1} + A_2 y_{t-2} + \cdots + A_p y_{t-p} + Bx_t + \mu_t \tag{7-9}$$

变量 y_{1t}，y_{2t}，…，y_{kt} 的一阶单整过程 $I(1)$ 经过差分处理后变为零阶单整过程 $I(0)$。

$$\Delta y_t = \prod y_{t-1} + \sum_{i=1}^{p-1} \Gamma_i y_{t-i} + Bx_t + \mu_t$$

其中，$\prod = \sum_{i=1}^{p} A_i - I, \Gamma_i = \sum_{j=i+1}^{p} A_j$ \qquad (7-10)

然后设计统计检验统计量 $\eta_r = -n \sum_{i=r+1}^{k} \ln(1 - \lambda_i)$ 来对检验假设做出判断。Fisher 则令 p_i 是单个截面 Johansen 协整检验的 p 值，则在 H_0：不存在协整关系的假设下，检验统计量为：

$$P = -2 \sum_{i=1}^{N} \log p_i \to x^2(2N) \tag{7-11}$$

根据统计值的显著性来判断协整关系存在与否。

通过单位根检验发现，所有变量序列均为一阶单整序列，即面板数据模型中的 ε_{it} 是平稳的，可以对各自变量序列与农民收入变量序列间的协整关系进行检验，根据以上三种方法，运用 Eviews 6.0 软件对各个自变量序列与农民收入 (nmsr) 变量序列的协整关系逐一进行检验，其中 Pedroni 检验中取 ADF - Statistic，具体检验结果如表 7-3 所示。

从表 7-3 的结果可以看出，所有变量都通过了 1% 极显著或 5% 显著性水平的检验，拒绝了不存在协整关系的原假设，海南省 17 个市（县）旅游发展 (lyfz) 与农民人均纯收入 (nmsr) 之间存在长期均衡的协整关系，随着旅游业的发展壮大，旅游业对农民收入的拉动作用日益明显。

表7-3 面板数据的协整检验结果

变量	Pedroni 检验（p值）	Kao 检验（p值）	Johansen 检验（p值）	结论
lyfz 与 nmsr 的协整关系	-2.1076** (0.0175)	-2.669** (0.0394)	186.8*** (0.0000)	拒绝原假设
ncjy 与 nmsr 的协整关系	-1.6932** (0.0452)	3.8379** (0.0351)	129.5*** (0.0000)	拒绝原假设
cyjg 与 nmsr 的协整关系	-1.5925** (0.0456)	-5.3845** (0.0259)	222.1*** (0.0000)	拒绝原假设

注：***、**分别表示在1%或5%的显著性水平下拒绝原假设（H_0：不存在协整关系）。

7.1.3.3 面板数据模型的估计结果

通过对变量序列的协整检验，确定变量之间的长期协整关系后，接下来用OLS方法对模型中的参数进行估计。进行面板数据回归分析之前，首先要确定模型的形式，是选择随机效应模型还是固定效应模型，常用的检验方法是Hausman检验，简称H检验。Hausman检验的原假设：应建立随机效应模型，运用Eviews 6.0计量软件对面板数据进行Hausman检验的结果均在1%的置信水平下拒绝了原假设，因此，选择了固定效应模型。进一步进行LR（likelihood ratio）检验，LR检验的原假设：固定效应是多余的，运用Eviews 6.0计量软件对面板数据进行LR检验的结果在1%的置信水平下拒绝了原假设，该结论进一步表明选择的固定效应模型是合适的。接下来对模型中的参数进行估计，具体结果如表7-4所示。

估计模型如下：

模型1：$nmsr_{17,10} = 7.9913 + 0.0383 lyfz_{17,10} + 0.0045 lyfz_{17,10} \times di$

模型2：$nmsr_{17,10} = 6.7984 + 0.0372 lyfz_{17,10} + 0.0037 lyfz_{17,10} \times di + 0.0781 ncjy_{17,10}$

模型3：$nmsr_{17,10} = 5.6886 + 0.0353 lyfz_{17,10} + 0.0042 lyfz_{17,10} \times di + 0.0745 ncjy_{17,10} + 0.0923 cyjg_{17,10}$

为了保证结论的稳健性，估计了三个模型，模型1、模型2与模型3是逐步加入控制变量之后的估计结果，三个模型的结果非常接近，表明结论具有稳健性。

从表 7-4 的结果可以看出，lyfz（旅游发展）的估计系数在 1% 的显著水平下为正，表明海南省旅游发展与农民收入之间存在显著的正向关系。在模型 1 中，lyfz 的系数为 0.0383，表明旅游发展变动一个单位，农民人均收入正向变动 3.83%。该结论与赵磊分析得出旅游发展变动一个单位，农村人均实际收入正向变动 4.8% 的结论基本是一致的（赵磊，2011）。海南旅游业的发展有利于提高农民收入和旅游活动的增加，越来越多的农民参与其中，无论是直接从事旅游业，还是间接参与，都有利于农民收入的增长。

表 7-4 固定效应模型估计结果

变量	模型 1	模型 2	模型 3
C	7.9913	6.7984	5.6886
lyfz	0.0383*** (2.8114)	0.0372*** (2.7312)	0.0353** (2.5278)
di × lyfz	0.0045** (2.5499)	0.0037** (2.4263)	0.0042** (2.5012)
ncjy		0.0781*** (3.5869)	0.0745*** (3.3387)
cyjg			0.0923*** (3.8326)
Adjusted R-squared	0.8075	0.7056	0.8275

注：圆括号内为 t 统计值；***、**、* 分别表示在 1%、5%、10% 的水平下显著；本质上固定效应模型中已含有虚拟变量，所以在模型中将 di 虚拟变量进行了剔除。

2003~2015 年，海南省旅游政策发生了较大的变化，2009 年海南省国际旅游岛建设上升为国家战略，为海南省经济的发展提供了新的机会，也为海南省旅游业的发展带来了新的机遇，在此背景下，海南省制定了详尽的发展规划，深度挖掘各地区的旅游资源，提高旅游产品质量，旅游业发展上了一个大台阶。因此，为了比较不同时段旅游业发展对农民收入的影响，将该时间段以 2010 年为界限分为两个阶段。从三个模型的估计结果来看，$di \times lyfz$ 的估计系数都显著为正，表明海南旅游发展的收入效应存在明显的时间差异，模型 1 中 $di \times lyfz$ 的系数为 0.0045，表明国际旅游岛建设之后，旅游发展对农民收入的影响程度比国际旅游岛建设之前增加了 0.45%，旅游发展对农民收入的影响程度增加到 4.28%，国际旅游岛建设后，旅游发展的增收效应进一步提高。

依次加入 ncjy、cyjg 两个控制变量后，旅游发展对农民收入的正向影响没有改变，但旅游发展对农民收入的影响程度有所降低。农村就业结构和产业结构对农民收入都有正向的影响，调整产业结构，带来农民就业结构的变化，有利于增加农民收入，而大力发展旅游业就是调整产业结构的重要举措。

7.2 旅游业发展对农民收入影响的区域比较分析

由于海南省各市（县）的经济水平、产业结构、交通区位、旅游资源禀赋、基础设施条件、人才环境、旅游服务质量、旅游需求与供给等诸多因素的影响导致了海南省各地区旅游业发展水平在空间上存在很大的不均衡，为了比较分析不同地区和时间段旅游发展对农民收入的影响，按照 3.3 节中功能组团分布将全省进行了划分，分为东部、南部、西部、北部和中部五个地区，同时为了分析时间差异，在模型中共加入了 5 个虚拟变量，分别为 d_1、d_2、d_3、d_4、d_5。

$d_1 = 1$，东部地区，$d_1 = 0$，其他地区；$d_2 = 1$，南部地区，$d_2 = 0$，其他地区；$d_3 = 1$，中部地区，$d_3 = 0$，其他地区；$d_4 = 1$，北部地区，$d_4 = 0$，其他地区；$d_5 = 0$，（2003~2009 年，即国际旅游岛建设之前），$d_5 = 1$，（2010~2015 年，即国际旅游岛建设之后）。

本节重点考察旅游业发展对农民收入影响的地区差异和时间差异，因此，在文中重点分析了地区和时间虚拟变量与旅游发展交叉项的系数估计结果，理论模型如下：

$$nmsr_{i,t} = c + \alpha lyfz_{i,t} + \sum_i^5 \beta_i d_i + \sum_i^5 \lambda_i d_i lyfz_{i,t} + \sum_i^4 \omega_i d_i d_5 + \sum_i^4 \delta_i d_i d_5 lyfz_{i,t} + \sum_j \gamma_j con_{j,t} + \varepsilon_{i,t}$$

其中，i 表示市（县），t 表示时期，$nmsr_{i,t}$ 表示市（县）i 在 t 时期的农民人均纯收入，$lyfz_{i,t}$ 表示市（县）i 在 t 时期的旅游发展情况。con_j 表示第 j 个控制变量；c、α、β_i、λ_i、ω_i、δ_i、γ_j 表示待估参数；ε 表示随机扰动项。

通过 Hausman 检验和 LR 检验后，选择固定效应模型进行估计，具体运算结果如表7-5所示。为了保证结论的稳健性,本书估计了三个模型。从模型1、模型2、模型3的估计结果来看,三个模型的结果非常接近,表明结论具有稳健性。

表7-5 固定效应模型估计结果

变量	模型1	模型2	模型3
C	8.0587	7.3260	5.7822
lyfz	0.0356***	0.0317**	0.0325**
	(2.8919)	(2.1556)	(2.2314)
$d_1 \times$ lyfz	0.0437***	0.0423***	0.0432***
	(2.8499)	(2.7468)	(2.8420)
$d_2 \times$ lyfz	0.0730***	0.0527***	0.0719***
	(2.9840)	(2.7543)	(2.9605)
$d_3 \times$ lyfz	0.0157***	0.0149**	0.0142**
	(1.4758)	(1.1800)	(1.2701)
$d_4 \times$ lyfz	0.0474***	0.0469***	0.0471***
	(2.7490)	(2.6309)	(2.7371)
$d_5 \times$ lyfz	0.0033***	0.0021***	0.0036*
	(4.1337)	(3.2264)	(2.0530)
$d_1 \times d_5 \times$ lyfz	0.0057***	0.0034**	0.0046**
	(3.2809)	(2.5151)	(2.6571)
$d_2 \times d_5 \times$ lyfz	0.0074***	0.0068***	0.0069**
	(3.7840)	(2.8829)	(3.0840)
$d_3 \times d_5 \times$ lyfz	0.0084*	0.0066*	0.0081*
	(2.1339)	(2.0011)	(2.1126)
$d_4 \times d_5 \times$ lyfz	0.0025**	0.0019*	0.0026*
	(2.6171)	(2.3236)	(2.5055)
ncjy		0.0764***	0.0633***
		(3.9486)	(3.1398)
cyjg			0.0976***
			(3.9234)
Adjusted R-squared	0.7975	0.8056	0.8123

注:圆括号内为t统计值;***、**、*分别表示在1%、5%、10%的显著水平下显著;本质上固定效应模型中已含有虚拟变量,不能再引入虚拟变量 d_1、d_2、d_3、d_4、d_5、$d_1 \times d_5$、$d_2 \times d_5$、$d_3 \times d_5$、$d_4 \times d_5$。因此,在模型中将上述虚拟变量进行了剔除。

7.2.1 旅游发展收入效应的地区差异

从三个模型的估计结果来看，lyfz（旅游发展）的估计系数在 1% 或 5% 的显著水平下为正，表明西部地区的旅游发展对农民收入具有显著的正面影响，$d_1 \times lyfz$，$d_2 \times lyfz$，$d_3 \times lyf$，$d_4 \times lyfz$ 的系数也都为正，表明在东部、南部、中部和北部地区的旅游发展对农民收入具有显著的正面影响。

从影响的程度来看，南部地区旅游发展的收入效应最大，其次是北部地区、东部地区、西部地区。从模型 1 来看，$d_2 \times lyfz$ 的系数为 0.073，表明南部地区旅游发展与农民人均纯收入在 1% 水平上呈正相关关系，即旅游发展变动 1 个单位，农民人均纯收入正向变动 7.3 个百分点。南部地区旅游发展的收入效应是最大的，该地区主要是以三亚市为主，三亚市利用自身独特的资源优势及政府的大力支持，旅游业发展的速度是最快的，远远超过其他地区，农民收入的水平也是最高的。

$d_4 \times lyfz$ 的系数为 0.0474，表明北部地区旅游发展与农民人均收入在 1% 水平上呈正相关关系，即旅游发展变动 1 个单位，农民人均收入正向变动 4.74 个百分点，该地区主要是以海口市为中心，海口市作为省会中心城市的作用比较明显。

$d_1 \times lyfz$ 的系数为 0.0437，表明东部地区旅游发展与农民人均收入在 10% 水平上呈正相关关系，即旅游发展变动 1 个单位，农民人均收入正向变动 4.37 个百分点，该地区位于沿海，旅游发展相对较快，如琼海博鳌亚洲论坛落户以来，周边村庄借助博鳌论坛效应，积极从事第三产业发展，农民收入显著提高。

西部地区的旅游影响系数为 0.0356，表明西部地区旅游发展与农民人均收入在 1% 水平上呈正相关关系，即旅游发展变动 1 个单位，农民人均收入正向变动 3.56 个百分点，西部地区一直以工业为主，再加上旅游产品不突出等原因，旅游发展相对其他地区比较缓慢，旅游发展的收入效应较低。

$d_3 \times lyfz$ 的系数为 0.0157，表明中部地区旅游发展与农民人均收入在 10% 水平上呈正相关关系，即旅游发展变动 1 个单位，农民人均收入正向变动 1.57 个百分点，海南省中部地区由于交通不便，政府主导作用不足，旅游产品特色不突出等原因，旅游业发展滞后，与其他地区相比，尽管近年来旅游业发展持续攀升，但和其他地区相比旅游收入还比较低，旅游业对农民收入的影响小于其他地区。

5个地区旅游业发展程度的高低，决定着农民参与旅游活动程度的不同，进而决定了旅游业收入效应存在着地区差异，随着海南旅游发展质量的进一步提高，旅游发展的增收效应将进一步增强。

7.2.2 不同地区旅游发展收入效应的时间差异

从以上估计结果可以看出，模型1至模型3，$d_5 \times lyfz$、$d_1 \times d_5 \times lyfz$、$d_2 \times d_5 \times lyfz$、$d_3 \times d_5 \times lyfz$、$d_4 \times d_5 \times lyfz$ 估计系数均显著为正，表明五个地区存在时间效应，旅游发展对农民收入的促进作用在2010年之后有明显增加。

模型1中，$d_3 \times d_5 \times lyfz$ 的系数最大，达到0.0084，表明中部地区在国际旅游岛建设后，旅游发展的收入效应提高了，旅游发展每变动一个单位，农民收入变动提高0.84%。中部地区的旅游发展增收效果是最强的，该区域旅游发展与农民收入出现了显著的正向效应，旅游拉动的后发优势显著，主要是由于国际旅游岛建设之后，中部民族地区旅游业得到各级政府的重视，中部地区充分利用丰富的原生态自然资源，大力发展生态旅游，旅游发展增速较快，更多的农民参与到了旅游活动。

从南部地区来看，$d_2 \times d_5 \times lyfz$ 的系数为0.0074，表明南部地区在国际旅游岛建设之后，旅游发展的增收效应增加了0.74%，南部地区在原有旅游业发展的基础上，随着各项设施的完善，旅游产品质量不断提高，旅游发展的收入效应能够继续增加。

从东部地区来看，$d_1 \times d_5 \times lyfz$ 的系数为0.0057，表明东部地区在国际旅游岛建设之后，旅游发展的收入效应增加了0.57%，国际旅游岛建设后，琼海博鳌亚洲论坛的影响力进一步扩大，旅游发展的带动作用进一步增强。

从西部地区来看，$d_5 \times lyfz$ 的系数为0.0033，西部地区在国际旅游岛建设之后，旅游发展的收入效应增加了0.33%。从北部地区来看，$d_4 \times d_5 \times lyfz$ 的系数为0.0025，北部地区在国际旅游岛建设后，旅游发展的收入效应增加了0.25%。

国际旅游岛建设后，中西部地区的旅游发展增速最快，发展空间比较大，其他四个地区旅游发展的收入效应比2010年之前都有所增加，随着国际旅游岛建设的深入及全域旅游的建设，各项旅游设施不断完善，旅游品种不断增加，旅游发展的收入效应也会进一步显著提高。

7.2.3 控制变量的影响

为观察模型1的结果的稳定性，在模型1的基础上加入了影响农民收入的农村就业结构和产业结构作为控制变量。从模型2和模型3的估计结果可以看出，控制农村就业结构和产业结构后，旅游发展与农民收入之间依然存在显著的正相关，旅游发展水平的提高有利于增加农民收入，但控制变量降低了影响程度。从以上结果可以看出，农村就业结构及产业结构的变化都有利于农民收入的提高。随着第二产业、第三产业的大力发展，吸引越来越多的农村从事非农产业，改变农民家庭经营的生产方式，有利于增加农民收入。

7.3 旅游业发展对城乡居民收入差距影响的分析

旅游业发展在提高农民收入的同时，对城镇居民收入也存在影响，而国际旅游岛建设的目的是在大力发展旅游业的同时不断提高农民收入，逐步缩小城乡居民收入之间的差距。在重点分析国际旅游岛建设前后旅游业发展对农民收入的影响后，本章通过面板数据来分析旅游发展对城乡居民收入差距的影响。近年来，随着城乡统筹研究的不断深入，一些学者注意到旅游发展对城乡居民收入差距的影响（潘雪阳等，2010；赵磊，2011；麻学锋等，2011），但这方面的研究文献还相对比较少，大部分研究主要是基于理论分析，主要集中于对旅游发展的经济影响效应或城乡旅游协调发展等方面的研究，并且这些研究结论尚未一致，但毫无疑问的是，旅游发展对城乡居民收入差距有很大影响。基于此，在之前研究的基础上，利用海南省17个市（县）10年的面板数据，并引入时间虚拟变量，来实证分析海南省旅游业发展对城乡居民收入差距的影响，试图为海南国际旅游岛的进一步建设提供相应的理论依据和政策支持。

7.3.1 变量的选取及说明

（1）城乡居民收入差距（cxgap），该指标可以用绝对指标或相对指标来衡量。本书以相对指标值来表示，即城镇居民家庭人均可支配收入与农村居民家庭人均纯收入的比值。城镇居民家庭人均可支配收入能够真实地反映城市居民的收入状况和生活水平，农民人均纯收入是衡量农民实际收入和生活水平的重要指标，二者的比值越大，表明城乡收入差距越大，记为cxgap。

（2）旅游发展（lyfz），采用相对指标来反映，即旅游总收入与GDP之比，反映旅游产业对地区经济的贡献程度。

（3）控制变量：除了考虑旅游发展之外，还要控制影响城乡居民收入差距的其他因素，本书重点选取了如下几个指标：

人均GDP（rjgdp）：它是衡量经济发展水平的重要指标，经济发展水平高可以改善和提高居民的生活和生产条件，也可以提供更多的就业机会，有利于提高城乡居民的收入水平，缩小城乡收入差距。本书以该指标作为衡量海南省各地区的经济水平的变量，为了保证数据的平稳性，对其取对数处理，记为rjgdp。

城市化水平（csh）：它是反映一个地区的城镇化率的重要指标，用非农业人口与户籍总人口的比值来表示，该比值越大，表明城市化水平越高，农民劳动力不断向城市转移，有利于提高农村劳动生产率，提高农民收入水平，缩小城乡居民收入差距。

财政支出占GDP比重（cz）：我国二元化的社会结构使得政府对城市和农村的重视程度存在差异，而财政支出的变化能够反映出政府政策的偏好，财政支出的不同使得城乡间公共基础设施及公共服务等方面存在着差距，进而可能影响收入之间的差距。本书以财政支出占该地区GDP的比重作为衡量政府政策的变量，记为cz。

（4）虚拟变量：本书要重点分析国际旅游岛建设政策出台前后旅游发展对城乡居民收入差距的影响，所以引入时间虚拟变量，记为di，di=0（2010年前，即国际旅游建设之前）；di=1（2010年之后，即国际旅游岛建设之后）。

7.3.2 样本的选择及模型的设立

为了全面反映海南省各个地区旅游发展和城乡居民收入差距的状况，本书以2003～2015年13年海南省17个市（县）的面板数据为样本。由于白沙县、三沙市缺乏旅游收入方面的数据资料，所以样本中不包括这两个市（县）。数据来源于2004～2016年《海南省统计年鉴》、《海南省国民经济和社会发展统计公报》。

理论模型如下：

$$cxgap_{i,t} = c + \alpha_0 lyfz_{i,t} + \alpha_1 di + \alpha_2 lyfz_{i,t} \times di + \sum_j \gamma_j con_{j,t} + \varepsilon_{i,t}$$

其中，i 表示市（县），t 表示时期，$cxgap_{i,t}$ 表示市（县）i 在 t 时期的城乡收入差距，$lyfz_{i,t}$ 表示市（县）i 在 t 时期的旅游发展情况。con_j 表示第 j 个控制变量；c、α_0、α_1、α_2、γ_j 表示待估参数；ε 表示随机扰动项。

7.3.3 实证分析结果与模型检验

7.3.3.1 平稳性检验

通过 Eviews 6.0 统计软件运算结果如表 7-6 所示。

表 7-6 面板数据的单位根检验结果

变量	检验形式 (C, T, R)	检验方法		
		LLC 检验	ADF 检验	PP 检验
cxgap	(C, T, 1)	-7.8788***	59.4424***	31.7503
D (cxgap)	(C, T, 0)	11.7672***	54.4385**	102.598***
lyfz	(C, T, 1)	-12.360***	52.6908**	38.2988
D (lyfz)	(C, T, 0)	-9.3856***	50.0948**	89.3574***
rjgdp	(C, T, 1)	-2.3720**	20.2332	34.3046
D (rjgdp)	(C, T, 0)	-9.1844***	43.3460**	76.7018***
csh	(C, 0, 1)	-8.3400***	22.9168	43.1615
D (csh)	(C, 0, 0)	-28.0550***	91.3230***	81.6240***
cz	(C, T, 1)	1.2931	10.1086	5.6626
D (cz)	(C, 0, 1)	-8.0088***	60.8255***	63.0484***

注：检验形式中（C, T, L）分别表示截距项（没有该项用 0 表示）、时间趋势（没有该项用 0 表示）和滞后期，滞后期数由软件根据 AIC 确定。D 表示对原序列进行一次差分。*** 和 ** 分别表示 1% 和 5% 的显著性水平。

从表 7-6 的结果可以看出，cxgap、lyfz、rjgdp、csh、cz 五个变量单位根水平值没有通过显著性检验，这表明五个变量的数据中存在单位根，之后对五个变量分别进行一阶差分，并对其进行单位根检验，结果显示各变量的一阶差分值都通过了显著性检验，拒绝各截面存在单位根的零假设，即所选变量序列是同阶单整序列。

7.3.3.2 协整检验

运用 Eviews 6.0 软件对各个变量序列与城乡收入差距（cxgap）变量序列的协整关系分别进行检验，其中 Pedroni 检验中取 ADF-Statistic，检验结果如表 7-7 所示。

第7章 海南省旅游业发展对农民收入影响的实证分析

表7-7 面板协整检验结果

变量	Pedroni 检验 （p 值）	Kao 检验 （p 值）	Johansen 检验 （p 值）	结论
lyfz 与 cxgap 的协整关系	-2.8288 (0.0023)***	-1.1101 (0.0035)***	206.7 (0.0000)***	拒绝原假设
rjgdp 与 cxgap 的协整关系	-2.9854 (0.0014)***	-1.9161 (0.0277)**	180.8 (0.0000)***	拒绝原假设
csh 与 cxgap 的协整关系	-4.2851 (0.0000)***	-1.2791 (0.0004)***	336.6 (0.0000)***	拒绝原假设
cz 与 cxgap 的协整关系	-3.2769 (0.0005)***	-0.7071 (0.0047)***	206.9 (0.0000)***	拒绝原假设

注：***表示通过了1%显著水平的检验，拒绝原假设（H_0：不存在协整关系）。

从表7-7的结果可以看出，所有变量都通过了显著性水平的检验，拒绝了原假设，旅游发展、经济发展水平、城市化水平、政府政策与城乡收入差距之间存在长期的协整关系。

7.3.3.3 面板数据模型的估计结果

协整检验确定变量之间的长期协整关系后，接下来用 OLS 法对模型中的参数进行估计。通过 Hausman 检验和 LR 检验之后，选择固定效应模型，具体运算结果如表7-8所示。

表7-8 固定效应模型估计结果

变量	Coefficient	t-Statistic	Prob
C	2.1705	7.9162	
lyfz	0.1050*	2.6045	0.0569
di × lyfz	-0.3819***	-3.5388	0.0007
rjgdp	0.1136***	6.6995	0.0000
csh	0.4214	0.5647	0.5733
cz	0.3887***	4.4087	0.0000
Adjusted R-squared	0.88		

注：圆括号内为 t 统计值；***、**、*分别表示在1%、5%、10%的显著水平下显著；本质上固定效应模型中已含有虚拟变量，所以在模型中将 di 虚拟变量进行了剔除。

从以上的估计结果可以发现，lyfz（旅游发展）的估计系数为 0.1050，在 10% 的显著水平下为正，表明国际旅游岛建设之前，海南省旅游发展与城乡居民收入差距之间存在显著的正向关系，即旅游发展深度增加 1%，城乡居民收入差距扩大 0.105 个百分点，在国际旅游岛建设之前，海南 20 年的旅游发展忽视了当地农民的利益，而当地政府为提高政府政绩，不惜以牺牲当地人的利益为代价，土地被低价拿走，景区开发模式主要是采取"政府 + 公司"的模式，农民在巨大的旅游收益中收获甚少，农民收入的增长速度低于城镇居民收入的增长速度，加剧了城乡居民收入差距。

di × lyfz 的系数为 - 0.3819，在 1% 的显著水平下为负，加上 lyfz 的系数之后，依然为负，该结果表明国际旅游岛建设后，海南省旅游业的发展缩小了城乡居民收入差距，旅游发展深度增加 1%，城乡居民收入差距将缩小 0.2769 个百分点。国际旅游岛建设后，海南的旅游发展战略逐步调整，提出了"强岛富民"的目标，将农民的利益放到了首要位置，在发展滨海旅游的基础上，大力发展乡村旅游，乡村旅游逐渐成为海南旅游业发展新的增长点，农民就业渠道增多，旅游开发模式不断完善，旅游开发中更多地采取"政府 + 公司 + 农户"或"政府 + 农户"的模式，使得更多的农民参与到旅游活动中来，农民收入显著增加。与此同时，由于国际旅游岛的开发建设，使得一些农民的土地被征用，农民获得的土地补偿收入逐步增加，农民整体收入显著增加，从而有利于缩小城乡居民收入差距。

从控制变量来看，人均 GDP（rjgdp）的回归系数显著为正，表明经济增长加大了城乡收入差距，这主要是由于地区经济发展的不平衡性、二元社会结构的存在，使得城乡居民收入差距扩大。因此，必须转变农村的生产经营方式及经济增长方式；财政支出（cz）的回归系数显著为正，表明财政支出的增加使得城乡居民收入差距增大，这可能是由于目前海南省财政支出主要是偏重于城镇，导致城乡收入差距增加，要缩小二者之间的差距，需要政府调整收入分配制度，加大对农村及农民的支持力度。城市化水平（csh）对城乡收入差距的影响没有通过显著性检验。

7.4 本章小结

本章首先对面板数据的相关检验方法进行了阐述，利用海南省 2003~2015 年 17 个市（县）的农民收入、城乡收入差距、旅游发展数据建立面板数据模型，在模型中引入虚拟变量，采用固定效应方法，对海南省旅游业与农民收入及城乡居民收入差距的关系进行了实证分析。由于目前海南省旅游统计信息的不充分、不完整，使得一些数据无法取得，因此选取变量的数量比较少，导致模型估计可能存在偏差，但整体上还是能反映出当前的基本情况，通过上述实证分析获得的主要结论是：

（1）海南省旅游业发展有利于提高农民收入且具有时间效应。通过对面板数据的分析发现，海南省旅游发展与农民收入之间存在显著的正向关系，旅游发展变动一个单位，农民人均收入正向变动 3.83%，国际旅游岛建设后旅游发展的收入效应增加到 4.28%。

（2）海南省旅游发展的收入效应具有明显的地区差异。从影响的程度来看，国际旅游岛建设前，旅游发展增收效应最大的是以三亚市为代表的南部地区，其后依次是以海口市为代表的北部地区，以琼海市为代表的东部地区，以儋州市为代表的西部地区，以琼中县为代表的中部地区，旅游发展的增收效应较小。与此同时，这些地区旅游发展的收入效应存在明显的时间差异。国际旅游岛建设后，这些地区旅游发展对农民收入的正向影响进一步增强，其中中部地区旅游发展增收效果最强，旅游拉动的后发优势明显。从控制变量来看，农村就业结构和产业结构与农民收入呈显著的正相关，调整产业结构，转变就业结构有利于农民收入水平的提高。

（3）国际旅游岛的建设有利于缩小城乡收入差距。国际旅游岛建设前，海南省旅游业的发展扩大了城乡居民收入差距，国际旅游岛建设后，随着旅游政策的调整、完善，乡村旅游迅速发展起来并逐步完善，更多的农民参与到了旅游活动中，农民收入显著提高，城乡居民收入差距逐步缩小。从控制变量来看，经济增长和财政支出加大了城乡居民收入差距，因此要逐渐转变经济增长方式及农村生产经营方式，政府亟须加大对农村及农民的支持力度，从而尽快缩小城乡收入差距。

第8章 主要结论与政策建议

8.1 主要研究结论

第一,从总体来看,海南省国际旅游岛建设取得了初步成效。国际旅游岛建设后,海南旅游业快速发展,旅游人数显著增加,2012年达到3320万人,2015年增加到4492万人。旅游收入快速攀升,2012年达到379.12亿元,2015年增长到543.37亿元,旅游收入的增长速度超过旅游人数的增长速度,说明旅游发展开始由粗放型向效益型转变。三次产业结构不断优化,第三产业比重持续提高,服务业快速发展。产业结构变动的同时也进一步带动就业结构不断优化,就业渠道不断拓宽,第三产业就业数量不断增长,其中旅游业就业人数显著增加,2012年旅游业就业人数占全省就业人数的比重是11.34%,2015年旅游业就业人数的比重增长到12.7%。就业人员的收入水平不断提高,国际旅游岛建设规划的第一步目标已经超额完成,第二步目标也已经实现,国际旅游岛建设成效显著。

第二,农民收入显著提高,收入结构不断完善。国际旅游岛建设后,随着旅游业的快速发展,建筑业、服务业就业人数不断增加,热带高效农业产值不断增长,海南省农民收入显著提高,2013年已经达到8343元,2015年已经增加到10858元。从收入结构来看,工资性收入和家庭经营中非农产业收入是增长的主要动力,这主要是因为随着旅游业尤其是乡村旅游的发展,农民直接参与到旅游业中就业。除此之外,旅游业发展带动了相关产业,如农产品加工业、交通运输、建筑等产业的发展,用工需求不断地增加,农民就业渠道进一步拓宽,非农

第8章 主要结论与政策建议

收入显著增加。从城乡收入比来看,国际旅游岛建设之后,城乡收入比下降,城乡收入差距在逐步缩小。

第三,海南省旅游发展对经济增长的拉动效应显著。在时间维度上,海南省旅游业依存度、旅游业贡献率和旅游业拉动率总体不断提高,其中旅游贡献率和旅游拉动率增长幅度更大。而且,随着国际旅游岛战略的深入实施,这种效应将持续增强;在省域空间维度上,海南省旅游业对经济增长拉动效应与其他相邻省份相比,效应并不突出,但显著高于全国的平均水平;在市域空间维度上,海南省各市县旅游业对经济增长拉动效应存在空间差异,东部地区持续增长,中部地区增长势头迅猛,北部地区增长缓慢。

第四,从典型案例分析来看,农民参与旅游业程度逐步提高。国际旅游岛建设前,海南旅游业的发展忽视了当地农民的利益,导致矛盾不断,海南省政府逐渐认识到,旅游开发要想持续发展必须要促进本地经济和文化的发展,带动当地老百姓致富,国际旅游岛建设后,更加强调"富民强岛"的目标,将相关市县的农业和旅游业紧密结合起来,农民参与旅游业发展的渠道增多,收入显著增加。在景区的开发模式上也发生改变,采取社区参与模式,让更多的农民直接从事旅游业,保障农民长远利益,在此导向下,目前尚未脱贫的村庄也确立了旅游扶贫的策略和方式,农民的参与程度和层次逐步提高。

第五,从计量模型分析来看,海南省旅游发展与农民收入之间存在显著的正向关系。国际旅游岛建设后旅游发展的收入效应进一步增强。面板数据分析表明,国际旅游岛建设之前,海南省旅游发展每变动一个单位,农民人均收入正向变动3.83%,旅游发展有利于提高农民收入。进一步研究发现,旅游发展的收入效应存在明显的时间差异,国际旅游岛建设后,旅游发展对农民收入的影响程度增加到4.28%,客观上表明国际旅游岛的建设,大力发展以旅游业为龙头的现代服务业,进一步提高了海南省农民收入。

第六,旅游业收入效应存在差异。国际旅游岛建设前,海南省旅游业发展对农民收入的影响程度最大的是以三亚市为代表的南部地区,其后是以海口市为代表的北部地区,以琼海市为代表的东部地区,以儋州市为代表的西部地区,以琼中县为代表的中部地区。国际旅游岛建设后,旅游发展的增收效应进一步提高,增收效果最强的反而是中部地区,该区域旅游发展与农民收入之间出现显著的正向关系,随着中部地区旅游业的迅速崛起,旅游拉动的后发优势显著。从控制变量来看,加入的控制变量也进一步表明农村就业结构和产业结构与农民收入呈显著的正相关，不断地调整和完善产业结构，转变就业结构有利于农民收入水平的提高。

第七，国际旅游岛建设有利于缩小城乡收入差距。基于面板数据模型的分析结果进一步客观表明，国际旅游岛建设后，海南省旅游业的发展与城乡收入差距之间存在显著的负相关，旅游发展深度增加1%，城乡居民收入差距将缩小0.2769个百分点，国际旅游岛建设有利于缩小城乡收入差距。国际旅游岛建设前，海南省旅游业的发展过程中严重忽视了农民的利益，农民收入增长缓慢，旅游发展使得城乡居民收入差距不断扩大。国际旅游建设后，随着相关政策的调整、完善，开发模式的转变将增加农民利益放到首位，让更多的农民享受到旅游开发的收益，农民收入显著提高，城乡居民收入差距逐步缩小。

8.2 政策建议

国际旅游岛的建设为海南省旅游业的进一步发展提供了机遇，为海南农民参与旅游业发展提供了平台。但要让更多的农民参与到旅游业中，最大限度保障海南农民从旅游业发展中受益，还需要不断完善各项政策和措施。

8.2.1 进一步开发旅游产品，带动海南乡村特色旅游的发展

海南旅游业在从观光型向休闲度假型转变的过程中，要不断开发出更多的旅游产品，深入挖掘文化内涵，大力开发文化旅游产品，如海洋文化产品、热带森林文化产品、黎族、苗族少数民族文化产品，满足不同旅游需求，吸引更多游客的到来。为增加农民直接获得旅游收入的机会，应大力发展乡村特色旅游，乡村旅游的发展既丰富了旅游产品多元化的需求，又能够实现增加农民收入的目标。乡村旅游主要是利用农民生活、农业生产、农村风貌、人文遗迹、民俗风情文化等乡村旅游自然资源和文化资源，能够满足游客的乡村观光、体验、休闲、度假等需求为主的旅游形式。乡村旅游能够把休闲旅游与农业发展结合起来，能够带动农产品加工业、服务业、交通运输、建筑、文化等相关产业的发展，有利于调整农村产业结构，促进农民就业，也有利于加快城乡经济、社会文化的融合和三次产业联动发展，缩小城乡居民收入差距，打破城乡"二元结构"，是推进城乡

第 8 章 主要结论与政策建议

一体化统筹发展和新农村建设的有效途径。与此同时，乡村旅游的进一步发展能够丰富目前海南省旅游产品，改善产业结构，进一步拓展旅游业发展空间，通过以上的案例分析和实证分析已经表明，发展乡村旅游能够显著提高农民收入。但由于乡村旅游起步的时间比较短，影响的程度还比较小，因此，未来需要进一步大力发展乡村旅游业。

乡村旅游的类型主要有：城郊型，如上述案例中提到的海口市永兴镇美孝村；景郊型，如三亚槟榔河景区、琼海市美雅村；贫困地区型，如琼中县什寒村。大力发展乡村旅游要充分考虑区位、自然生态、民俗文化等条件以及投入能力、市场容量和环境承载能力等因素，因地制宜、适度开发、保护当地自然生态系统的原生态性、多样性和本地性，实现经济、社会、文化生态协调发展，保持乡村旅游的持续发展。从第 5 章案例分析中可以发现，目前乡村旅游中农民参与度还比较低，未来发展乡村旅游要继续坚持农民的主体地位，不断开发具有当地特色的旅游产品，如乡村度假、休闲运动、特色餐饮等产品，鼓励和支持当地的农民开发具有民族、地方特色的服饰、手工艺品、特色食品、旅游纪念品等旅游商品，逐步形成乡村旅游商品生产和销售体系，引导更多的人从事旅游相关行业。

8.2.2 充分发挥旅游业的拉动作用，促进区域产业结构的调整和优化

旅游业是战略性产业，其市场需求大，资源消耗低，带动系数大，就业机会多，综合效益好，对经济、社会和文化发展具有积极的促进作用，能够有效地转变区域经济发展方式，改善产业结构，带动其他相关经济部门发展。旅游业与第一产业结合形成观光农业、体验农业、生态农业等，将第一产业直接转化成了第三产业；旅游业与第二产业结合形成工业旅游，将第二产业直接转化成了第三产业；旅游业本身属于第三产业，它与其他第三产业结合可以形成科技旅游、体育旅游、文化旅游、美食旅游等，使相关第三产业链得以延伸。同时，第一产业、第二产业和第三产业结构调整出来的精品都可以转化为旅游产品。

国际旅游岛建设中，要对海南省的第一产业、第二产业、第三产业发展做出整体规划，各市县要结合当地的特点和各自的特色旅游资源，开发相关产业，如邮电通信、交通运输、医疗保障、住宿餐饮、工艺纪念品以及当地土特产等，逐步实现旅游相关产业发展的规模化、专业化和国际化。目前，海南省的旅游相关产业发展比较分散，规模小，产业结构还需进一步完善。因此，政府要有针对性

地不断完善相关的基础设施及公共事业，鼓励农民以合作社的形式参与其中，积极加大以旅游业为主的第三产业发展的支持力度，逐步形成第三产业为主导、第二产业为支撑、第一产业为补充的良性产业结构形态，为促进旅游业和优势产业发展，促进经济社会发展提供重要保障。

8.2.3 推广社区参与旅游的发展方式，拓展相关服务领域

丘士杰研究指出所谓社区，是指生活在同一地理区域内、具有共同意识和共同利益的社会群体，如学校、企业、街区、村落、家庭等共同体。所谓社区参与，就是指社区主体基于享有的权利，以各种形式积极、主动、自愿地参与社区相关事务，社区责任共同承担，社区发展成果共同分享的行为与过程（丘士杰，1984）。社区参与一般包括四个层次：最低层次是指社区成员拥有知情权；第二层次是指拥有观察权；第三层次是指发言权；第四层次属于最高层次的参与，是指拥有选择权或投票权。社区参与旅游的概念是1985年墨菲最早提出的，他指出社区参与旅游能够最大限度地获得旅游收益。国内的学者研究发现，社区参与有利于保障旅游业的可持续发展，也有利于消除潜在的利益冲突。

旅游目的地周边的农村社区能够为旅游业的发展提供协助和支持，也可能会破坏景区周边的生态环境，如何发挥农村社区的正面影响，取决于农村社区是否参与其中，旅游景区周边农村社区的参与，有利于保证旅游业的健康发展。旅游业是关联性较强，带动作用较大的产业，要充分发挥旅游业的关联带动作用，只有通过当地产业和农民对旅游业发展做出较大的贡献，而且当地农民在旅游业中的广泛参与必将对旅游业的发展产生促进和激励作用，从而进一步扩大对当地基础设施和服务等方面的需求，带动了相关行业的迅速发展，促进产业结构调整，旅游业的乘数效应才能得到充分发挥。海南省过去20多年的发展没有重视这个问题，农民只是参与到旅游相关的交通运输、旅游服务、商品生产和销售等方面，而旅游项目的开发、经营和建设与农民关系不大，农村社区参与旅游业的程度比较低，农民很少参与旅游发展规划，农民从旅游发展中获得收益比较小，导致旅游业与当地居民之间的冲突不断出现。国际旅游岛建设后，这个问题开始得到重视，新开发的旅游项目必须首先考虑到目的地农民的利益，有利于激发农民的参与意识，如槟榔河景区的开发，以集体土地入股，农民每家每户按照收益分成，同时优先安排本地农民就业，保证农民能够从旅游业发展中持续受益。同时，也要让农民参与到旅游发展的相关决策中，倾听了解农民的看法，如开发什

第 8 章　主要结论与政策建议

么样的旅游项目、利益如何分配等,这样既提高了农民决定旅游开发的自主权,又能够使他们的利益得到更多的保障。除此之外,社区参与旅游有利于当地生态环境的保护,如果当地的农民在参与旅游开发的过程中,获得了相应的收益,他们就会充分认识到当地独特生态和自然资源的重要性,就会自觉地保护资源环境,同时也有利于旅游产品质量的提高。通过以上的案例分析可以看出,国际旅游岛建设中采取社区参与的方式开发旅游项目已经取得了初步的成果,农民收入显著提高,旅游业发展迅速。因此,在未来国际旅游岛建设过程中,要进一步加强社区参与的意识,才能真正实现农民的生活水平大幅提高。

8.2.4　强化职业培训,提高农民旅游业参与能力和服务水平

由于海南省农民文化素质普遍相对较低,思想意识较落后,单靠农民个人努力提高自身的综合素质在短期内是不可能实现的,需要政府出面发挥主导作用,组织起来帮助农民提高综合素质。首先,需要对农民进行免费的教育和培训,加强意识教育,让农民深入了解当地旅游资源的真正价值,旅游开发的方式,参与旅游业发展所享有的权利、内容,让他们充分认识到旅游业发展的致富途径,培养农民树立正确的旅游观和主动参与意识,加强生态保护意识。其次,要通过免费办培训班,组织考察学习等方式,加强对农民的专门技术培训,如经营餐馆、旅馆的经营管理知识和技术,宾馆服务的技术知识,旅游商品开发的专业知识,让每一个有劳动能力的农民都有一定的专业技术,有能力参与到旅游活动中来。通过提高就业能力,服务水平,树立典型,引导更多的农民参与到旅游业中来,让农民真正意识到只有提供专业化服务、产业化发展,农民才能从旅游业发展中获得实实在在的利益,才能够大幅度地提高收入和生活水平。另外,亟须培养一批高素质的旅游管理专门人才,让这些人成为当地旅游业发展的带头人和决策参与人,从而为农村地区参与旅游提供保证,更有利于挖掘地方特色旅游,加强深度旅游和文化体验。

8.2.5　切实保护城乡生态环境,完善生态补偿机制

碧海蓝天、清新空气、热带森林、天然氧吧等都是海南得天独厚的生态资源,良好的生态环境是国际旅游岛建设的基础,是实现海南省旅游业可持续发展的基石。国际旅游岛建设必须坚持将建设生态文明、保护生态环境放在经济社会发展的首要位置,把良好的生态环境作为科学发展的核心要素,坚持统筹生态环

境保护与旅游资源开发相结合,努力做到在保护中发展,在发展中保护。但目前由于人们环保意识不强,破坏与污染旅游环境的问题仍然严重,一定程度上,依然存在着粗放型开发,具有破坏性,不可持续的旅游开发模式,随着旅游业迅猛发展,环境压力也不断升级。因此,要进一步加强环保评估和审批工作,对建设过程中不符合环保要求的旅游项目坚决处罚或取缔,依法健全环境影响评价制度,对于新开发的旅游景点要严格进行环境影响评价,大力开发可再生能源,发展循环经济。

除此之外,为了保护生态环境,当地居民失去了某些发展机会,一些地区经济发展相对落后,为协调海南省区域发展,必须进一步完善生态补偿机制。在《意见》中指出加强生态建设,继续推进海防林的恢复和建设工程、天然林保护工程,巩固退耕还林成果,完善海南国家级公益林补偿机制。但目前存在的问题是生态补偿标准比较低,补偿形式单一,主要是以行政给付为主,补偿范围比较小,主要是针对中部山区的森林生态补偿,而生态环境除了森林生态,还有水、海洋、大气等环境也必须要保护,也需要并入生态补偿的范围。因此,要实施全面生态补偿,整体保护生态资源。同时也要尽快完成生态补偿的法治化,建立健全资源有偿使用制度,保障海南旅游业可持续发展。

8.2.6 在旅游基础设施建设及公共服务方面,加大政府的扶持力度

目前,海南省旅游业发展在旅游公共服务、旅游配套设施等方面还存在很多问题,而政府的主要责任就是要创造良好的旅游业发展环境。因此,需要政府为主导,进一步加大对旅游地区的基础设施建设和公共服务等方面的扶持力度。在金融政策方面,海南旅游发展的国际化加大了对资金的需求,由于政府自身财力的限制,银行贷款支持不足等原因,海南省对旅游业投入资金不足,投资缺口较大,政府要发挥引导作用,要不断地拓宽资金渠道,创建专业的投融资平台,使用多种投融资工具,充分利用社会资本,鼓励社会资金以租赁、承包、联营、股份合作等多种形式投资旅游项目,兴办各种旅游开发性企业。同时,在旅游资金的分配方面,要加大对乡村旅游的资金支持,省(市、县)政府要安排旅游发展专项资金,农村基础设施和生态建设项目、旧村改造新村建设项目、生态农业发展项目等要向乡村旅游发展倾斜;在税收政策方面,要实施税收优惠政策,通过税收减免,对农民或企业兴办的旅游项目,可以根据经营收入设置免征额,如月经营收入低于2万元免征税收,对一些小型的开发乡村旅游项目的企业要降低

企业所得税，降低经营成本，吸引农民或企业的进入。在土地政策方面，对从事乡村旅游项目的，直接用于采摘和农业观光的种植、养殖的土地，可以免征城镇土地使用税。对于农村较为贫困的农户，提高对他们的信贷支持，通过小额贷款、保费补助或贷款贴息等方式支持农民从事旅游相关项目；在收入分配政策方面，海南省农民收入水平与城镇居民收入相比，或者与全国农民平均收入水平相比都较低，还处于相对贫困阶段，要给予更多的政策支持，要进一步加大财政转移支付向民生财政的支持，加大农村基础设施建设、医疗卫生、文化教育、社会保障和就业、保障性住房等方面的支出力度。

参考文献

[1] 操建华. 旅游业对中国农村和农民的影响的研究. 中国社科院博士学位论文, 2002.

[2] 操建华. 旅游业对农村和农民的影响——贵州省荔波县、云南省昆明市团结乡和云南省石林县的案例分析. 中国农村经济, 2006, 10: 72-77.

[3] 蔡海涛. 论乡村旅游与民族地区新农村建设——以广西地区为例. 中南民族大学硕士学位论文, 2008.

[4] 蔡硕聪. 打造旅游型名村, 给力新农村建设——广东省汕头市澄海区西浦村发展模式研究. 中国发展, 2014, 6: 63-67.

[5] 陈志钢, 保继刚. 城市边缘区乡村旅游化效应及其意义——以山东日照王家皂村为例. 地域研究与开发, 2006, 3: 65-70.

[6] 陈万提. 江西旅游业对农民收入影响的实证研究. 江西农业大学硕士学位论文, 2012.

[7] 陈伍香, 李咏梅. 乡村旅游对欠发达旅游目的地影响探析——以桂林阳朔历村为例. 社会学家, 2010, 8: 93-98.

[8] 陈薇. 旅游地"三农"问题研究——以丹霞山景区为例. 暨南大学硕士学位论文, 2006.

[9] 陈琳. 基于产业融合的农业旅游新模式研究. 华东师范大学硕士学位论文, 2007.

[10] 陈晓燕, 段德君. 后旅游扶贫时代的乡村旅游探析. 中国农学通报, 2005, 7: 431-433.

[11] 崔丽娟. 哈尔滨市亚布力滑雪场对当地农民收入的影响分析——以亚布力镇青山村为例. 经济研究导刊, 2012, 14: 40-41.

［12］崔晓波．古村落旅游发展中社区参与效度研究——以济南朱家峪为例．沈阳师范大学硕士学位论文，2013．

［13］崔林．我国乡村旅游发展中的政府行为研究．西北大学硕士学位论文，2007．

［14］程锦，陆林，朱付彪．旅游产业融合研究进展及启示．旅游学刊，2011，4：13 – 19．

［15］程占红．生态旅游社区从事旅游业者的行为特征研究——以芦芽山自然保护区为例．山西大学旅游学报，2001，2：159 – 163．

［16］戴美琪．休闲农业旅游对农村社区居民的影响研究——以黄兴镇为例．中南林业科技大学硕士学位论文，2007．

［17］邓映红．朗德上寨乡村旅游发展对策思考．西南财经大学硕士学位论文，2008．

［18］邓祝仁．旅游业对经济社会发展的促进作用及相关问题——以桂林旅游业的发展为例．旅游学刊，1998，4：9 – 12．

［19］丁焕峰．农村贫困社区参与旅游发展与旅游扶贫．农村经济，2006，9：49 – 52．

［20］杜明娥．关于海南国际旅游岛建设与可持续发展的思考．生态经济，2010，9：148 – 150．

［21］樊新生，李小建．欠发达地区农户收入的地理影响分析．中国农村经济，2008，3：32 – 35．

［22］丰志美．旅游扶贫的理论研究以及在四川应用的实证分析．西南交通大学硕士学位论文，2008．

［23］冯淑华，方志远．乡村聚落景观的旅游价值研究及开发模式探讨．江西社会科学，2004，12：230 – 234．

［24］郭雅琳．临潼文物资源利用与当地居民收入关系研究——以秦始皇兵马俑博物馆为例．西安建筑科技大学硕士学位论文，2007．

［25］高谋洲．乡村旅游促进农民增收机理探析．商业研究，2008，6：62．

［26］巩胜霞．皖南乡村旅游农民利益最大化经营模式研究——以西递、宏村为例．安徽大学硕士学位论文，2012．

［27］谷雨．发展农业旅游解决"三农"问题初探．时代金融，2007，10：56 – 59．

[28] 洪京. 乡村地区旅游扶贫中贫困人口受益机制的实证研究. 湖南师范大学硕士学位论文, 2009.

[29] 候冠平, 金海龙, 杨跃辉. 海南经济、旅游业、财政支出与城乡收入差距. 商业研究, 2013, 5: 140-146.

[30] 侯蕊玲. 丽江拉市海乡村旅游脱贫调查案例分析. 云南民族大学学报（哲学社会科学版）, 2006, 6: 67-69.

[31] 黄郁成, 顾晓和, 郭安禧. 农村社区旅游开发模式的比较研究. 南昌大学学报（人文社科版）, 2004, 6: 55-60.

[32] 贾婷婷. 民族乡村社区参与旅游发展研究：以德夯苗寨为例. 北京林业大学硕士学位论文, 2010.

[33] 贾浩华, 张英明, 方淑婷. 井冈山红色旅游的发展与农民收入的增加. 党史文苑（学术版）, 2005, 8: 60-61.

[34] 江民锦. 旅游业对井冈山区发展的影响及模式研究. 北京林业大学博士学位论文, 2007.

[35] 蒋运华, 徐红罡, 崔庆明. 旅游业发展对当地农民就业的影响研究——以海南三亚市吉阳镇为例. 北京第二外国语学院学报, 2012, 5: 35-43.

[36] 柯珍堂. 发展乡村生态旅游与"三农"问题关系探析. 生态经济, 2010, 1: 114-117.

[37] 孔祥智等. 乡村旅游业对农户生计的影响分析——以山西三个景区为例. 经济问题, 2008, 1: 115-119.

[38] 刘成林. 旅游资源开发与山区经济发展. 山区开发, 1991, 1: 16-18.

[39] 刘芳. 凤凰县旅游业发展对城乡居民收入水平的影响研究. 怀化学院学报, 2012, 6: 12-15.

[40] 刘静, 欧阳志云, 苗鸿, 徐卫华. 自然保护区与周边社区的可持续发展. 中国人口·资源与环境, 2010, 8: 109-114.

[41] 刘益. 旅游开发对社区居民经济影响的时空分异特征研究——以丹霞山、世外桃源景区为例. 经济地理, 2006, 4: 706-709.

[42] 刘宇鹏, 李彤, 赵慧峰. 乡村旅游业促进农业产业化升级的实证分析——以崇礼县为例. 中国农学学报, 2012, 2: 75-78.

[43] 刘亚军. 新疆景区及周边农牧区发展旅游业致富方式刍议. 新疆教育

学院学报,2013,2:112-115.

[44] 刘蕊,张凤艳.依托旅游业促进农牧民增收和县域经济发展——布尔津县民族经济发展路径调查报告.山西农业大学学报(社会科学版),2011,1:80-83.

[45] 李春茂.旅游对目的地社会影响研究——以云南大理、丽江为例.云南师范大学硕士学位论文,2001.

[46] 李德明,程久苗.乡村旅游与农村经济互动持续发展模式与对策探析.人文地理,2005,3:84-87.

[47] 李东和,叶晴,肖舒羽.区域旅游业发展中目的地居民参与问题研究.人文地理,2004,3:84-88.

[48] 李海娥.国际旅游岛建设背景下海南民族地区旅游发展研究.中南民族大学学报(人文社会科学版).2013,4:54-58.

[49] 李慧欣.发展乡村旅游的经济学思考.华中农业大学学报(社会科学版),2003,2:37-39.

[50] 李菡.我国旅游业发展与经济增长的关系及其区域差异研究.燕山大学硕士学位论文,2010.

[51] 李娟.西部贫困山区生态旅游与农民增收相关性研究——基于陕南地区的实证分析.陕西师范大学硕士学位论文,2012.

[52] 李军,保继刚.旅游经济脆弱性特点与产业联系——基于张家界旅游经济的实证研究.旅游学刊,2011,6:36-41.

[53] 李子奈,潘文卿.计量经济学(第二版).北京:高等教育出版社,2005.

[54] 李忠斌,万享明.旅游业与民族地区农民增收研究——以云南省丽江市为例.旅游论坛,2013,3:42-47.

[55] 李颜,李卫东.国际旅游岛建设给海南旅游业带来的机遇和挑战研究.科技广场,2011,2:139-142.

[56] 雷慧平.贫困人口在旅游开发中的收益研究.西北大学硕士学位论文,2008.

[57] 黎彦.乡村旅游对农村经济贡献率研究——基于浙江省四个样本点的实证分析.浙江工商大学硕士学位论文,2010.

[58] 黎洁.西部生态旅游发展中农村社区就业与旅游收入分配的实证研

究. 旅游学刊, 2005, 3: 18-22.

[59] 梁伟军. 农业与相关产业融合发展研究. 华中农业大学博士学位论文, 2010.

[60] 罗永常. 民族村寨社区参与旅游开发的利益保障机制. 旅游学刊, 2006, 10: 45-48.

[61] 梁明珠. 观光农园旅游开发问题探讨. 暨南学报（哲社版）, 1999, 6: 113-118.

[62] 马勇. 旅游学概论. 北京: 高等教育出版社, 1998.

[63] 马艳霞. 我国西部民族地区农村剩余劳动力转移理论修正与路径问题研究——基于民族地区旅游经济发展的分析. 西南财经大学博士学位论文, 2009.

[64] 麻学锋. 20年来张家界旅游发展的民生福利考察. 统计与信息论坛, 2011, 7: 66-71.

[65] 彭蜜. 乡村旅游对农户增收的影响研究——以云南省弥勒县可邑村为例. 云南师范大学硕士学位论文, 2009.

[66] 潘雪阳, 王海鹏. 发展乡村旅游缩小城乡收入差距的探讨. 技术与市场, 2010, 5: 100-101.

[67] 丘士杰. 中国大百科全书——社会学分册. 上海: 中国大百科全书出版社, 1984, 357.

[68] 邱云美. 社区参与是实现旅游扶贫目标的有效途径. 农村经济, 2004, 12: 43-45.

[69] 司祥芹. 山东省乡村旅游资源可持续利用研究. 山东师范大学硕士学位论文, 2011.

[70] 宋书巧, 张建勇, 王晓丽. 广西乡村旅游实证研究. 学术论坛, 2006, 10: 96-100.

[71] 宋鄂平, 许辉云, 孙毅, 卢炎秋, 张克信. 旅游业对恩施经济的拉动效应分析. 湖北民族学院学报（自科版）, 2013, 3: 338-342.

[72] 舒虹. 海南国际旅游岛建设中社区参与问题研究. 当代旅游, 2013, 2: 125-126.

[73] 史冰清, 原梅生, 孔祥智. 观光农业对农户经济收入影响的理论分析. 山西财经大学学报, 2007, 11: 56-60.

[74] 沈苏彦. 恢复力：旅游影响研究的新视角. 商业时代, 2012, 3: 4-7.

[75] 盛磊. 贫困山区乡村旅游开发研究——以四川省旺苍县为例. 成都理工大学硕士学位论文, 2012.

[76] 唐代剑, 黎彦. 乡村旅游对农民增收、就业实证研究. 改革与战略, 2009, 12: 54.

[77] 谭鲁飞. 凤凰古城社区居民参与旅游发展的影响因素研究. 湘潭大学硕士学位论文, 2011.

[78] 吴刚, 易翔. 国际旅游岛的功能体系和空间组织研究. 城市规划, 2012, 3: 45-48.

[79] 吴珏, 谢祥项, 范士陈. 国际旅游岛背景下海南旅游扶贫策略研究. 特区经济, 2011, 5: 160-161.

[80] 吴云超. 湘西乡村旅游发展研究. 北京林业大学博士学位论文, 2011.

[81] 吴妍, 杨国良, 吴晓文. 成都市红砂村乡村旅游发展对农民增收的影响因素分析. 四川师范大学学报（自然科学版）, 2009, 3: 401-405.

[82] 王龙, 武邦涛. 乡村旅游业对增加农民收入的效应分析. 安徽农业科学, 2006, 19: 5105-5107.

[83] 王小军, 张双双. 乡村旅游对农村经济的影响及发展策略. 农业经济, 2012, 11: 81-82.

[84] 王建喜. 乡村旅游开发对当地农民就业的影响研究——以南京江心洲为例. 广东农业科学, 2010, 12: 166-169.

[85] 王莉. 农家乐旅游发展研究. 河南大学硕士学位论文, 2007.

[86] 王俊. 旅游业和山区农民收入问题研究——以井冈山市为例. 江西财经大学硕士学位论文, 2010.

[87] 王秀卫. 完善国际旅游岛生态补偿法律制度的探讨. 行政与法, 2012, 2: 77-80.

[88] 王晨野, 岳平, 邢巧, 吴晓晨. 浅议建设国际旅游岛过程中的环境保护机制体制创新. 生态经济, 2012, 1: 225-22.

[89] 王昌海, 吴云超, 温亚利. 少数民族地区旅游收入农户间分配实证研究——以湘西州苗寨景区德夯村为例. 林业经济问题, 2011, 11: 41-46.

[90] 王铁. 乡村旅游在缩小城乡差距中的作用——以 Pro - Poor Tourism (PPT) 为核心. 云南师范大学学报, 2010, 5: 152-156.

[91] 王聪,刘平洋. 湖北省旅游业发展与农民增收的实证研究. 企业经济,2015,6:145-149.

[92] 王一帆,吴忠军,高冲. 我国乡村旅游发展模式对农民增收的比较研究——基于桂、黔、滇三省区案例地的研究. 改革与战略,2014,12:50-54.

[93] 文乐,麻学锋. 乡村旅游对农民的收入效应及其机制探究——以凤凰县为例. 边疆经济与文化,2011,8:11-14.

[94] 谢丁. 旅游产业与欠发达地区县域经济的耦合发展研究——以湘西凤凰县为例. 湖南师范大学硕士学位论文,2010.

[95] 谢彦君. 基础旅游学(第二版). 北京:中国旅游出版社,2004.

[96] 许洪杰,李均立. 海南省旅游业收入对GDP贡献的线性回归分析. 管理观察,2009,3:168-169.

[97] 易丹辉. 数据分析与Eviews应用. 北京:中国人民大学出版社,2008.

[98] 杨启智,向银. 乡村旅游对农民收入的贡献研究——基于成都市的实证分析. 经济问题,2012,9:123-125.

[99] 杨校生,吴丹丹. 生态旅游发展对山区农户收入结构和社区经济的影响——以安吉县大溪村为例. 生态经济,2010,5:193-197.

[100] 杨效忠,张捷,唐文跃,卢松. 古村落社区旅游参与度及影响因素——西递、宏村、南屏比较研究. 地理科学,2008,3:445-451.

[101] 杨晓娟. 国际旅游岛建设进程中的海南省旅游业发展现状、问题及解决对策. 特区经济,2012,6:119-121.

[102] 杨兴柱,陆林,王群. 农户参与旅游决策行为结构模型及应用. 地理学报,2005,6:928-940.

[103] 杨敏,白廷斌. 乡村旅游对农村产业结构调整和优化的影响. 云南民族大学学报(哲学社会科学版),2006,2:89-92.

[104] 阳国亮. 旅游投资的乘数效应与旅游扶贫. 学术论坛,2000,6:83-85.

[105] 叶传忠. 旅游业辐射下的农村社会变迁——Z村的实地研究. 中央民族大学博士学位论文,2010.

[106] 于洁. 旅游业对农村社会经济的影响——以白洋淀景区为例. 华章,2013,8:66.

[107] 余昊. 乡村旅游发展对农村剩余劳动力转移的拉动作用研究. 贵州师范大学硕士学位论文, 2009.

[108] 喻忠磊. 基于农户调查的旅游乡村社会生态系统适应性研究——大秦岭旅游地金丝峡节点的实证分析. 西北大学硕士学位论文, 2012.

[109] 尹正江. 海南中部地区黎苗文化生态乡村旅游开发研究. 江西农业学报, 2009, 5: 150-153.

[110] 曾本祥. 中国旅游扶贫研究综述. 旅游学刊, 2006, 2: 89-94.

[111] 赵秋红. 腾冲旅游开发对农村发展的影响初探. 云南地理环境研究, 2005, 4: 66-71.

[112] 赵承华. 乡村旅游及其推动农村产业结构优化的研究. 武汉理工大学博士学位论文, 2009.

[113] 赵磊. 旅游发展能否减小城乡收入差距?——来自中国的经验证据. 旅游学刊, 2011, 12: 15-25.

[114] 赵浩兴. 选择旅游业为区域主导产业的合理性问题探讨. 旅游学刊, 2003, 1: 18-21.

[115] 赵航, 王庆. 乡村旅游与农民增收. 乡镇经济, 2007, 12: 36-40.

[116] 赵雅萍, 吴丰林. 旅游业对区域经济差异的影响机理——基于要素流动的实证分析. 生态与旅游, 2013, 5: 66-70.

[117] 张静. 旅游业对目的地经济影响研究——以都江堰市为例. 四川师范大学硕士学位论文, 2006.

[118] 张遵东, 章立峰. 贵州民族地区乡村旅游扶贫对农民收入的影响研究——以雷山县西江苗寨为例. 贵州民族研究, 2011, 6: 66-71.

[119] 张环宙. 乡村旅游对农村经济影响的实证研究——以浙江省浦江县仙华山村为例. 浙江教育学院学报, 2009, 3: 42-49.

[120] 张晓峒. 计量经济分析（修订版）. 北京: 经济科学出版社, 2000.

[121] 张传辉, 解方华. 新疆旅游业发展与经济增长、农民增收的关联分析. 塔里木大学学报, 2015, 1: 62-68.

[122] 张晋华, 冯文勇, 赵鹏宇, 郭晓栋. 山西省旅游业对经济增长的拉动效应研究. 地域研究与开发, 2017, 1: 115-119.

[123] 张伟, 刘苏, 张文新. 安徽省旅游业对经济增长拉动效应的实证研究——基于二维度与三指标的探讨. 旅游科学, 2011, 6: 25-33.

[124] 钟先丽. 江西乡村旅游可持续发展的新思路. 科技广场, 2009, 8: 35.

[125] 庄军, 卢武强, 赖华东. 旅游社区经济发展初步探讨. 桂林旅游高等专科学校学报, 2004, 5: 17-22.

[126] Archer, B. Importance of tourism for the economy of Bermuda. Annals of Tourism Research, 1995, 24: 918-930.

[127] Balaguer J, Cantavella-Jorda. Tourism as a long-run economic growth factor: The Spanish Case. Applied Economics, 2002, 6: 877-884.

[128] Belisle, F. J., Hoy, D. R. The Perceived impact of tourism by Residents. Annals of Tourism Research, 1980, 1: 83-101.

[129] Bott-Alama, A. The economic and social benefits of rural tourism development in Poland. World Tourism Organization, 2004.

[130] Brida, J. G., Risso, W. A. Tourism as a determinant of long-run economic growth. Journal of Policy Research in Tourism, Leisure and Events, 2010, 1: 14-28.

[131] Bulter, R., Clark, G., Bowler, I. R. Tourism in rural areas: Canada and the United Kingdom. Contemporary Rural Systems in Transition, 1992, 2: 166-186.

[132] Butler, R. W. The concept of the tourist area life-cycle of evolution: implications for management of resources. Canadian Geographer, 1980, 1: 5-12.

[133] Busby, G., Rendle, S. The transition from tourism on farms to farm tourism. Tourism Management, 2000, 8: 635-642.

[134] Cichowska, J., Klimek, A. The role of agrotourism in the development and conversion of rural areas. Infrastructure and Ecology of Rural areas, 2011, 11: 97-107.

[135] Christaller, W. Some consideration of tourism location in Europe: the peripheral region-underdeveloped countries-recreation areas. Paper and Proceedings of Regional Science Association, 1963, 12: 95-97.

[136] Dernoi, L. A. Farm tourism in Europe. Tourism Management, 1983, 3: 155-166.

[137] Durbarry, R. The economic contribution of tourism in Mauritius. Annals of Tourism Research, 2002, 3: 862-865.

[138] Egbali, N., Bakhshandea, N., Ali Pour, S. Investigation challenges and

development of rural tourism – case study of rural Semnan province, Iran. South Asian Journal of tourism and heritage, 2011, 1: 44 –55.

[139] Emerik, R. E., Emerik, C. A. Profiling uropean bed and breakfast accommodations. Journal of Travel Research, 1994, 4: 20 –25.

[140] Fayissa, B., Nsiah, C., Tadasse, B. Impact of tourism on economic growth and deve – lopment in Africa. Tourism Economics, 2008, 4: 807 –818.

[141] Fennel, D. A., Eagles, P. F. Ecotourism in costa rica: A conceptual framework. Journal of Park and Recreation Administration, 1990, 1: 23 –34.

[142] Fleischer, A., Pizamt, A. Rural tourism in Israel. Tourism Management, 1997, 6: 367 –372.

[143] Fleischer, A., Felsenstein, D. Support for rural tourism: Does it make a difference? . Annal of Tourism Research, 2000, 4: 1007 –1024.

[144] Frater, J. M. Farm tourism in England—Planning, funding, promotion and some lessons from Europe. Tourism Management, 1983, 3: 167 –179.

[145] Garcia – Ramon, M. D., Canoves, G., Valdovinos, N. Farm tourism, gender and the environment in Spain. Annals of Tourism Research, 1995, 2: 267 –282.

[146] Garrod, B., Wornell, R., Youell, R. Re – conceptualizing rural resources as countryside capital: the case of rural tourism. Journal of Rural Studies, 2006, 1: 117 –128.

[147] Gunduz, L., Hatemi, J. A. Is the tourism – led growth hypothesis valid for Turkey? . Applied Economics Letters, 2005, 8: 499 –504.

[148] Holland, J., Burian, M., Dixey, L. Tourism in poor rural areas – diversifying the product and expanding the benefits in rural Uganda and the Czech Republic. PPT Working Paper, 2003, 12.

[149] Khan, H., Seng, C. F., Cheong, W. K. Tourism multiplier effects on uropean. Annals of Tourism Research, 1990, 3: 408 –418.

[150] Khan H., Phang S., Toh R. The multiplier effect: uropean's hospitality industry. Cornell Hotel and Restaurant Administration Quarterly, 1995, 36: 36 –42.

[151] Lean, H. H., Tang, C. F. Is the tourism – led growth hypothesis stable for Malaysia? A Note. International Journal of Tourism Research, 2010, 12: 375 –378.

[152] Lee, C., Kwon, K., Importance of secondary impact of foreign tourism receipts on the south urope economy. Journal of Travel Research, 1995, 34: 16-20.

[153] Li, W. Community decision making: participation in development. Annals of Tourism Research, 2006, 1: 132-143.

[154] Lindberg, K., Enriquez, J. An analysis of ecotourism's economic contribution to conservation and development in Belize: a report. WWF, Switzerland, 1994, 1.

[155] Luloff, A. E., Bridger, J. C., Graefe, A. R., Saylor, M., Martin, K., Gitelson, R. Assessing rural tourism efforts in the United States. Annals of Tourism esearch, 1994, 1: 46-64.

[156] Mathieson A, G Wall. Tourism: economic, physical and socialism pacts. London and New York: Longman, 1982, 2: 35-92.

[157] Maina, W. K. Tourism industry and development: Kenya experience's, Philosophy and Social Action, 1980, 1: 23-31.

[158] McAreavey, R. Rural development theory and practice: a critical analysis of rural development theory and practice. London and New York: Routledge, 2009.

[159] McGehee, N. G., Kim, K. Motivation for agri-tourism entrepreneurship. Journal of Travel Research, 2004, 2: 161-170.

[160] Moric, I. The role and challenges of rural tourism development in transition countries: uropeano experiences. Turizam, 2013, 2: 84-95.

[161] Miehael, D. S., Riehard, S. K. Tourism dependence and resident Attitudes. Arinals of Tourism Researeh, 1998, 4: 783-802.

[162] Mthembu, M. B. Rural tourism development: a viable formula for poverty alleviation in Bergville. Inkanyiso, Jnl Hum & Soc Sci, 2012, 1: 63-74.

[163] Nilsson, P. A. Staying on farms: an ideological background. Annals of Tourism Research, 2002, 1: 7-24.

[164] Odhiambo, N. M. Tourism development and economic growth in uropean: empirical evidence from the ardl-bounds testing approach. Economic Computation and Economic Cybernetics Studies and Research, 2011, 3: 71-83.

[165] Oppermann, M. Rural tourism in southern Germany. Annals of Tourism Research, 1996, 1: 86-102.

[166] Perales, R. M. Rural tourism in Spain. Annals of Tourism Research, 2002, 4: 1101 - 1110.

[167] Proenca, S. , Soukiazis, E. Tourism as an economic growth factor: A case study for southern uropean countries. Tourism Economics, 2008, 4: 791 - 806.

[168] Ribeiro, M. , Marques, C. Rural tourism and the development of less favoured areas—Between rhetoric and practice. International Journal of Tourism Research, 2002, 3: 211 - 220.

[169] Salih, T. K. Revisiting the tourism - led - growth hypothesis for turkey using the bounds test and johansen approach for cointegration. Tourism Management, 2009, 1: 17 - 20.

[170] Saxena, G. , Clark, G. , Oliver, T. , Ilbery, B. Conceptualizing integrated rural tourism. Tourism Geographies, 2007, 4: 347 - 370.

[171] Seetanah, B. Assessing the dynamic economic impact of tourism for island economies. Annals of Tourism Research, 2011, 1: 291 - 308.

[172] Shan, J. Wilson, K. Causality between trade and tourism: empirical evidence from China. Applied Economics Letter, 2001, 8: 279 - 283.

[173] Sharpley, R. , Roberts, L. Rural tourism: 10 years on. International Journal of Tourism Research, 2004, 3: 119 - 124.

[174] Tosun, C. Limits to community participation in the tourism development process in developing countries. Tourism Management, 2000, 6: 613 - 633.

[175] Unwin, T. Tourist development in Estonia: images, sustainahility, and integrated rural development. Tourism Management, 1996, 4: 265 - 276.

[176] Vanegas, M. , Croes, R. Growth, development and tourism in a small economy: evidence from aruba. International Journal of Tourism Research, 2003, 5: 315 - 320.

[177] Wilson, S. , Fesenmaier, D. R. , Fesenmaier, J. , Van, J. C. Factors for success in rural tourism development. Journal of Travel Research, 2001, 2: 132 - 138.

[178] Zortuk, M. Economic impact of tourism on turkey's economy: evidence from cointegration tests International Research Journal of Finance and Economics, 2009, 25: 231 - 239.

附 录

国务院关于加快发展旅游业的意见

国发〔2009〕41号

各省、自治区、直辖市人民政府，国务院各部委、各直属机构：

旅游业是战略性产业，资源消耗低，带动系数大，就业机会多，综合效益好。改革开放以来，我国旅游业快速发展，产业规模不断扩大，产业体系日趋完善。当前我国正处于工业化、城镇化快速发展时期，日益增长的大众化、多样化消费需求为旅游业发展提供了新的机遇。为充分发挥旅游业在保增长、扩内需、调结构等方面的积极作用，现就加快发展旅游业提出如下意见：

一、总体要求

（一）指导思想。以邓小平理论和"三个代表"重要思想为指导，深入贯彻落实科学发展观，进一步解放思想，深化改革开放，加强统筹协调，转变发展方式，提升发展质量，把旅游业培育成国民经济的战略性支柱产业和人民群众更加满意的现代服务业。

（二）基本原则。坚持改革开放，破除体制机制性障碍，充分发挥市场配置资源的基础性作用，走内涵式发展道路，实现速度、结构、质量、效益相统一；坚持以人为本，安全第一，寓管理于服务之中，不断满足人民群众日益增长的旅游消费需求；坚持以国内旅游为重点，积极发展入境旅游，有序发展出境旅游；坚持因地制宜，突出优势，推动各地旅游业特色化发展；坚持节能环保，合理利用资源，实现旅游业可持续发展。

（三）发展目标。到2015年，旅游市场规模进一步扩大，国内旅游人数达33亿人次，年均增长10%；入境过夜游客人数达9000万人次，年均增长8%；出境旅游人数达8300万人次，年均增长9%。旅游消费稳步增长，城乡居民年均出游超过 2 次，旅游消费相当于居民消费总量的 10%。经济社会效益更加明显，旅游业总收入年均增长 12% 以上，旅游业增加值占全国 GDP 的比重提高到 4.5%，占服务业增加值的比重达到 12%。每年新增旅游就业 50 万人。旅游服务质量明显提高，市场秩序明显好转，可持续发展能力明显增强，力争到 2020 年我国旅游产业规模、质量、效益基本达到世界旅游强国水平。

二、主要任务

（四）深化旅游业改革开放。放宽旅游市场准入，打破行业、地区壁垒，简化审批手续，鼓励社会资本公平参与旅游业发展，鼓励各种所有制企业依法投资旅游产业。推进国有旅游企业改组改制，支持民营和中小旅游企业发展，支持各类企业跨行业、跨地区、跨所有制兼并重组，培育一批具有竞争力的大型旅游企业集团。积极引进外资旅游企业。在试点的基础上，逐步对外商投资旅行社开放经营中国公民出境旅游业务。支持有条件的旅游企业"走出去"。要按照统筹协调、形成合力的要求，创新体制机制，推进旅游管理体制改革。支持各地开展旅游综合改革和专项改革试点，鼓励有条件的地方探索旅游资源一体化管理。旅游行政管理及相关部门要加快职能转变，把应当由企业、行业协会和中介组织承担的职能和机构转移出去。五年内，各级各类旅游行业协会的人员和财务关系要与旅游行政管理等部门脱钩。

（五）优化旅游消费环境。逐步建立以游客评价为主的旅游目的地评价机制。景区门票价格调整要提前半年向社会公布，所有旅游收费均应按规定向社会公示。全面落实旅游景区对老年人和学生等特殊人群门票优惠政策。增加旅游目的地与主要客源地间的航线航班、旅游列车，完善旅客列车车票的预售和异地购票办法。城市公交服务网络要逐步延伸到周边主要景区和乡村旅游点，公路服务区要拓展旅游服务功能。进一步完善自驾车旅游服务体系。规范引导自发性旅游活动。博物馆、金融服务网点、邮政服务网点等在旅游旺季应适当延长开放和服务时间。各类经营场所的公用厕所要对游客开放。建立健全旅游信息服务平台，促进旅游信息资源共享。广播、电视、报刊、网站等公共媒体要积极开设旅游栏目，加大旅游公益宣传力度。

（六）倡导文明健康的旅游方式。在全社会大力倡导健康旅游、文明旅游、绿色旅游，使城乡居民在旅游活动中增长知识、开阔视野、陶冶情操。景区景点、宾馆饭店和旅行社等旅游企业要通过多种形式，引导每一位旅游者自觉按照

《中国公民国内旅游文明行为公约》和《中国公民出境旅游文明行为指南》文明出行、文明消费。旅游者要尊重自然，尊重当地文化，尊重服务者，抵制不良风气，摒弃不文明行为。出境旅游者要维护良好的对外形象，做传播中华文明的使者。

（七）加快旅游基础设施建设。重点建设旅游道路、景区停车场、游客服务中心、旅游安全以及资源环境保护等基础设施。实施旅游厕所改扩建工程。加强主要景区连接交通干线的旅游公路建设。规划建设水路客运码头要充分考虑旅游业发展需求。加快推进中西部支线机场建设，完善旅游航线网络。确保景区和交通沿线通信顺畅。加强重点城市游客集散中心建设。力争通过五年努力，全国所有A级景区旅游交通基本畅通，旅游标识系统基本完善，旅游厕所基本达标，景区停车场基本满足需要。

（八）推动旅游产品多样化发展。实施乡村旅游富民工程。开展各具特色的农业观光和体验性旅游活动。在妥善保护自然生态、原居环境和历史文化遗存的前提下，合理利用民族村寨、古村古镇，建设特色景观旅游村镇，规范发展"农家乐"、休闲农庄等旅游产品。依托国家级文化、自然遗产地，打造有代表性的精品景区。积极发展休闲度假旅游，引导城市周边休闲度假带建设。有序推进国家旅游度假区发展。规范发展高尔夫球场、大型主题公园等。继续发展红色旅游。

（九）培育新的旅游消费热点。大力推进旅游与文化、体育、农业、工业、林业、商业、水利、地质、海洋、环保、气象等相关产业和行业的融合发展。支持有条件的地区发展生态旅游、森林旅游、商务旅游、体育旅游、工业旅游、医疗健康旅游、邮轮游艇旅游。把旅游房车、邮轮游艇、景区索道、游乐设施和数字导览设施等旅游装备制造业纳入国家鼓励类产业目录，大力培育发展具有自主知识产权的休闲、登山、滑雪、潜水、露营、探险、高尔夫等各类户外活动用品及宾馆饭店专用产品。大力发展旅游购物，提高旅游商品、旅游纪念品在旅游消费中的比重。以大型国际展会、重要文化活动和体育赛事为平台，培育新的旅游消费热点，特别要抓住举办2010年上海世界博览会的机遇，扩大旅游消费。

（十）提高旅游服务水平。以游客满意度为基准，全面实施《旅游服务质量提升纲要》。以人性化服务为方向，提升从业人员服务意识和服务水平。以品牌化为导向，鼓励专业化旅游管理公司推进品牌连锁，促进旅游服务创新。以标准化为手段，健全旅游标准体系，抓紧制定并实施旅游环境卫生、旅游安全、节能环保等标准，重点保障餐饮、住宿、厕所的卫生质量。以信息化为主要途径，提高旅游服务效率。积极开展旅游在线服务、网络营销、网络预订和网上支付，充分利用社会资源构建旅游数据中心、呼叫中心，全面提升旅游企业、景区和重点旅游城市的旅游信息化服务水平。

（十一）丰富旅游文化内涵。把提升文化内涵贯穿到吃住行游购娱各环节和旅游业发展全过程。旅游开发建设要加强自然文化遗产保护，深挖文化内涵，普及科学知识。旅游商品要提高文化创意水平，旅游餐饮要突出文化特色，旅游经营服务要体现人文特质。要发挥文化资源优势，推出具有地方特色和民族特色的演艺、节庆等文化旅游产品。充分利用博物馆、纪念馆、体育场馆等设施，开展多种形式的文体旅游活动。集中力量塑造中国国家旅游整体形象，提升文化软实力。

（十二）推进节能环保。实施旅游节能节水减排工程。支持宾馆饭店、景区景点、乡村旅游经营户和其他旅游经营单位积极利用新能源新材料，广泛运用节能节水减排技术，实行合同能源管理，实施高效照明改造，减少温室气体排放，积极发展循环经济，创建绿色环保企业。五年内将星级饭店、A级景区用水用电量降低20%。合理确定景区游客容量，严格执行旅游项目环境影响评价制度，加强水资源保护和水土保持。倡导低碳旅游方式。

（十三）促进区域旅游协调发展。中西部和边疆民族地区要利用自然、人文旅游资源，培育特色优势产业。东部发达地区、东北等老工业基地要通过经济结构调整，提升旅游发展水平。有序推进香格里拉、丝绸之路、长江三峡、青藏铁路沿线和东北老工业基地、环渤海地区、长江中下游地区、黄河中下游地区、泛珠三角地区、海峡西岸、北部湾地区等区域旅游业发展，完善旅游交通、信息和服务网络。积极推动海南国际旅游岛建设。继续促进内地居民赴香港、澳门旅游。加强海峡两岸旅游交流与合作。

三、保障措施

（十四）加强规划和法制建设。制定全国旅游业发展规划。旅游基础设施和重点旅游项目建设要纳入国民经济和社会发展规划。编制和调整城市总体规划、土地利用规划、海洋功能区划、基础设施规划、村镇规划要充分考虑旅游业发展需要。制定国民旅游休闲纲要。设立"中国旅游日"。落实带薪休假制度。抓紧旅游综合立法，加快制定旅游市场监管、资源保护、从业规范等专项法规，不断完善相关法律法规。

（十五）加强旅游市场监管和诚信建设。落实地方政府、经营主体、相关部门的监管责任。健全旅游监管体系，完善旅游质量监管机构，加强旅游服务质量监督管理和旅游投诉处理。旅游、工商、公安、商务、卫生、质检、价格等部门要加强联合执法，开展打击非法从事旅游经营活动，整治"零负团费"、虚假广告、强迫或变相强迫消费等欺诈行为，维护游客合法权益。加强旅游诚信体系建设，开展诚信旅游创建活动，制定旅游从业人员诚信服务准则，建立旅行社、旅游购物店信用等级制度。发挥旅游行业协会的作用，提高行业自律水平。

（十六）加强旅游从业人员素质建设。整合旅游教育资源，加强学科建设，优化专业设置，深化专业教学改革，大力发展旅游职业教育，提高旅游教育水平。建立和完善旅游职业资格和职称制度，健全职业技能鉴定体系，培育职业经理人市场。抓紧改革完善导游等级制度，提高导游人员专业素质和能力，鼓励专业技术人员特别是离退休老专家、老教师从事导游工作。实施全国旅游培训计划，加强对红色旅游、乡村旅游和文化遗产旅游从业人员培训，五年内完成对旅游企业全部中高级管理人员和导游人员的分级分类培训。

（十七）加强旅游安全保障体系建设。以旅游交通、旅游设施、旅游餐饮安全为重点，严格安全标准，完善安全设施，加强安全检查，落实安全责任，消除安全隐患，建立健全旅游安全保障机制。严格执行安全事故报告制度和重大责任追究制度。完善旅游安全提示预警制度，重点旅游地区要建立旅游专业气象、地质灾害、生态环境等监测和预报预警系统。防止重大突发疫情通过旅行途径扩散。推动建立旅游紧急救援体系，完善应急处置机制，健全出境游客紧急救助机制，增强应急处置能力。搞好旅游保险服务，增加保险品种，扩大投保范围，提高理赔效率。

（十八）加大政府投入。地方各级政府要加大对旅游基础设施建设的投入。各级财政要加大对旅游宣传推广、人才培训、公共服务的支持力度。中央政府投资重点支持中西部地区重点景区、红色旅游、乡村旅游等的基础设施建设。国家旅游发展基金重点用于国家旅游形象宣传、规划编制、人才培训、旅游公共服务体系建设等。安排中央财政促进服务业发展专项资金、扶持中小企业发展专项资金、外贸发展基金以及节能减排专项资金时，要对符合条件的旅游企业给予支持。要把旅游促进就业纳入就业发展规划和职业培训计划，落实好相关扶持政策。完善"家电下乡"政策，支持从事"农家乐"等乡村旅游的农民批量购买家电产品和汽车摩托车。

（十九）加大金融支持。对符合旅游市场准入条件和信贷原则的旅游企业和旅游项目，要加大多种形式的融资授信支持，合理确定贷款期限和贷款利率。符合条件的旅游企业可享受中小企业贷款优惠政策。对有资源优势和市场潜力但暂时经营困难的旅游企业，金融机构要按规定积极给予信贷支持。进一步完善旅游企业融资担保等信用增强体系，加大各类信用担保机构对旅游企业和旅游项目的担保力度。拓宽旅游企业融资渠道，金融机构对商业性开发景区可以开办依托景区经营权和门票收入等质押贷款业务。鼓励中小旅游企业和乡村旅游经营户以互助联保方式实现小额融资。支持符合条件的旅游企业发行短期融资券、企业债券和中期票据，积极鼓励符合条件的旅游企业在中小企业板和创业板上市融资。鼓励消费金融公司在试点过程中积极提供旅游消费信贷服务。积极推进金融机构和旅游企业开展多种方式的业务合作，探索开发适合旅游消费需要的金融产品，增强银行卡的旅游服务功能。

（二十）完善配套政策和措施。落实宾馆饭店与一般工业企业同等的用水、用电、用气价格政策。允许旅行社参与政府采购和服务外包。旅行社按营业收入缴纳的各种收费，计征基数应扣除各类代收服务费。排放污染物达到国家标准或地方标准并已进入城市污水处理管网的旅游企业，缴纳污水处理费后，免征排污费。旅游企业用于宣传促销的费用依法纳入企业经营成本。鼓励银行卡收费对旅行社、景区售票商户参照超市和加油站档次进行计费，进一步研究适当降低对宾馆饭店的收费标准。年度土地供应要适当增加旅游业发展用地。积极支持利用荒地、荒坡、荒滩、垃圾场、废弃矿山、边远海岛和可以开发利用的石漠化土地等开发旅游项目。支持企事业单位利用存量房产、土地资源兴办旅游业。

各地区、各有关部门要提高对加快发展旅游业重要意义的认识，强化大旅游和综合性产业观念，把旅游业作为新兴产业和新的经济增长点加以培育、重点扶持，切实抓好本意见的贯彻落实。国家发展改革委负责综合协调，国家旅游局会同有关部门进行业务指导并对本意见的贯彻执行情况开展督促检查。各级旅游行政管理及相关部门要充分发挥职能优势，加强协调配合，推动旅游业又好又快发展。

国务院
二〇〇九年十二月一日

国务院关于推进海南国际旅游岛建设发展的若干意见

国发〔2009〕44号

各省、自治区、直辖市人民政府，国务院各部委、各直属机构：

海南是我国最大的经济特区和唯一的热带岛屿省份。建省办经济特区20多年来，经济社会发展取得显著成就。但由于发展起步晚，基础差，目前海南经济社会发展整体水平仍然较低，保护生态环境、调整经济结构、推动科学发展的任务十分艰巨。充分发挥海南的区位和资源优势，建设海南国际旅游岛，打造有国际竞争力的旅游胜地，是海南加快发展现代服务业，实现经济社会又好又快发展的重大举措，对全国调整优化经济结构和转变发展方式具有重要示范作用。为扎实推进海南国际旅游岛建设发展，现提出以下意见。

一、海南国际旅游岛建设发展的总体要求

（一）指导思想

高举中国特色社会主义伟大旗帜，坚持以邓小平理论和"三个代表"重要思想为指导，深入贯彻落实科学发展观，进一步解放思想，深化改革，扩大开放，构建更具活力的体制机制，走生产发展、生活富裕、生态良好的科学发展之路；积极发展服务型经济、开放型经济、生态型经济，形成以旅游业为龙头、现代服务业为主导的特色经济结构；着力提高旅游业发展质量，打造具有海南特色、达到国际先进水平的旅游产业体系；注重保障和改善民生，大力发展社会事业，加快推进城乡和区域协调发展，逐步将海南建设成为生态环境优美、文化魅力独特、社会文明祥和的开放之岛、绿色之岛、文明之岛、和谐之岛。

(二) 战略定位

我国旅游业改革创新的试验区。充分发挥海南的经济特区优势，积极探索，先行试验，发挥市场配置资源的基础性作用，加快体制机制创新，推动海南旅游业及相关现代服务业在改革开放和科学发展方面走在全国前列。

世界一流的海岛休闲度假旅游目的地。充分发挥海南的区位和资源优势，按照国际通行的旅游服务标准，推进旅游要素转型升级，进一步完善旅游基础设施和服务设施，开发特色旅游产品，规范旅游市场秩序，全面提升海南旅游管理和服务水平。

全国生态文明建设示范区。坚持生态立省、环境优先，在保护中发展，在发展中保护，推进资源节约型和环境友好型社会建设，探索人与自然和谐相处的文明发展之路，使海南成为全国人民的四季花园。

国际经济合作和文化交流的重要平台。发挥海南对外开放排头兵的作用，依托博鳌亚洲论坛的品牌优势，全方位开展区域性、国际性经贸文化交流活动以及高层次的外交外事活动，使海南成为我国立足亚洲、面向世界的重要国际交往平台。

南海资源开发和服务基地。加大南海油气、旅游、渔业等资源的开发力度，加强海洋科研、科普和服务保障体系建设，使海南成为我国南海资源开发的物资供应、综合利用和产品运销基地。

国家热带现代农业基地。充分发挥海南热带农业资源优势，大力发展热带现代农业，使海南成为全国冬季菜篮子基地、热带水果基地、南繁育制种基地、渔业出口基地和天然橡胶基地。

(三) 发展目标

到2015年，旅游管理、营销、服务和产品开发的市场化、国际化水平显著提升。旅游业增加值占地区生产总值比重达到8%以上，第三产业增加值占地区生产总值比重达到47%以上，第三产业从业人数比重达到45%以上，力争全省人均生产总值、城乡居民收入达到全国中上水平，教育、卫生、文化、社会保障等社会事业发展水平明显提高，综合生态环境质量保持全国领先水平。

到2020年，旅游服务设施、经营管理和服务水平与国际通行的旅游服务标准全面接轨，初步建成世界一流的海岛休闲度假旅游胜地。旅游业增加值占地区生产总值比重达到12%以上，第三产业增加值占地区生产总值比重达到60%，第三产业从业人数比重达到60%，力争全省人均生产总值、城乡居民收入和生活质量达到国内先进水平,综合生态环境质量继续保持全国领先水平,可持续发展能力进一步增强。

二、加强生态文明建设,增强可持续发展能力

(四)严格实行生态环境保护制度。广泛开展生态文明宣传教育,引导居民和游客增强保护生态环境的自觉性和责任感。加强生态环境保护立法,健全环境影响评价制度,实行更加严格的生态环保标准。完善生态环境保护责任制和问责制,把生态环境保护纳入经济社会发展综合评价体系和领导干部综合考核评价体系。加大对破坏生态环境行为的惩处力度。

(五)加强生态建设。继续推进海防林恢复和建设工程、天然林保护工程,巩固退耕还林成果,完善海南国家级公益林补偿机制,2015年森林覆盖率提高到60%。加强水土保持工作。加强自然保护区、森林公园、重点水源地、重要海域的保护和管理,有序开发利用土地、森林、矿产、海湾、岸线、海岛、水域等重要资源,提高资源开发利用水平和效益。实施教育扶贫移民工程,推动生态脆弱地区农村居民向城镇迁移。将海南作为全国生态补偿机制试点省,加大中央财政对海南的生态补偿力度,将9个山区市县列入国家生态功能区转移支付范围,将尖峰岭等7处国家级自然保护区列入国家生态补偿试点。

(六)大力推进节能减排。严格执行环境准入制度,严格主要污染物排放总量控制,严禁高耗能、高耗水、高排放和产能过剩行业发展,加大淘汰高耗能、高耗水、高排放和落后产能的力度。加强清洁生产、节能减排技术和产品的推广应用工作,实施节能和新能源汽车示范工程。大力推进各类减排工程设施建设,增加"以奖代补"专项转移支付。积极支持海南发展农村沼气、畜禽养殖业废弃物综合利用、蔗渣利用、中水回收利用等循环经济。加强环境监管能力建设,完善节能减排统计监测和考核实施办法,强化节能减排目标责任制,确保完成国家分解下达给海南省的节能减排任务。

(七)强化环境污染防治。加强南渡江、万泉河、昌化江流域和担负饮用水集中供水任务水库的水污染防治。加强城镇污水和垃圾处理设施建设,到2015年城镇污水处理率达到80%,城镇生活垃圾无害化处理率达到90%。强化对已建成污染治理设施的运行监管。控制农业面源污染。加强农村环境综合整治,继续推行改水改厕,逐步建立村镇生活垃圾收集转运处理体系。完善污水、垃圾处理费征收政策,建立健全治污设施正常运营保障机制。开展入海河流、直排污染源和南海海域环境监测,建立环境质量例行监测公报和重点海域污染物排海总量控制制度。

三、发挥海南特色优势,全面提升旅游业管理服务水平

(八)建设富有海南特色的旅游产品体系。依托优势资源,发展特色旅游产品,进一步优化旅游产品结构。大力发展热带海岛冬季阳光旅游、海上运动、潜水等旅游项目,丰富热带滨海海洋旅游产品。积极稳妥推进开放开发西沙旅游,有序发展无居民岛屿旅游。积极发展邮轮产业,建设邮轮母港,允许境外邮轮公司在海南注册设立经营性机构,开展经批准的国际航线邮轮服务业务。研究完善游艇管理办法,创造条件适当扩大开放水域,做好经批准的境外游艇停泊海南的服务工作。加强林区基础设施建设,加快发展森林生态旅游。合理开发温泉资源,发展康体保健服务。积极发展自驾车观光游、特色房车游和体育休闲项目,完善相关配套服务。在符合土地利用总体规划和城乡规划、不占用耕地特别是基本农田、有效保护森林和生态环境、维护农民合法权益并依法办理用地手续的前提下,科学规划,总量控制,合理布局,规范发展高尔夫旅游。大力发展红色旅游和民族、民俗风情文化旅游。

(九)打造精品旅游景区。科学规划和布局景区景点,精心设计旅游线路,优化时间、空间配置,逐步形成区域特色明显、山海互补的旅游格局,塑造"阳光海南、度假天堂"的整体旅游形象。进一步完善亚龙湾国家旅游度假区、万宁兴隆温泉度假区、琼海博鳌亚洲论坛永久会址等主要景区景点的旅游服务功能。高水平开发建设海棠湾、清水湾、棋子湾、尖峰岭、霸王岭、五指山等一批精品景区。高标准规划建设海洋、热带雨林等旅游主题公园。

(十)进一步规范旅游市场秩序。推进旅游服务标准化和国际质量认证,在旅游餐饮、住宿、交通、景区、旅行社、导游、购物及应急管理等方面,加快建立与国际通行规则相衔接的旅游服务标准体系。加强旅游行业诚信体系建设,规范景区门票价格,整治"零负团费"、虚假广告等,严厉打击价格欺诈和不正当竞争行为。推进旅游综合执法,建立健全旅游投诉处理机制,加大对违法违规行为的惩处力度。强化社会监督和舆论监督。

(十一)加强旅游公共服务体系建设。进一步转变政府职能,深化改革,建立健全政府引导、行业自律、企业依法自主经营的旅游管理体制和运行机制。加强旅游立法工作,完善旅游相关法规。依托信息技术,提升海南旅游管理和服务水平。在交通枢纽、景区、城市广场等游客较为集中的场所设立游客服务中心。建设具有宣传促销、咨询、预订、投诉等功能的综合性旅游服务平台，健全旅游公共服务网络。完善旅游标识系统。强化管理规范、清洁卫生、方便游客的旅游厕所设施建设。建立健全旅游安全预警和应急机制，完善应急救援、公共医疗、卫生检疫防疫等安全救助体系。

四、大力发展与旅游相关的现代服务业，促进服务业转型升级

（十二）加快发展文化体育及会展产业。加快发展文化产业，引进创意产业人才，大力发展文化创意、影视制作、演艺娱乐、文化会展和动漫游戏等各类文化产业，积极培育具有海南地域和民族特色的文化产业群。鼓励举办大型旅游文化演出和节庆活动，丰富演艺文化市场，支持海南举办国际大帆船拉力赛、国际公路自行车赛、高尔夫球职业巡回赛等体育赛事。在海南试办一些国际通行的旅游体育娱乐项目，探索发展竞猜型体育彩票和大型国际赛事即开彩票。办好博鳌亚洲论坛年会，完善博鳌会展服务设施，积极招徕承办各种专题会议展览，举办博鳌国际旅游论坛和国际旅游商品博览会，培育国际会展品牌。优化会展业发展环境，对入境参展商品依法给予税收优惠和通关便利。

（十三）加快发展现代物流业。依托洋浦保税港区和海口综合保税区，大力发展航运、中转等业务，促进国际物流和保税物流加快发展。实施国际航运相关业务支持政策，完善现代物流业发展的配套支持政策，打造面向东南亚、背靠华南腹地的航运枢纽、物流中心和出口加工基地。在完善监管制度和有效防止骗取出口退税措施的前提下，在洋浦保税港区实施启运港退税政策。积极发展大型购物商场、专业商品市场、品牌折扣店和特色商业街区，建设和经营好免税店，完善旅游城镇和休闲度假区的商业配套设施，逐步将海南建设成为国际购物中心。

（十四）保持房地产业平稳健康发展。积极引导和发展与旅游业相适应的房地产业，科学规划房地产业发展的类型、规模和速度，鼓励有实力、有信誉的企业发展富有海南特色、高品质的星级宾馆、度假村等房地产项目。加强产权式度假酒店的开发、建设、销售等环节的规范管理。稳步发展满足避寒、疗养等不同需求的度假居住型房地产。鼓励发展家庭旅馆经营和房屋租赁经营。加强保障性住房建设，逐步改善城乡居民的住房条件。条件成熟时，在海南开展房地产投资信托基金试点。

（十五）加快发展金融保险业。鼓励金融机构调整和优化网点布局，完善服务设施。推动开展跨境贸易人民币结算试点，改善结算环境。完善外汇支付环境，开展居民个人本外币兑换特许业务试点。推动建设农村商业银行等地方性金融机构。支持符合条件的旅游企业上市融资。鼓励保险机构创新旅游保险产品。探索开展离岸金融业务试点。

五、积极发展热带现代农业，加快城乡一体化进程

（十六）积极发展热带现代农业。大力发展热带水果、瓜菜、畜产品、水产品、花卉等现代特色农业。结合实施《全国新增1000亿斤粮食生产能力规划（2009～2020年）》，统筹南繁育制种基地建设与管理，做好转基因生物安全和植物检疫性防控工作，提高南繁基地育制种生产能力。加强海南动植物保护工程建设。建立覆盖全省的农产品质量安全检验检测体系，建设标准化无公害农产品生产示范基地。加快发展现代设施农业、精细高效农业和农产品加工业，提高农业的附加值和综合经济效益。加强农产品贮藏保鲜基础设施建设，完善农资、农产品流通服务体系建设，推动建设现代化大型农产品综合交易市场，促进形成热带农产品集散中心。加强与台湾的农业合作。积极推动热带特色农业与旅游相结合，制定实施观光农业、休闲农业支持计划，建设示范基地，拓展农业发展和农民增收空间。

（十七）加快推进城乡一体化。根据资源环境承载能力和综合发展条件，科学确定功能分区，优化区域空间布局。完善城市建制设置，加强区域中心城市建设，增强综合服务功能，促进产业和人口集聚，提高城市的综合发展实力和辐射带动能力。充分发挥省直接管理县（市）体制的优势，加快发展特色县域经济，扶持重点小城镇发展，着力培育一批海南特色旅游城镇。加大对革命老区、中部山区、少数民族地区和贫困地区的扶持力度，进一步改善群众生产生活条件。统筹城乡基础设施建设、劳动就业和社会事业发展，积极推进基本公共服务均等化，逐步建立城乡统一的公共服务体系。推进户籍制度改革，放宽城市和城镇落户条件。加快推进农垦体制改革，充分发挥海南农垦在国际旅游岛建设中的作用。

六、加强基础设施建设，增强服务保障能力

（十八）构建安全、方便、快捷的综合交通运输体系。完善进出岛交通基础设施条件，推进琼州海峡跨海通道工程前期工作。加快海口至广州、至南宁高速公路建设。建设好东环铁路,适时启动西环铁路扩能改造以及洋浦支线铁路项目。统筹研究海南岛西部民用机场布局优化和建设问题,适时建设博鳌机场。加强港口基础设施和集疏运体系建设,尽快形成功能配套齐全的港口格局,积极推进邮轮、游艇码头建设。加快建设海口—五指山—三亚地方高速公路和万宁—儋州—洋浦地方高速公路,提升现有国道、省道技术等级,加强通往旅游景区的交通设施建设,改善农村道路交通条件。

(十九)加强能源、水利等基础设施建设。进一步优化能源结构,提高清洁能源比重。推进昌江核电项目。积极发展风力、太阳能、潮汐、生物质等新能源。加快推进城乡电网改造,适时启动跨海电网联网二期工程,提高电力保障能力。加快推进洋浦液化天然气项目,逐步建成连接岛内各大城镇和主要景区的输气管网,大幅度提高民用燃气覆盖率。大力推进水利基础设施建设,在做好环境影响论证的基础上,开工建设红岭水利枢纽及灌区工程,做好天角潭、迈湾等水库前期工作,基本解决海南岛的工程性缺水问题。继续实施重点病险水库除险加固。加强防洪、防潮、防台风设施建设,完善灾害监测预警系统。加强城镇和主要园区、景区的供水工程建设。加快实施农村饮水安全工程,到2013年全面解决饮水安全问题。

(二十)加强信息网络设施建设。大力发展有线和无线宽带网络,推进数字海南建设,实现高速宽带无线网络覆盖全岛。积极发展下一代互联网和新一代移动通信,加快网络升级换代。大力整合信息资源和网络资源,积极推进海南"三网融合"建设。着力建设有线、无线和卫星传输相结合的覆盖海南所辖海域的通信网络,提升南海领域的应急管理水平和信息服务能力。

七、推进以改善民生为重点的社会建设,加快形成人文智力支撑

(二十一)加强人力资源建设。合理控制人口规模,努力提高人口素质。全面提高中小学教育质量,推进义务教育均衡发展。大力发展具有海南特色、为建设国际旅游岛服务的高等教育和职业教育。加强海南高校特色学科和专业建设,提高海南大学"211"工程建设水平。实施职业学校基础能力建设工程,提升职业院校特别是中等职业学校的办学水平,大力培养技能型和应用型人才。健全人才培养、引进政策体系。加大教育对外开放力度,支持海南与国际知名院校合作开办旅游职业院校。加强旅游教育培训,全面提高旅游及相关行业从业人员的文明素质和服务水平。

（二十二）加快公共文化服务体系建设。统筹考虑当地居民与游客的需求，推进乡镇综合文化站和村级文化活动室建设，进一步完善县级图书馆、文化馆的设施设备条件，大力加强城市及社区公共文化体育设施建设，建立公共文化体育机构正常运行的经费和人才保障机制。加快推进广播电视数字化步伐，提高广播电视覆盖水平。积极开发利用"海上丝绸之路"文化遗产，开展国家南海博物馆、南海水下考古中心项目前期论证工作，加强对文物及非物质文化遗产的保护。扶持海南建设大型文化体育基础设施，集中建设一批适合于四季训练的运动场馆。

（二十三）完善城乡医疗卫生服务体系。在海口、三亚等地建设区域性医疗中心，健全农村三级卫生服务网络和城市社区卫生服务体系，推进建立国家基本药物制度，提高城乡医疗卫生服务质量和水平。建立全省统一、高效的突发性公共卫生事件应急处理系统。加快基本医疗保障制度建设，逐步建立各省（区、市）与海南异地医保互认制度。

（二十四）营造文明和谐的社会环境。深入开展群众性精神文明创建活动，加强社会公德、职业道德、家庭美德和个人品德建设，培育讲文明、重礼仪、团结友善、热情好客的社会风尚。广泛开展城乡环境综合治理，全面改善人居环境。努力扩大就业，做好社会保障工作，促进社会和谐。扎实推进平安海南建设，加强基层基础工作，努力形成多层次、全方位、立体型的社会治安防控格局，妥善处理利益关系，积极排查化解社会矛盾，解决好影响稳定的历史遗留问题，增强人民群众和广大游客的安全感。

八、充分利用本地优势资源，集约发展新型工业

（二十五）集约发展新型工业。坚持在不污染环境、不破坏资源、不搞重复建设的原则下集约发展新型工业，绝不以牺牲生态环境为代价盲目追求工业扩张。充分利用现有产业基础、港口条件和重点工业园区以及开发区，大力优化产业布局，支持海南新型工业化产业示范基地建设。高起点、高水平发展临港工业，集约发展油气化工、林纸一体化、汽车制造、矿产资源加工、农产品加工、制药等产业，重化工业严格限定在洋浦、东方工业园区，其他工业项目集中布局在现有工业园区。培育发展房车、游艇、轻型水上飞机、潜水设备、高尔夫用具等旅游装备制造业。加强研发设计，发展特色旅游食品、服饰、工艺品加工业。

（二十六）鼓励发展高技术产业。加快建设海南生态软件园和三亚创意产业园，鼓励和吸引国内外知名信息技术企业向园区集聚，根据国家软件产业发展规划和产业基地建设总体布局，积极支持海南发展软件和信息服务业，逐步形成软件产业基地。加快海口药谷建设，增强南药、黎药、海洋药物的自主研发能力。发挥资源优势，积极培育发展新能源、新材料产业。加强自主创新体系建设，实施技术攻关，努力在优势特色产业领域形成一批具有自主知识产权的核心技术和知名品牌。

（二十七）加快发展海洋经济。加大海洋石油资源勘探开发力度，提高海洋油气资源开发利用水平，把海南建成南海油气资源勘探开发服务和加工基地。适时规划建设国家石油战略储备基地，鼓励发展商业石油储备和成品油储备。高起点、高水平推进洋浦开发开放。支持国内大型企业在海南建设修造船、海洋工程设备项目。加强渔业生产安全服务体系建设，大力发展深海养殖业和远洋捕捞业。加强海洋科技研究，发展海洋生物工程和海洋能源利用等新兴产业。

九、加强组织协调，落实各项保障措施

（二十八）加大政策支持。建设海南国际旅游岛，是国家的重大战略部署，是一项长期而又艰巨的任务。国务院各有关部门要高度重视，进一步解放思想，在政策、资金、项目安排等方面给予特殊扶持。

投融资政策。在基础设施、生态建设、环境保护、扶贫开发和社会事业等方面安排中央预算内投资和其他有关中央专项投资时，赋予海南省西部大开发政策。支持符合条件的旅游企业发行企业债券。设立旅游产业投资基金。按照国际旅游岛的总体要求，研究将海南省增列为《中西部地区外商投资优势产业目录》执行省份。

财税政策。针对海南的特殊情况，中央财政加大对海南的均衡性转移支付力度。同时在其他一般性转移支付和专项转移支付，特别是革命老区转移支付、边境地区转移支付等方面，加大对海南的支持。中央财政在一定时期内对海南国际旅游岛的建设发展给予专项补助。由财政部牵头抓紧研究在海南试行境外旅客购物离境退税的具体办法和离岛旅客免税购物政策的可行性，另行上报国务院。

土地政策。科学修编土地利用总体规划，落实最严格的耕地保护制度和节约用地制度，严格实施土地用途管制制度，统筹和保障海南国际旅游岛建设发展各类用地需求，推进城乡土地一体化管理。在不突破国家下达的耕地保有量、基本农田保护面积和建设用地总规模的前提下，试行对土地利用总体规划实施定期评估和调整机制。加强土地利用总体规划对经济各行业的布局规模、时序的调控。稳步开展城乡建设用地增减挂钩试点、农村集体经济组织和村民利用集体建设用地自主开发旅游项目试点。科学论证、统筹规划岛屿的开发利用，依法加强西沙和无居民岛屿管理，按照属地管理原则依法进行土地确权登记。科学选划发展海洋经济集约用海区域，引导海洋产业相对集聚发展。

开放政策。积极引进国内外有实力的大型旅游企业，逐步培育一批旅游骨干企业和知名品牌。实行开放、便利的出入境管理措施，在海南已有21国免签证的基础上，先期增加芬兰、丹麦、挪威、乌克兰、哈萨克斯坦5国为入境免签证国家；对俄罗斯、韩国、德国3国旅游团组团人数放宽至2人以上（含2人），入境停留时间延长至21天。支持海南在境外主要旅游客源地设立旅游推介分支机构。

国务院各有关部门要认真贯彻落实本意见提出的各项任务和政策措施，在规划编制、体制创新、政策实施等方面给予积极支持。海南省人民政府要依据本意见抓紧编制《海南国际旅游岛建设发展规划纲要》，报国家发展改革委审批后实施，同时进一步编制好相关专项规划和旅游区建设规划，抓紧制定细化方案和具体措施。在政策实施过程中，要注意研究新情况，解决新问题，定期总结经验，重大问题及时向国务院报告。

国务院
二〇〇九年十二月三十一日

海南国际旅游岛建设发展规划纲要

（2010~2020）

序　言

海南省位于我国最南端，由18个市县和西沙、南沙、中沙群岛组成，陆地国土面积3.54万平方公里，授权管辖海洋面积约200万平方公里，2009年末常住人口864万。海南岛面积3.4万平方公里，为我国第二大岛屿。

早在几千年前，海南岛就有人类活动。秦代时设行政区，西汉时设儋耳、珠崖两郡。世居民族主要有黎、苗、回等少数民族和汉族。千百年来，形成了丰富多彩的民族风情、地方文化和社会风貌。自1950年海南岛解放以来，海南逐步改变了经济封闭落后、人民生活贫困、社会事业百废待兴的状况，走上了健康发展的道路。改革开放以来，特别是1988年建省办经济特区以来，海南经济社会发展取得了长足进步，城乡面貌发生深刻变化，人民生活水平显著提高，进入了新的快速发展阶段。

2009年12月，《国务院关于推进海南国际旅游岛建设发展的若干意见》（以下简称《意见》）正式印发，标志着海南国际旅游岛建设上升为国家战略，海南发展面临新的历史机遇。为全面贯彻落实好《意见》精神，海南省委、省政府组织编制了《海南国际旅游岛建设发展规划纲要》，规划纲要按照《意见》明确的指导思想、战略定位、发展目标和重点任务，在全面分析海南国际旅游岛建设发展的内外部条件的基础上，从空间布局、基础建设、产业发展、保障措施、近期行动计划等方面提出了具体工作安排。

第一篇 总体思路

第一章 发展背景

建省办经济特区 22 年来，海南已从昔日落后的边陲岛屿发展成为初步繁荣的经济特区。海南作为我国唯一的热带岛屿省份，比较优势突出，发展潜力巨大。

第一节 发展基础

2009 年，全省人均地区生产总值达到 19166 元，城镇居民人均可支配收入和农民人均纯收入分别达到 13751 元和 4744 元。具有海南特色的产业结构初步形成，热带特色农业、新型工业、服务业迅速发展，三次产业比例为 28∶27∶45。交通、能源、水利、信息等基础设施逐步完善，教育、文化、卫生等各项事业全面进步，改革开放不断深入，生态环境始终保持全国一流水平。旅游业快速发展。旅游产品日益丰富，服务设施不断完善，旅游综合接待能力不断提升，一批度假区、景区景点相继建成，全省旅游饭店达到 400 多家，4A 级以上旅游景区 12 家，2009 年接待游客过夜人数 2250.3 万人天次。

第二节 比较优势

区位优势。海南岛位于东亚和东南亚的中心位置，靠近国际海运主航道，地处热带，拥有沿海、沿边、岛屿等地缘优势，地理位置和气候条件具备发展旅游业和现代服务业的良好条件。

资源优势。海南富集海、岛、山、河，资源丰富多样、组合度好，在相对较小的范围内集中了滨海沙滩、热带雨林、珍稀动植物、火山与溶洞、地热温泉、宜人气候、洁净空气、民族风情等丰富的自然资源和人文资源。

体制优势。海南岛是我国最大的经济特区，全省实行省直管市县的行政管理体制，中央赋予了特区立法权，尤其在国际旅游岛建设发展方面给予了一系列先行先试的政策支持。

生态优势。2009 年海南岛森林覆盖率达到 59.2%，天然草原面积 142.5 万亩，空气质量总体优良、基本保持国家一级水平，82.8% 的河流和 88.9% 的湖库水质达到或优于国家地表水Ⅲ类标准，86.7% 的近岸海域海水水质符合国家一类标准、二类标准。

产业优势。热带特色农业优势凸显，依托本地优势资源的新型工业初具规模，海洋经济发展前景广阔，以旅游业为龙头的现代服务业已经成为海南经济的重要支柱产业。

第三节 制约因素

当前，海南总体上仍属于欠发达地区，经济实力不强，城镇化发展不足，经济结构层次偏低，产业整体素质不高，企业市场竞争力不强；对外开放水平有待进一步提高，国际贸易、利用外资和入境游客规模偏小；重大交通设施发展滞后，快速通达周边地区的出岛通道亟待完善；旅游产品创新不足，配套服务不完善，国际知名度不高；城乡管理水平较低，社会综合素质需要进一步提升；生态环境相对脆弱，风暴潮等灾害时有发生，可持续发展的任务比较艰巨；旅游服务质量有待提高，人才培养、引进和储备不足，人文社会环境有待改善。

第四节 发展机遇

建设海南国际旅游岛上升为国家战略。国家高度重视海南的发展，明确将推进海南国际旅游岛建设发展作为全国区域经济战略性布局的一项重大举措，提出新要求，赋予新使命。海南建设世界一流的海岛休闲度假旅游目的地的基础条件和时机已经成熟。

转变经济发展方式的必然要求。加快推进经济结构调整和转变经济发展方式是当前我国面临的迫切任务，经济发展将更加注重扩大内需和发展绿色环保、节能减排产业。海南依托生态环境优势，着力构建以旅游业为龙头、现代服务业为主导的特色经济结构，对全国调整优化经济结构和转变经济发展方式具有重要示范作用。

对外开放进入新阶段。我国加快融入世界经济发展大格局，在世界经济的地位不断上升，为海南创新理念和以世界眼光谋划发展、充分发挥改革开放排头兵作用提供了良好外部环境。海南有条件成为我国立足亚洲、面向世界的重要国际经济合作和文化交流平台。

国内旅游消费开始进入大众化、多样化快速发展时期。目前，我国人均国内生产总值（GDP）已超过3500美元，旅游休闲已成为居民消费需求的重要组成部分，国家把旅游业定位为国民经济的战略性支柱产业和人民群众更加满意的现代服务业,这为海南发展以旅游业为龙头的现代服务业提供了广阔的市场空间。

第二章 发展思路

第一节 指导思想

高举中国特色社会主义伟大旗帜,坚持以邓小平理论和"三个代表"重要思想为指导,深入贯彻落实科学发展观,进一步解放思想,深化改革,扩大开放,构建更具活力的体制机制,走生产发展、生活富裕、生态良好的科学发展之路;积极发展服务型经济、开放型经济、生态型经济,形成以旅游业为龙头、现代服务业为主导的特色经济结构;着力提高旅游业发展质量,打造具有海南特色、达到国际先进水平的旅游产业体系;注重保障和改善民生,大力发展社会事业,加快推进城乡和区域协调发展,逐步将海南建设成为经济繁荣发展、生态环境优美、文化魅力独特、社会文明祥和的开放之岛、绿色之岛、文明之岛、和谐之岛。

第二节 战略定位

我国旅游业改革创新的试验区。充分发挥海南的经济特区优势,积极探索,先行试验,发挥市场配置资源的基础性作用,加快体制机制创新,推动海南旅游业及相关现代服务业在改革开放和科学发展方面走在全国前列。

世界一流的海岛休闲度假旅游目的地。充分发挥海南的区位和资源优势,按照国际通行的旅游服务标准,推进旅游要素转型升级,进一步完善旅游基础设施和服务设施,开发特色旅游产品,规范旅游市场秩序,全面提升海南旅游管理和服务水平。

全国生态文明建设示范区。坚持生态立省、环境优先,在保护中发展,在发展中保护,推进资源节约型和环境友好型社会建设,建设低碳经济示范区,探索人与自然和谐相处的文明发展之路,使海南成为全国人民的四季花园。

国际经济合作和文化交流的重要平台。发挥海南对外开放排头兵的作用,依托博鳌亚洲论坛的品牌优势,全方位开展区域性、国际性经贸文化交流活动以及高层次的外交外事活动,使海南成为我国立足亚洲、面向世界的重要国际交往平台。

南海资源开发和服务基地。加大南海油气、旅游、渔业等资源的开发力度，加强海洋科研、科普和服务保障体系建设，使海南成为我国南海资源开发的物资供应、综合利用和产品运销基地。

国家热带现代农业基地。充分发挥海南热带农业资源优势，大力发展热带现代农业，使海南成为全国冬季菜篮子基地、热带水果基地、南繁育制种基地、渔业出口基地和天然橡胶基地。

第三节 发展目标

到2012年，用3年左右时间打牢基础，优化环境，落实国际旅游岛建设的各项工作部署，谋划并开工建设一批重大旅游基础设施和特色旅游项目，实现旅游市场秩序明显好转，旅游服务质量大幅提高，海南旅游的国际吸引力、社会影响力进一步增强。接待国内外游客达到3160万人天次，旅游总收入314亿元，旅游业增加值占地区生产总值的比重达到7.5%，第三产业增加值占地区生产总值比重达到47%，第三产业从业人数比重达到39%。

到2015年，旅游管理、营销、服务和产品开发的市场化、国际化水平显著提升，旅游产业的规模、质量、效益明显提高，旅游对经济增长和社会发展的拉动作用进一步增强。力争全省人均生产总值、城乡居民收入达到全国中上水平，教育、卫生、文化、社会保障等社会事业发展水平明显提高，综合生态环境质量保持全国领先水平。接待国内外游客达到4760万人天次，旅游总收入540亿元，旅游业增加值占地区生产总值比重达到9%以上，第三产业增加值占地区生产总值比重达到50%以上，第三产业从业人数比重达到45%以上。

到2020年，旅游服务设施、经营管理和服务水平与国际通行的旅游服务标准全面接轨，海南旅游的国际知名度、美誉度大大提高，旅游产业的规模、质量、效益达到国际先进水平，初步建成世界一流的海岛休闲度假旅游胜地。接待国内外游客达到7680万人天次，旅游总收入1240亿元，旅游业增加值占地区生产总值比重达到12%以上，第三产业增加值占地区生产总值比重达到60%，第三产业从业人数比重达到60%。全省人均生产总值、城乡居民收入和生活质量力争达到国内先进水平，综合生态环境质量继续保持全国领先水平，可持续发展能力进一步增强。

海南国际旅游岛建设主要经济指标

指标名称	2009 年	2012 年		2015 年		2020 年	
		绝对值	平均增长	绝对值	平均增长	绝对值	平均增长
地区生产总值（亿元）	1646.6	2376	13%	3430	13%	6900	15%
人均生产总值（元）	19166	26930	12%	37835	12%	72850	14%
城镇居民人均可支配收入（元）	13751	19320	12%	27140	12%	48900	12.5%
农民人均纯收入（元）	4744	6665	12%	9620	12.5%	17720	13%
旅游人数（万人天次）	2250.33	3160	12%	4760	14.6%	7680	10%
旅游收入（亿元）	211.72	314	14%	540	20%	1240	18%
旅游业增加值比重	6.4%	7.5%		9%		12%	
第三产业增加值比重	45%	47%		50%		60%	
第三产业从业人数比重	34.6%	39%		45%		60%	

第四节 建设发展原则

坚持国际标准，打造精品。按照国际标准和规范，高起点规划、高标准建设、高水平管理，坚持大产业布局、大企业进入、大项目带动，积极培育本土特色品牌，加快引进国际知名品牌，不断提升旅游业的科技水平和文化内涵，打造一批具有国际竞争力的旅游企业和服务品牌。

坚持强岛富民，普惠民生。以提高海南人民的生活水平和生活质量作为国际旅游岛建设的出发点和落脚点，旅游开发和建设要带动就业增长和海南经济社会的全面发展，让全体居民都充分享受到国际旅游岛建设发展的成果，将海南国际旅游岛打造成为中外游客的度假天堂和海南人民的幸福家园。

坚持生态优先，保护环境。把建设生态文明、保护生态环境、节约能源资源放在经济社会发展的首要位置，牢固树立生态文明理念，珍惜得天独厚的生态环境优势，形成资源节约型和环境友好型的产业结构、发展方式和消费模式。

坚持改革创新，先行先试。进一步解放思想、大胆创新，打破体制障碍，破解发展难题，有效整合资源，在管理体制、运行机制和建设开发模式等方面积极探索，形成体制机制新优势。

坚持规划引导，扎实推进。要把国际旅游岛建设作为海南发展的长期目标，立足实际，科学规划，合理安排发展步骤，优化空间布局，预留发展空间，不断巩固、夯实发展基础，有序推进国际旅游岛建设发展。

坚持统筹协调，全面发展。统筹三次产业协调发展，促进旅游业与其他产业融合发展；统筹旅游开发与城镇发展和新农村建设，推进城乡一体化进程；统筹旅游业与社会事业发展，构建和谐文明的社会环境；统筹旅游资源的商业性开发和公益性开发，满足游客和当地居民的多样化需求。

第二篇 空间布局

第三章 空间布局

根据海南国际旅游岛战略定位，统筹考虑环境容量、资源承载力、现有基础和发展潜力，遵循自然规律和经济规律，在优化人口布局、生产力布局、城乡布局的基础上，按照"整体设计、系统推进、滚动开发"的空间发展模式，科学确定国际旅游岛建设的功能组团和海岸带功能分区，加强对主要旅游景区和度假区的规划控制。

第一节 功能组团

北部组团。以海口市为中心，包括文昌、定安、澄迈三市县，面积7965平方公里，占海南岛面积23.37%。重点发展文化娱乐、会议展览、商业餐饮、高尔夫休闲、金融保险、教育培训、房地产等现代服务业和汽车制造、生物制药、食品加工、高新技术等产业。根据条件适度集中布局特色旅游项目，培育发展一批定时定址的节庆、会展活动和体育赛事。海口市要发挥全省政治、经济、文化中心功能和旅游集散地的作用，加快工业化和城镇化步伐，增强综合经济实力，带动周边地区发展。文昌市将逐步建设成为集卫星发射、航天科普、度假旅游于一体的现代化航天城。

南部组团。以三亚市为中心，包括陵水、保亭、乐东三县，面积6955平方公里，占海南岛面积20.41%。重点发展酒店住宿业、文体娱乐、疗养休闲、商业餐饮等产业。根据市场需求，适度布局建设特色旅游项目，培育一批文化节庆、会展活动和体育赛事。建设好三亚热带海滨风景名胜区，将三亚打造成为世界级热带滨海度假旅游城市。发挥三亚热带滨海旅游目的地的集聚、辐射作用，形成山海互补特色，带动周边发展。

中部组团。包括五指山、琼中、屯昌、白沙四市县，面积7184平方公里，占海南岛面积21.07%。处理好保护与开发的关系，在加强热带雨林和水源地保护的基础上，积极发展热带特色农业、林业经济、生态旅游、民族风情旅游、城镇服务业、民族工艺品制造等。重点建设国家森林公园和黎族苗族文化旅游项目。

东部组团。包括琼海、万宁两市，面积3576平方公里，占海南岛面积10.49%。发展壮大滨海旅游业、热带特色农业、海洋渔业、农产品加工业等。根据条件，适当布局特色旅游项目，打造文化产业集聚区。将博鳌建设成为世界级国际会议中心。

西部组团。包括儋州、临高、昌江、东方四市县和洋浦经济开发区，面积8407平方公里，占海南岛面积24.66%。依托洋浦经济开发区等工业园区，集中布局发展临港工业和高新技术产业。把儋州建设成为海南岛西部区域性中心城市。规划建设东坡文化园。积极发展生态旅游、探奇旅游、工业旅游、滨海旅游等。

海洋组团。包括海南省授权管辖海域和西沙、南沙、中沙群岛。充分发挥海洋资源优势，巩固提升海洋渔业和海洋运输业，做大、做强海洋油气资源勘探、开采和加工业，大力发展海洋旅游业，鼓励发展海洋新兴产业。在保护好海洋生态环境的前提下，高标准规划建设特色海洋旅游项目。

第二节 海岸带功能分区

海岸带是指海洋与陆地交汇地带，范围包括海岸线向陆地侧延伸10公里，向海洋侧延伸10~15米等深线。海岸带是海南人口、经济的集聚区，也是旅游业和现代服务业布局的重点区域。根据自然条件和经济社会发展需要，将海南岛海岸带从功能上划分为六大类型：临港经济区、城镇生活区、旅游休闲区、生态保护区、农业和渔业区、其他区。

临港经济区。主要功能：建设港口和临港产业，实现港区联动，形成临港产业集聚区。这类海岸带开发要坚持效率原则，通过大企业、大项目带动海岸带土地资源的高效开发。适度发展工业旅游、休闲渔业等。

城镇生活区。主要功能：用于城镇发展，配套完善基础设施，重点发展现代服务业，为居民提供高品质的生活环境和景观。对该区域尚未开发的海岸线，除必要的基础设施和公共旅游服务设施建设外，严格限制其他设施建设。

旅游休闲区。主要功能：用于发展观光旅游和休闲度假旅游，配套完善服设施，重点发展酒店住宿、商业餐饮、文化娱乐、运动休闲等产业。

生态保护区。主要功能：用于保护海洋资源、森林资源、湿地资源、生物物种和自然历史遗迹。这一带的旅游开发必须在保全自然保护区面积、不影响生物多样性保护和不破坏沿海基干林带等生态隔离带的前提下，实行保护性开发。适度发展生态旅游、科普旅游等。

农业和渔业区。主要功能：用于农业生产、海水养殖和海洋捕捞，发展休闲农业、休闲渔业和乡村旅游。

其他区。主要功能：用于科研、军事和其他等。

第三节 旅游景区和度假区开发建设

旅游景区和度假区开发建设应遵循以下原则：

统筹规划原则。将全省重要旅游资源的规划权和重大旅游项目的审批权集中到省一级。新开发的旅游区和重大旅游项目必须与本规划纲要和有关专项规划、区域规划相衔接。

政府引导原则。坚持统一规划、统一开发，原则上由省、市县政府主导土地一级市场开发，根据规划和审批的建设项目有序供应土地。严格规范土地二级市场，对已批未建的闲置土地依法采取限期开发、收取土地闲置费、收回等方式处理。强化土地集约利用，做到供应一块、开发一块、见效一块。用于规划建设的滨海、滨河、滨湖等优质土地资源，原则上主要用于度假区和酒店及旅游配套服务设施的建设。

环境协调原则。在旅游开发中，充分利用地形地貌，最大限度地保持山脉、水系、海岸、海岛的自然状况，着力保护好热带雨林和海洋生态资源，防止生态破坏。建筑材料应尽量采用本地材料和节能环保材料，建筑风格要突出文化特色，与周边自然环境有机融合，配套好污水和垃圾无害化处理设施。滨海度假区的开发应当最大限度保留视线通廊，保护开敞空间。

差异化发展原则。旅游景区和度假区开发建设要结合资源特色和区域功能，合理定位，突出特色，进行差异化开发，满足多样化市场需求。

开发强度控制原则。按照环境容量和资源承载力，对旅游区的开发强度实施分类指导和严格控制。新建度假区要科学制定并严格执行规划标准。新建滨海度假区的建筑物与沿海最高潮位线最小距离原则上不低于100~200米，200米范围内既有建筑物不得扩建。涉及海域使用项目，应严格执行相关规定。

第三篇 基础建设

第四章 生态文明建设

坚持生态立省、环境优先,积极探索人与自然和谐共处的绿色发展之路,始终保持海南森林覆盖率、大气质量和水质等生态环境质量指标在全国的领先地位,努力把海南建设成为全国生态文明建设示范区和全国人民的四季花园。

第一节 生态建设和环境保护

加快推进以天然林保护、重点生态区域绿化、沿海防护林建设和保护、"三边"防护林建设、自然保护区建设、水土保持与生物多样性保护等为重点的生态保护工程建设。到2015年,在稳定森林覆盖率60%的基础上,逐步提高森林质量,努力增加森林碳汇。加强对水土流失区域、受损海洋生态区的生态环境恢复和治理,到2015年退化土地(水土流失、沙化、采矿破坏)恢复率达到70%,生态公益林覆盖率达到23%。加大矿山地质环境恢复治理和矿区土地复垦力度,到2015年,历史遗留矿山的地质环境恢复治理率和损毁土地复垦率分别达到65%和80%。建立健全热带雨林、红树林、珊瑚礁、湿地、海洋生态等自然保护区体系,使全省陆地自然保护区面积占陆地总面积的比例不低于9%,尤其要注意在旅游开发中保护生态环境,恢复生态环境。

鼓励生态脆弱地区的村民向城镇迁移,做好迁移的后续工作,稳定移民的生产和生活。巩固退耕还林成果,逐步提高国家级公益林补偿标准,加大对市县生态转移支付力度,建立健全生态补偿机制。

加强生态环境保护立法,建立健全自然资源有偿使用制度。完善生态环境保护责任制和问责制,加大对破坏生态环境行为的惩处力度。把生态环境保护纳入经济社会发展综合评价体系和领导干部综合考核评价体系。加大生物物种资源保护力度,促进物种资源可持续发展,防止重要物种资源流失。强化动植物检验检疫工作,有效防控外来生物物种的入侵。严格执行环境影响评价制度和环保"三同时"制度,大力推进重点领域的规划环境影响评价工作。

第二节 污染防治

重点加强工业点源、农业面源污染、城镇生活污水和大气污染的防治。建立产污强度准入制度，重点防治工业水污染和大气污染。大力推行清洁生产，重点企业应开展清洁生产审核并完成评估验收。加速治理现有工业污染源，严格控制新污染源。集约发展、集中布局新型工业，实现全省主要工业污染物的总量控制达标。推进重点工业开发区和重点旅游景区的环境基础设施建设。在旅游景区设置垃圾分类收集与处理设备，配备环保型公厕、垃圾收集装置和简便污水处理设施，鼓励使用清洁型交通工具。推行绿色酒店消费模式，减少用水和一次性用品使用量。严格控制高尔夫球场的农药和化肥用量。实施农村清洁工程，加强农村环境综合整治。进一步推行改水改厕，到2015年农村卫生厕所普及率达到71%，农村饮用水全面达标。推广应用生态化面源污染治理技术、农村垃圾资源化利用技术，加快建立村镇生活垃圾收集转运处理体系。加快南渡江、万泉河、昌化江流域和担负饮用水集中供水任务水库的水污染防治。在全省所有市、县建成污水处理厂和垃圾处理设施。完善污水、垃圾处理费征收政策，建立健全治污设施正常运营保障机制。到2015年，城镇污水处理率达到80%，城镇生活垃圾无害化处理率达到90%，医疗废物无害化处置率达到100%。加强养殖业污染防治，推广生态养殖技术，推进沼气工程建设。加强船舶污染防治，建设港口污水和垃圾接收设施。加强海上污染事故应急能力建设，提高应急防备能力。

加强环境监管能力建设，加大生态环保部门对生态环境的综合监管力度。开展入海河流、直排污染源和南海海域环境监测。严格水功能区管理和入河排污口监督管理。建立环境质量例行监测公报制度，逐步推行重点海域污染物排放总量控制制度，建立危险废物全过程管理体系。

第三节　资源循环利用

提高资源利用效率。建立土地、水资源、海岸线、矿产资源、能源等自然资源开发利用的效率状况评价制度；建立清洁生产审核制度，鼓励和推广节约资源的设计、工艺和设备；新建、改建、扩建的建设项目要配套建设节能、节水等设施；全省城市市区禁止生产、销售和使用实心黏土砖，县城和农村地区逐步实现禁止生产、销售和使用实心黏土砖；积极发展节水型农业；推广使用节能、节水、节材、节地产品、设备和设施，禁止产品过度包装，逐步禁止使用一次性消费品，提高资源利用效率。

开展资源综合利用。鼓励和支持使用再生水和散装水泥，选择具备条件的城市区域开展中水回收利用管网建设试点；坚持矿产资源综合开发利用，发展矿产资源领域循环经济；建立和完善再生资源回收利用体系，逐步建立城市生活垃圾及废弃物分类回收资源化利用和无害化处理系统；加强对报废机动车辆、家用电器的回收拆解管理和再生循环利用；积极开展畜禽养殖业废弃物、蔗渣、粉煤灰、火电厂脱硫石膏、浆纸厂"绿泥"、废钢铁等废弃物的综合利用。

推进昌江国家级循环经济工业区循环经济试点，逐步在海口、三亚等市县以及洋浦、老城等工业开发区开展创建循环经济示范园区和示范企业活动，争取将海南建设成为国家循环经济示范区。

第四节 低碳技术应用与推广

提高清洁能源比重。积极发展清洁能源和可再生能源，推进核电、液化天然气、燃料乙醇、风电、太阳能光伏发电等项目建设，实施太阳能利用和建筑节能工程。推进"太阳能风力路灯照明示范工程"和"新型发光二极管（LED）照明示范工程"，2015年全面覆盖海口、三亚、琼海等重点旅游城市、各滨海度假区和4A级以上旅游景区。大力推广液化天然气（LNG）燃气汽车和新能源汽车。继续扩大推广沼气利用，提高农户沼气使用比例。到2020年，全省清洁能源在一次能源消费中的比例达到50%以上，汽车尾气排放标准达到全国先进水平。

转变经济发展方式。继续调整优化经济结构，大力发展以旅游业为龙头的现代服务业，积极发展热带特色的现代农业、新型工业和高新技术产业。严格履行规划环评及建设项目环评要求，严格执行环境准入制度，严禁高耗能、高耗水、高排放和产能过剩行业发展，用先进技术改造传统产业，坚决淘汰落后产能。2020年基本形成以低碳技术为特征的工业、建筑和交通运输体系。建立完善有利于低碳技术应用与推广的政策和监督管理机制。将单位地区生产总值（GDP）碳排放降低指标纳入地区国民经济和社会发展中长期规划，建立相应统计、监测和考核办法；制定鼓励清洁能源、可再生能源发展政策，完善分时电价、差别电价等政策；大力推进各类减排工程设施建设，增加"以奖代补"专项转移支付。

推广应用低碳技术和产品。加强蓄能、变频、洁净煤、新能源汽车、节能灯、建筑节能等低碳技术及产品推广应用；加强国际国内的合作与交流，有效引进、消化、吸收先进的低碳技术。大力发展绿色建筑、绿色交通，倡导和培养低碳生活方式和旅游方式，加快形成绿色低碳的生活方式和消费模式。

第五章 和谐旅游岛建设

加强以改善民生为重点的社会建设，大力推进基本公共服务均等化，使基本公共服务向基层延伸、向农村覆盖、向弱势群体倾斜，扎实推进和谐旅游岛建设。

第一节 人力资源开发

合理控制人口规模，继续优化人口结构，大力实施优生促进工程，不断提高人口素质。

优先发展教育。积极发展各级各类教育，提升人民群众参加国际旅游岛建设的能力。加强教师队伍建设，推进素质教育，全面提升中小学教育质量，促进义务教育均衡发展，加快发展学前教育，重视发展特殊教育。力争2015年基本普及高中阶段教育，并逐步实现中职免费教育。加快规范化学校建设，每个市县要办好1~2所普通高中学校，每个镇至少办好1所寄宿制中心学校和1所中心幼儿园。加快县级职教中心、国家级和省级示范中等职业学校及实习培训基地建设，加强校企合作，推进教产结合和工学结合，调整职业学校专业设置，开展专业创新试点，提高职业教育支撑区域产业建设的能力，培养技能型和应用型人才。

积极发展高等教育。努力提高高校整体办学水平和人才培养质量，加强高校特色学科和专业建设，优化人才培养结构，加快培养海南新兴产业发展的急需人才。提高海南大学"211"工程建设水平，为海南国际旅游岛建设提供强有力的人才支撑和智力支持。

加强旅游人才的教育和培养。整合教育资源，大力发展旅游职业教育。吸引国际知名旅游院校来海南合作举办旅游院校，引进优质旅游教育资源。依托现有教育资源，组建"海南国际旅游职业学院"，建设海南特色旅游人才培训基地。设立"海南省旅游研究院"，加强海南旅游发展基础理论、政策法规和规划研究等方面的能力建设。

加强对各类人才的引进。完善人才引进机制，创新人才评价和激励机制，构建高层次的人才交流、集聚平台，出台落户、住房等优惠政策，吸引和留住高层次的各类经营管理和专业人才。积极创造条件，鼓励旅居海南的各类人才参与海南国际旅游岛建设。

第二节 公共文化体育

加快建设覆盖城乡的公共文化服务体系。加强省、市县公共图书馆、文化馆、博物馆等公共文化基础设施建设，完善城市社区公共文化设施、乡镇综合文化站和村级文化活动室建设。加强文化信息资源共享工程基层服务网络建设，建立以海南特色文化资源为主的数字资源库。加快推进广播影视基础设施建设，完善无线、有线、卫星等立体交互的全省广播电视传输覆盖网，提高广播影视公共服务水平。集中建设一批适合于四季训练的运动场馆，加快推进省体育中心、海口江东体育训练基地等项目建设。建立健全公共文化体育运行经费保障机制。

加强文物和非物质文化遗产保护。整合资金渠道，加大投入，重点对黎族苗族文化、历史文化、民俗文化、"海上丝绸之路"海洋文化等进行挖掘整理、提升展示，开发旅游文化产品，资助特色文化艺术活动。开展国家南海博物馆、南海水下考古中心、五指山黎峒大观园、东坡文化园等项目的前期论证工作。加强海南黎族、苗族传统民居、村寨保护，建设非物质文化遗产展示陈列传习设施，保护黎族苗族文化。保护性开发海口骑楼老街，打造成特色旅游风情街区。

第三节 公共卫生体系

完善医疗服务体系。加快海口、三亚两个省级医疗保健基地和儋州、琼海、五指山三个区域性医疗中心的建设，加强医疗服务能力建设，全面提高医疗管理和医疗技术水平。建立健全医疗服务体系，完成省中医院和区域精神病专科医院的改造，新建省肿瘤医院、省眼耳鼻喉科医院。大力发展新型城乡基层医务体系，健全城市社区卫生服务网络，完成市县医院标准化改造，每个乡镇办好一所公立乡镇卫生院每个行政村有一所卫生室。进一步加强基层计划生育服务体系标准化建设和规范化管理。全面实行国家基本药物制度。

完善公共卫生服务体系。加强全省23个疾病控制中心的能力建设，逐步健全全省和区域公共卫生检验检测中心，加强公共卫生信息网络和监测系统能力建设，加强对各种疾病的预防和控制，做好传染病、慢性非传染性疾病和地方病的防治工作。大力开展爱国卫生运动，健全妇幼保健三级服务网络，提高服务质量和服务水平。结合旅游发展的需要，加快建立完善医疗急救体系，争取将海南纳入国际医疗救援机构（SOS）网络，提高急诊急救能力。通过教育培训和人才引进，着力提高医务人员医疗服务水平和外语水平。建立健全海南与各省（区、市）异地医保互认制度，推进解放军第301医院海南分院建设。

第四节 就业和社会保障

积极促进就业。国际旅游岛建设要为海南人民提供更多、更充分的就业机会。建立健全覆盖城乡的就业服务体系，逐步建成功能完善、城乡统一的人力资源市场。依托项目建设大力开发就业岗位，实现经济增长与就业扩大的良性互动。加快建设一批符合海南特色产业要求的专业化职业培训和实训基地。强化就业技能培训，鼓励支持自主创业，健全就业援助制度，确保每个零就业家庭、失地农民家庭和贫困户至少有一名适龄劳动力就业。加大农村劳动力就业创业培训力度，推动农村劳动力转移就业。

加快完善覆盖城乡惠及全民的社会保障网络。建立城乡居民最低生活保障标准动态增长机制，确保低保补助增幅不低于物价水平涨幅。在实现城镇从业人员养老保险省级统筹的基础上，进一步增强养老保险基金支付能力和抗风险能力。加快完善失地农民养老保险制度，提高"五保户"供养标准和水平。完善新型农村合作医疗制度，扩大城镇居民基本医疗保险覆盖人群范围，逐步实现全民医保。2010年启动农村新型养老保险，鼓励农民参保，率先实现60岁以上农民全部由政府提供基础养老金。逐步推进城乡社会保障制度并轨工作，2020年初步建成城乡一体的社会保障体系。

第五节 城乡一体化建设

提高城乡规划和建设管理水平。建立健全以国际旅游岛规划为基础，国民经济和社会发展规划、土地利用规划及城乡规划相互分工、配套衔接的规划体系。统筹城乡规划编制，优化建设空间布局，加快基础设施建设，改善城乡人居环境。加强乡镇和村庄规划，统筹村庄和农村社区的布局，合理利用集体土地，科学引导农村居民集中居住。统筹城乡交通、防洪减灾、供电、供水、燃气、通信、污水、垃圾处理等基础设施规划和建设，推动城市社会管理服务体系向农村延伸。

推进城乡基本公共服务均等化。建立健全财政、金融等支农政策体系，完善城乡对口支援机制，逐步形成以城带乡、同步发展的新机制。不断加大投入，各级财政用于民生的投入增长幅度不得低于经常性收入增长幅度，着力推进教育、就业、公共卫生、文化、社会保障、住房保障、农民增收以及生态文明等民生工程建设。积极推进教育移民、劳动力转移、生态补偿等工作，促进基本公共服务向基层延伸、向农村覆盖、向弱势群体倾斜，逐步健全城乡统一的公共服务体系。深化户籍制度改革，放宽城市和城镇特别是县城和中心镇落户条件，促进符合条件的农业转移人口在城镇落户并享受与当地城镇居民同等的权益。健全强农惠农政策体系，完善农业补贴制度和市场调控机制，提高农村金融服务质量和水平，大力开拓农村市场，推动资源要素向农村配置。加大对革命老区、中部山区、少数民族地区和贫困地区的扶持力度，进一步改善群众生产生活条件。

建设一批特色旅游小镇。大力发展县域经济，强化综合服务功能，促进特色产业、优势项目向县城和重点镇集聚，提高城镇综合发展实力和承载能力，吸纳农村人口加快向小城镇集中，将县城和建制镇建设成为连接城乡的纽带和农村社会公共产品的供应基地。依托县城和建制镇，按照"规划引导、企业参与、市场运作、群众受益"的原则，推动海口演丰镇、云龙镇、文昌东郊镇、定安龙门镇、琼海博鳌镇、会山镇、万宁兴隆镇、陵水新村镇、三亚天涯镇、屯昌枫木镇、保亭三道镇、五指山水满乡、琼中营根镇、白沙牙叉镇、澄迈福山镇、临高新盈镇、乐东尖峰镇、莺歌海镇、昌江昌化镇、儋州蓝洋镇、中和镇、东方天安乡等一批特色旅游小镇的建设。

第六节　社会环境建设

旅游法制环境。充分发挥经济特区立法权的优势，借鉴国际成功经验，加快制定旅游市场监管、资源保护、行业规范等专项法规，及时将国家赋予海南的优惠政策、配套政策和有关规章制度，通过立法的形式上升为地方性法规，建立健全旅游法规体系。加快修订《海南省旅游条例》，规范旅游市场秩序、维护游客和旅游经营者的合法权益。加强法律法规宣传，不断提高游客和居民的法律意识和维权意识，营造良好的法制环境。

旅游市场环境。健全旅游市场监管体系，落实监管责任，加强旅游服务质量监督管理和旅游投诉处理。按照决策权、执行权、监督权既相互制衡又相互协调的原则，推进旅游行政执法体制改革和机制创新，设立旅游综合执法机构，统筹协调工商、交通、公安、价格、商务、卫生、质检、文体、药监、林业等部门开展联合执法，探索建立"综合执法、相互取证、归属处罚"的联合执法机制。加强旅游服务诚信体系建设，建立健全企业信用警示、惩戒以及信用预警机制，推广使用电子行程单。严厉打击非法从事旅游经营活动，整治"零负团费"、虚假广告、强迫或变相强迫消费等违法违规行为，维护游客合法权益。

社会治安环境。扎实推进平安海南建设，加强基层基础工作，加快构建多层次、全方位、立体型的社会治安防控格局，增强人民群众和广大游客的安全感。妥善处理利益关系，积极排查化解社会矛盾，着力解决影响社会和谐稳定的源头性和基础性问题。严厉打击各种违法犯罪活动，坚决打击"两抢一盗"、"黄赌毒"、诈骗、暴力宰客、妨害执行公务等突出问题。进一步加强沿海地区和海上治安防控，加强对沿海港口、码头和出海船舶监控设施及渔船联络设备建设，建立海上治安管理监控体系，为开辟海上运动、观光及开放西沙旅游创造良好的治安环境。进一步完善公共安全和重大突发事件应急管理体系，不断提高社会治安管理水平。

人文社会环境。深入开展群众性精神文明创建活动，加强社会公德、职业道德、家庭美德和个人品德教育，培育讲文明、重礼仪、团结友善、热情好客的社会风尚。持续开展文明素质提升行动，综合运用宣传教育、舆论引导、行政管理、依法治理等方式，倡导文明、卫生、节约、环保的行为，提高全社会的文明素质。大力倡导健康旅游、文明旅游、绿色旅游，引导游客文明出行、文明消费。广泛开展各种旅游知识、服务技能竞赛，努力打造服务品牌，树立行业新形象。加强从业人员外语培训，逐步推广居民英语日常用语，创建国际化语言环境。广泛开展志愿服务，吸引和感召更多的人加入到志愿服务活动中来，形成奉献社会的良好风尚。培养全民旅游意识，树立"人人都是旅游形象、处处都是旅游环境"的观念，营造善待游客、文明和谐的旅游氛围。

第六章　现代化基础设施

统筹规划，合理布局，优化配置，适度先行，加快交通、能源、水利、信息基础设施建设，构建现代化基础设施网络，增强国际旅游岛建设与发展的保障水平和支撑能力。

第一节　交　通

进出岛通道。推进琼州海峡跨海通道工程的前期工作。加快海口至广州、海口至南宁高速公路建设。对海口美兰机场、三亚凤凰机场进行扩能改造；适时建成开通运营博鳌机场；开展西部机场前期工作。加强港口基础设施和集疏运体系建设，重点建设洋浦、海口（马村）、八所、三亚、清澜五个港口，尽快形成功能完善、配套齐全的港口格局。加快推进马村海洋石油专用码头和服务基地建设。加快建设邮轮码头，完善配套设施和服务，推进国际邮轮母港发展。

岛内交通网络。2010年底前建成开通东环铁路，2015年底前建成西环铁路，适时建设西线铁路扩能改造和洋浦支线铁路项目。推进中线地方高速公路和万宁至洋浦地方高速公路建设，形成"田"字形高速公路网络。提升现有国道、省道技术等级，改善农村道路交通条件。到 2015 年，基本建成以环岛高速铁路、"田"字型高速公路网为主骨架，国道、省道为辅线，升级达标的农村公路为延伸的交通网络，形成岛内"2 小时旅游交通圈"。

旅游交通设施。延伸沿海公路主干线，分期、分段建设沿海观光公路，配套完善观景点设施。打通主干道通往旅游景区的连接通道以及景区和景区之间的连接通道，提高景区的可进入性。逐步建设完善登山道、自驾车服务基础设施、露营地设施，规范引导自发性旅游活动。重点滨海旅游城市要逐步建设完善游艇基础设施，在主要内河预留旅游航运通道和游艇码头发展空间。在主要旅游城市和大型旅游度假区，规划建设慢行交通系统及配套设施，满足自行车、轮滑、步行等休闲交通需求。

第二节 能 源

坚持清洁利用常规能源、开发新能源、优化能源结构、实现能源可持续发展的原则，以电力建设为中心，大力发展清洁能源，构建多元、安全、清洁、高效的能源供应体系和安全保障机制，促进经济、能源、环境协调可持续发展。

电源建设。建设海南昌江核电 2 台 65 万千瓦核电机组；适时建设东方电厂二期；积极推进 LNG 发电项目和抽水蓄能电站的前期工作；大力发展风能、太阳能、生物质能等新能源，加快建成东方感城、四更、高排等风电项目，以及临高县光伏并网示范工程等太阳能发电项目，按照规划有序开发海上风电项目。

电网改造。推进海南电网跨海联网二期建设，为海南电网安全运行创造更为有利条件；加强 220 千伏主网架建设，提高电力传送能力；合理增加 110 千伏及以下变电站布点，提高供电能力及供电可靠性；启动智能电网研究试点工作，不断通过技术创新、优化电网、节能调度等多种方式，着力打造安全、高效、清洁并具有自愈能力的海南电网。

油气开发。加大海洋石油天然气资源勘探开发力度，积极推进海南 LNG 项目和洋浦石油储备基地建设，加快环岛天然气管网建设，逐步建成连接岛内各大城镇和主要度假区、景区的输气管网，提高民用燃气覆盖率。

第三节 水 利

强化水资源保障，集中推进重大水利工程建设，构建开源与节流并重、保护与开发相结合的水资源利用体系和监测预报与预警先行、防范与治理为一体的水灾害防治体系。

合理开发利用水资源。严格加强水资源管理，推进节水型社会建设。重点实施一批水源工程、节水灌溉工程，合理规划、有效拦蓄和利用地表水，规范开采地下水，扩大利用海水，增加供水能力，提高用水效率。开工建设红岭水利枢纽，做好灌区工程前期工作，适时开工建设；做好迈湾、天角潭等水库工程的前期准备工作，论证后适时开工建设，基本解决海南岛的工程性缺水问题。

完善城乡和旅游区供水设施。在用水量较大的中心城镇和水质安全性较差地区，新建、扩建水厂，统一处理，集中供水，辐射周边旅游区，满足城乡居民和旅游业发展的需要；在游客集散地和主要景区设置达到饮用水标准的便捷取水设备。2013年城镇自来水普及率达到90%，农村饮水安全问题基本得到解决。

有效防范治理灾害。建设重要城市防洪排涝工程、中部山区地质灾害防治工程、沿海海堤工程、防台风基础设施工程、病险水库除险加固工程，加强海洋防灾减灾和应急管理基础设施建设，完善防洪、防潮、防台风指挥系统和灾害监测预警系统，提高抗御自然灾害能力。

第四节 信 息

完善信息网络基础设施，推进信息技术的广泛应用，加快形成"数字海南"框架。

大力发展有线和无线宽带网络，实现高速宽带无线网络覆盖全岛。完善沿交通干线、连接所有行政村和景区景点的光纤网络。建设"无线海南"，实现宽带无线网络全覆盖。积极发展下一代互联网、数字电视网和新一代移动通信网，加快网络升级换代。加强卫星通信，建设覆盖全省大部分海域的卫星通信网，提升南海领域的应急管理水平和信息服务能力。

鼓励和扶持电信网、广播电视网和互联网"三网融合"。争取将海南省作为广电和电信业务双向进入试点省，积极推进网络统筹规划、共建共享和互联互通，实现基础网络的融合化发展和信息内容的特色化竞争。积极推进"物联网"、云计算等新的信息技术在经济社会各个领域的深入应用。

提高信息化应用水平。加快建设旅游电子政务，提升旅游公共服务水平。围绕食、住、行、游、购、娱等旅游要素，推动信息技术的推广应用，全面提升重点旅游城市、度假区、景区和旅游企业的信息化水平。鼓励发展电子商务，提升旅游经营管理和营销水平。建设旅游国际呼叫中心、"数字海南信息亭"、智能交通、电子商务、智能健康医疗、平安城市等重点信息化工程。

第四篇　产业发展

第七章　旅游业

以旅游六大要素为基础,以国际化改造为手段,加快创新旅游产品,推进旅游业与相关产业高度融合,全面提升旅游管理水平和服务质量,构建现代旅游产业体系。

第一节　旅游产品开发

加快对现有休闲度假旅游产品的升级改造,进一步扩大规模,提升质量,同时大力开发新的旅游产品,不断挖掘和丰富旅游产品文化内涵,逐步形成以滨海度假旅游为主导、观光旅游和度假旅游融合发展、专项旅游为补充的旅游产品结构。根据市场需求,在推进旅游景区、度假区和特色旅游项目建设的同时,着力培育十大旅游产品,推出六条精品旅游线路,塑造与海南自然环境和旅游资源优势相匹配的旅游品牌形象,逐步形成海南旅游的核心竞争力。

第二节　住宿业

逐步建立与市场需求相适应、具有海南特色的住宿服务体系。旅游行政管理部门要定期发布《海南住宿业发展白皮书》,及时披露市场供需信息,加强对各类宾馆饭店服务质量的监督管理,引导住宿业有序发展。积极创建"绿色饭店",推动住宿业转型升级。大力发展滨海度假酒店、温泉度假酒店,适度发展商务酒店、青年旅馆、乡村旅馆和汽车旅馆,鼓励发展家庭旅馆经营和房屋租赁经营。突出本土文化,吸收异域文化,鼓励发展各类文化主题酒店。继续引进国内外著名酒店管理品牌,推进高档酒店和度假酒店的品牌化经营。扶持一批具有竞争力的大型企业集团,培育形成本土酒店管理品牌。健全标准体系,提升服务质量,推进经济型酒店连锁经营。加强对产权式度假酒店开发建设、销售等环节的严格规范管理。

第三节　旅游交通服务业

以提高游客满意度为目标,以市场化和企业化改革为方向,对旅游交通要素进行国际化改造，逐步实现交通运输方式之间"零距离换乘"和旅游交通服务业的集团化、网络化发展。鼓励航空公司增加进出海南岛空中航线，支持旅游企业开展包机业务，逐步开通海南与主要客源地之间的"空中快线"，实现公交化运营。推进低空空域开放，扶持建设民用航空器驾驶员学校，积极发展通用航空产业。在开通环岛铁路客运的基础上，条件成熟时开通环岛旅游专列，为开展环岛旅游创造便利条件。依托公交资源和大型旅游企业，引进大公司，组建竞争力强、服务规范的旅游汽车公司和汽车租赁公司；鼓励发展汽车租赁业务；城市公交服务网络逐步延伸到周边主要景区、旅游小镇和乡村旅游点，开通观光巴士；支持发展自驾车俱乐部。积极引进境外大型邮轮公司在海南注册设立经营性机构，开展国际航线邮轮服务业务；吸引国内大公司在海南设立邮轮公司。完善游艇管理办法，建设边检监护管理体系，适当扩大开放水域，做好经批准的境外游艇停泊海南的服务工作，培育发展游艇俱乐部。

第四节 旅行服务业

推进旅行社改革、重组和业务创新，完善散客旅游服务体系，建立健全旅游批发零售体系。鼓励旅行社经营综合业务，支持旅行社兼并重组，培育若干实力雄厚、竞争力强、品牌优势突出的大型旅行社集团，推进旅行服务的集团化、网络化、国际化。鼓励中小旅行社向特色化、专业化方向发展，创新经营方式。加快旅行服务业的信息化改造，推动旅行社开展在线服务、网络营销、网络预订等，全面提升旅行服务企业的信息化水平。积极引进境内外大型旅行社到海南设立分支机构。落实支持旅行社的配套政策，允许旅行社参与政府采购和服务外包；旅行社按营业收入缴纳的各种收费，计征基数应扣除各类代收服务费；旅行社用于宣传促销的费用依法纳入企业经营成本。

支持旅行社发展壮大，鼓励大型旅行社拥有旅游交通等要素资源，推进旅行社和导游一体化管理。抓紧完善导游等级制度，提高导游人员专业素质和能力，鼓励专业技术人员特别是专家、教师从事导游工作。

第五节 旅游营销体系建设

以树立海南独特的旅游目的地形象为目标，以产品营销为重点，整合营销资源，加大营销投入，创新营销方式，建立健全政府引导、行业协会和企业为主体、营销代理机构为补充的旅游营销体系。

形象定位。根据海南的资源特点和旅游产品特色,海南国际旅游岛总体旅游形象定位为:阳光海南、度假天堂—世界一流的海岛休闲度假旅游目的地。围绕提升整体形象,国内市场要在巩固海南作为国人度假旅游主要目的地的基础上,着力提高"滨海度假、热带雨林、高尔夫、邮轮游艇、航天体验、免税购物、温泉疗养"等核心旅游吸引物在游客心目中的认知度;国外市场要大力提高游客对海南的了解和认知,塑造和保持海南独特的目的地形象,提升海南的知名度和美誉度。

市场定位。坚持以国内旅游市场为重点,积极发展入境旅游,有序发展出境旅游。实施市场多元化战略,在进一步巩固珠江三角洲、长江三角洲、环渤海湾以及港澳台、俄罗斯、韩国、日本、东南亚等重点客源市场的基础上,大力开发国内大中城市以及中亚、北欧、西欧、澳洲等客源市场。

市场开发策略。建立健全市场营销渠道,逐步在境内外主要客源地设立海南旅游办事处,依托主要客源地的大型旅游机构建立旅游营销代理网络。实施联合营销的市场战略,建立旅游行政管理部门、行业协会、重要媒体和航空公司、景区景点、度假区联动营销机制,成立旅游营销联盟。加大政府财政投入,带动企业增加营销经费,设立旅游促销专项资金。创新营销手段,有效组合人员推销、媒体报道、广告宣传、网络营销、活动营销、事件营销等多种营销方式,提高市场营销的效果。

第六节 旅游公共服务体系建设

以提升旅游服务质量和游客满意度为目标,突破瓶颈难题,加快建立完善旅游公共服务体系。在交通枢纽、景区景点、城市广场等游客较为集中的场所设立旅游咨询服务中心。在机场码头、交通主干道、景区景点连接道路、旅游城镇、度假区、景区景点等处设置规范的中英文旅游标识标牌。实施旅游厕所改扩建工程,制定颁布旅游厕所的卫生质量标准,各类经营场所和公共场所的公用厕所要对游客和公众开放,用两年时间建成管理规范、清洁卫生、方便游客的旅游厕所体系。建设具有宣传、促销、咨询、预订、投诉等功能的综合性旅游门户网站,加强旅游公共信息服务。

依托公共安全体系,建立健全预警和应急机制,完善应急救援、公共医疗、卫生检疫防疫等安全救助体系。建立健全旅游安全保障机制,以旅游交通、旅游设施、旅游餐饮安全为重点,严格安全标准,完善安全设施,加强安全检查,落实安全责任，消除安全隐患。严格执行安全事故报告制度和重大责任追究制度。完善旅游安全提示预警制度，重点旅游地区要建立旅游专业气象、海洋环境、地质灾害、生态环境等监测和预报预警系统。防止重大突发疫情通过旅行途径扩散。健全旅游紧急救援体系，完善应急处置机制，增强应急处置能力。

第八章　文化体育产业

丰富旅游文化内涵，普及休闲体育运动，大力发展康体保健产业，将海南打造成为中外游客向往的文化娱乐、运动健身和休闲疗养胜地。

第一节　文化娱乐业

加快发展文化创意产业。引进创意产业人才，大力发展文化创意、影视制作、出版发行、印刷复制、广告策划、动漫制作等各类文化产业。

培育节庆会展品牌。建立健全会展业协调管理机制，制定会展业行业标准。发挥地方文化资源优势，推出具有地方特色和民族民俗特色的节庆活动，创新办好中国海南岛欢乐节。完善会展服务设施，积极招徕承办各种专题会议展览，培育国际会展品牌。办好博鳌亚洲论坛、博鳌国际旅游论坛和国际旅游商品博览会。优化会展业发展环境，引进境内外知名的专业会展公司等中介服务机构，对入境参展商品依法给予税收优惠和通关便利。

大力发展娱乐演艺业。鼓励举办大型旅游文化演出和节庆活动，丰富演艺文化市场。引进各类演艺企业和专业创作团队，开发形成音乐会、舞台剧、曲艺、戏剧、马戏、演唱会、实景演出等一批演艺品牌。丰富大众化娱乐产品，结合旧城改造和城市建设，鼓励发展不夜城、娱乐城、酒吧街等设施，丰富夜间娱乐产品。

加强国际文化交流。利用资源和区位优势，将海南打造成重要的国际文化交流平台。积极组织举办国际文化活动，精心打造具有海南特色的文化品牌，推动海南文化"走出去"，促进海南文化、娱乐产品进入国际市场，进一步提升海南国际旅游岛的世界知名度。

第二节　体育健身业

积极发展体育健身业，举办有海南特色的体育赛事，培育体育健身市场。大力发展潜水、帆船、帆板、冲浪、垂钓、沙滩排球、沙滩足球等滨海运动项目和自行车、登山、漂流、野外拓展等户外运动项目。通过商业运作机制，建设一批体育训练基地和冬训基地，吸引各类运动队和俱乐部来海南训练和比赛。大力引进国内外大型赛事活动，举办好公路自行车、沙滩排球等赛事，培育一批体育赛事品牌。支持培育若干具有海南特点的体育运动组织。在海南试办一些国际通行的旅游体育娱乐项目，稳步发展竞猜型体育彩票和大型国际赛事即开彩票。支持三亚奥林匹克湾等重大项目建设。加大对体育产业发展的投入，扶持体育产业发展。

在符合土地利用总体规划、林地保护利用规划和城乡规划、不占用耕地特别是基本农田、有效保护森林和生态环境、维护农民合法权益并依法办理用地手续的前提下，科学规划，总量控制，合理布局，规范发展高尔夫旅游。促进高尔夫运动与旅游观光、休闲度假、康体保健、教育培训等产业的融合发展，引进高尔夫装备品牌企业，拉长高尔夫产业链条。积极引进国内外著名的高尔夫职业赛、业余赛、巡回赛，培育本土高尔夫赛事品牌。

第三节 休闲疗养业

在提高全省公共卫生和基本医疗服务水平的基础上，大力发展休闲疗养产业。

完善休闲疗养服务网络，鼓励现有医疗机构扩大疗养服务范围，鼓励引进国内外高水平医疗机构和康复疗养、养老养生服务机构，大力发展中医康复疗养、温泉康体疗养、森林氧吧康复等疗养服务项目。在主要旅游城市和大型旅游度假区，扶持建设若干集休闲度假、医疗服务于一体的休闲疗养项目。积极引进境内外知名医疗和保健机构，争取开办中外合资医院，引入国际医疗卫生机构认证，满足境内外游客的休闲疗养服务需求。引进市场机制，提高养老产业的专业化管理水平和服务质量，做大、做强养老服务产业。

第九章 房地产业

积极引导和发展与国际旅游岛发展目标相适应的房地产业，科学规划、合理引导房地产业发展的类型、规模和速度，保持房地产业平稳健康发展。

第一节 房地产供应体系

发挥生态宜居特色，积极发展房地产业。建立健全多层次的房地产产品供应体系，满足多样化消费需求。优先发展满足常住居民住房需求的房地产，加快保障性住房建设，积极发展酒店、度假村等经营性房地产，适度发展满足避寒、疗养、养老等不同需求的度假旅居型房地产。逐步形成以海口、三亚为两大中心，东部、中部、西部地区均衡发展，区域之间特色各异、互补性强的房地产空间发展格局。

第二节 保障性住房建设

加强保障性住房建设。加大资金投入，有效保障土地供应，加大廉租住房、公共租赁住房、经济适用住房、限价商品住房的供应量，进一步推进垦区、林区、城市和国有工矿棚户区（危旧房）改造，推进农村危房（含库区移民危房和少数民族茅草房）改造步伐。制定保障性住房建设专项规划，落实保障措施，完善保障体系，到2012年，基本解决好中低收入家庭的住房困难问题。

第三节 规范房地产市场

加强对房地产业发展的宏观调控。强化规划引导，适度供应土地，合理调控房地产的规模、结构、开发时序和空间布局。使房地产业发展与人口规模、资源和环境容量、城镇发展、公共服务体系建设相协调。认真贯彻落实土地、信贷、税收等政策，合理引导住房消费，促进房地产市场规范有序发展。严格房地产准入和清出制度，建立房地产业诚信体系，建立健全土地和商品房市场信息披露机制，加强对房地产开发建设、销售环节的严格规范管理。规范发展房地产中介和物业管理服务业，规范二手房交易和房屋租赁市场。严厉打击圈地不建、捂盘惜售等违法违规行为，遏制房地产投机炒作，促进房地产市场规范健康发展。

第十章 金融保险业

健全金融组织体系，加快金融改革创新，优化金融环境，建立完善现代金融体系。到2020年，将金融业发展成为重要的支柱产业。

第一节 金融组织体系

健全金融组织体系，设立独立法人的省级地方银行，健全政策性银行、国有商业银行、股份制商业银行、地方性商业银行、外资银行等银行体系。积极发展保险公司、保险中介机构，构建保险市场体系。引进和组建证券公司、基金管理公司等，发展股票、债券、基金市场等证券市场体系。

鼓励大型企业集团参与海南金融企业改革，支持符合条件的农村信用社改制为农村商业（合作）银行，推动设立小额贷款公司、资金互助社等农村金融服务机构。引进商业银行、保险公司、证券公司等金融机构来海南设立分支机构。鼓励金融机构调整和优化网点布局，完善服务设施。支持省级融资担保平台做大做强，促进融资性担保公司健康发展。

第二节 金融服务创新

通过金融产品创新，提升金融国际化服务水平，全方位促进投资、贸易、货币兑换、刷卡消费等便利化。推进外汇服务便利化，推动开展跨境贸易人民币结算试点，改善结算环境。开展个人本外币兑换特许业务试点，完善外汇支付环境。探索开展离岸金融业务试点。设立旅游产业投资基金，推动开展房地产投资信托基金试点。

鼓励创新保险产品，拓展大众保险市场。加快发展农业保险、旅游保险、责任保险等，扩大保险业保障、资金融通和辅助社会管理的功能。创新旅游保险业务，开发新兴旅游保险、特种旅游保险和综合性旅游保险等适应海南建设国际旅游岛的保险产品。鼓励开发邮轮游艇保险，完善旅行社责任险，推动旅游意外险、景点等旅游各环节责任险，健全旅游保险救援服务体系。完善农业保险体系，扩大覆盖面，发展农村小额保险。

第三节 金融业与旅游业的融合

推进金融业与旅游业的融合发展。支持金融机构开发针对旅游及相关产业的信贷产品和审贷模式。推动金融机构创新信贷担保机制，支持金融机构对商业性开发景区开办依托景区经营权和门票收入等质押贷款业务。拓宽旅游企业融资渠道，鼓励中小旅游企业和乡村旅游经营户以互助联保方式实现小额融资。鼓励开发适合旅游消费需要的金融产品，发行面向中外游客的"海南国际旅游岛"银行卡。推动发展以银行为主体的小额支付"一卡通"业务。鼓励景区景点、酒店等旅游企业重组和股份制改造，扶持优质旅游企业上市。支持符合条件的旅游企业上市融资或发行企业债券。

第十一章 商贸餐饮业和现代物流业

加快基础设施建设，完善服务网络，塑造培育品牌，提升服务水平，逐步将海南打造成为"国际购物中心"、"美食天堂"、区域性航运枢纽和物流中心。

第一节 商业零售业

深化商业零售业改革,着力推进国际化改造,大力改善服务环境,促进旅游购物消费。到2020年,旅游购物消费占旅游消费的比重达到40%,旅游购物消费对零售业的贡献率达到50%。

积极发展与旅游相适应的多层次商业零售业态。加快出台境外旅客购物离境退税管理办法,稳步推进离岛旅客免税购物政策的实施,统筹安排好离岛免税店、离境免税店的建设和经营,积极探索在现行监管模式下引入竞争机制。引进奥特莱斯(Outlets)商业模式,提供土地等优惠政策支持,建设大型品牌直销购物中心。完善大型购物中心、专业商品交易市场、专卖店、折扣店等多种经营业态,推动连锁经营、直销配送和网上购物等经营方式创新。

加快商业零售设施的建设改造,大力改善商业服务环境。在主要旅游城市,结合城市建设和旧城区改造,规划建设特色商业街区、名牌名店商业街、步行商业街,引进国内外名牌商品和连锁企业落户。在旅游小镇、度假区、景区、旅游线路和高速公路服务区逐步建设完善购物场所。加快农贸市场升级改造。推进"万村千乡市场工程",发展"一网多用",提高综合服务功能,促进农村现代商品流通网络发展。

推进海南特色旅游商品开发。加大政策、资金扶持力度,引导旅游商品的研发、生产和销售,培育形成若干旅游商品开发龙头企业。鼓励研究开发旅游服饰、民族手工艺品、纪念品、深加工土特产品、日用消费品等体现海南特色、品种齐全、实用性强、品质较高的旅游商品。策划举办旅游商品创意设计大赛、办好国际旅游商品展销会。

第二节 餐饮业

深度开发、挖掘海南特色饮食文化,推进餐饮业连锁经营,大力培育海南餐饮品牌。保护、弘扬海南传统特色餐饮美食,挖掘、提升一批新的特色餐饮品牌,举办海南菜创新技能大赛,开发畜禽、海鲜、风味小吃、民族食品、特色饮品等系列美食。引进国内外著名餐饮企业和餐饮品牌,满足不同消费者的需求。在旅游城市和大型度假区建设美食街、酒吧茶艺风情街、不夜城等餐饮服务集聚区,鼓励发展特色主题餐厅、主题酒吧、咖啡厅和茶艺馆。结合旅游节庆和会展活动,举办美食文化节。鼓励编印美食指南,制作美食电视节目,宣传海南特色美食。加强饮食卫生安全管理,开展创建"游客放心餐饮店"活动。

第三节 现代物流业

依托洋浦保税港区和海口综合保税区,大力发展航运、中转等业务,建立完善的交通运输体系,加快发展国际物流和保税物流,将海南打造成为面向东南亚、背靠华南腹地的航运枢纽、物流中心和出口加工基地。在完善监管制度和有效防止骗取出口退税措施的前提下,在洋浦保税港区实施启运港退税政策。

优化物流基础设施建设。重点建设洋浦保税港区、海口综合保税区、桂林洋经济开发区等园区,加快琼北大型农产品批发中心、沿海水产品批发市场、农产品贮藏保鲜和冷链物流体系建设。继续完善口岸基础设施,加快电子口岸建设,打造大通关、大物流、大外贸统一信息平台,大力发展电子商务,全面提升物流信息化水平。

培育和引进物流龙头企业。加强与国内外物流企业合作,鼓励生产企业物流外包,推动第三方和第四方物流发展。改进和规范货物通关相关收费,建立动态的、有竞争力的价格机制,鼓励国内外航运公司的船舶挂靠海南港口和有实力的大型船舶管理公司入户海南设立总部或区域中心,开辟国际集装箱班轮航线,鼓励国内航运公司开辟公共内支线,大力支持洋浦经济开发区的航运企业发展壮大。

第十二章 热带特色现代农业

调整优化农业结构,大力发展热带水果、瓜菜、畜产品、水产品、花卉等热带特色农业,加快发展以农产品加工、观光农业和乡村旅游为重点的农村二、三产业,促进农村劳动力转移就业,拓展农民增收空间。

第一节 热带现代农业基地建设

冬季菜篮子基地和热带水果基地。以农产品出岛保障内地冬季市场供应为目标,建设一批重点示范区,优化结构,提高单产和品质,稳妥扩大生产,畅通南菜北运绿色通道,使海南成为全国重要的冬季瓜果蔬菜生产基地。

南繁育制种基地。结合实施《全国新增 1000 亿斤粮食生产能力规划(2009~2020 年)》,建立用地保护区,保障南繁育制种用地,稳定提高南繁基地育制种生产能力。统筹南繁育制种基地建设与管理，把海南南繁育制种基地建设成为集科研、生产、销售、科技交流、成果转化为一体的服务全国的"南繁硅谷"。

天然橡胶基地。稳定橡胶面积，调整橡胶种植布局，逐步在海南岛西部、中部、南部形成天然橡胶优势产业带，建设一批大型、高质量、标准化的橡胶生产基地和种苗基地。创新完善管理体制机制，重点推广一批胶木兼优新品种和定植、割胶等实用技术，提高胶园管理水平和单位面积产量。深化农垦管理体制改革，规范农场与胶农利益分配，增加种胶职工收入。推进橡胶初产品规模加工，逐步淘汰规模小、污染重、产品质量差的小型加工厂，提高加工效益。

无规定动物疫病区。进一步完善基础设施建设，建立健全动物疫病预防控制、动物卫生监督等体系，力争在2020年以前通过世界动物卫生组织（OIE）非免疫无口蹄疫区认证。促进畜牧业向规模化、标准化、现代化饲养方式转变，推广标准化养殖小区模式和"猪—沼—作物"生态种养模式，在保障岛内市场需要的基础上，建成一批畜产品出岛出口基地。

第二节 农业产业化经营

大力推广"企业＋合作组织＋基地＋农户"的农业产业化经营模式。扶持龙头企业做大、做强，培育一批知名品牌和竞争力强的企业。推进农产品加工业发展，延长产业链条，集中力量抓好畜禽和水产品深加工、瓜果菜预冷及储运、热带经济作物产品深加工，加快定安、琼中、昌江、屯昌等农产品加工产业区域建设。

完善农业服务体系。强化流通服务，建成现代化大型农产品综合交易市场。推广农产品注册商标和地理标志保护，培育形成一批海南特色的农产品品牌。实施动植物保护工程，做好基因生物安全和动植物疫病防控工作，建立覆盖全省的农产品质量安全检验检测体系。鼓励发展农民专业合作社以及各种农业专业合作组织，启动合作社联社和农村资金互助社试点工作，培养专业化服务人才，提高农业综合效益。

第三节 乡村旅游和森林旅游

促进热带特色农业与旅游相结合。大力发展现代农业展示、田园观光、农业生产体验、瓜菜采摘、农家旅馆、特色餐饮、垂钓捕捞等休闲农业和乡村旅游产品。结合生态文明村和旅游小镇建设，重点建设一批古村古镇型、民族村寨型、生态观光型等乡村旅游示范项目。依托旅游城市和重点度假区、景区，积极发展乡村旅游休憩带。

充分利用热带雨林资源优势，打造具有核心竞争力的自然景观区，实现自然资源保护与旅游可持续发展的双赢。统一规划、分步实施，通过生态廊道建设和生态型交通网建设，使海南岛中南部热带雨林集聚区的10个自然保护区和11个森林公园贯通连片，形成整体优势。适度开发住宿、餐饮、宿营地、自驾车营地、文化娱乐、休闲运动等旅游服务设施，建设特色旅游小镇、发展民族工艺品、展示民族风情，实施生态移民，实现生态保护和旅游开发、扶贫开发、山区发展的有机结合。

第十三章　新型工业和高新技术产业

坚持在不污染环境、不破坏资源、不搞重复建设的原则下集约发展新型工业，绝不以牺牲生态环境为代价盲目追求工业扩张。充分利用本地优势资源优势，加大项目聚集力度，进一步延伸现有优势产业链条，壮大支柱产业。集约发展新型工业，加快发展高新技术产业，提升综合经济实力。

第一节　新型工业

集约发展新型工业。充分利用现有产业基础、港口条件和重点工业园区以及开发区，大力优化产业布局，支持海南新型工业化产业示范基地建设。高起点、高水平发展临港工业，集约发展油气化工、林纸一体化、汽车制造、农产品加工、制药等产业，重化工业严格限定在洋浦、东方工业区，其他工业项目集中布局在现有工业园区。

按照点状园区化集中布局，优化园区产业定位。洋浦经济开发区要发挥"国家新型工业化产业示范基地"的引领作用，重点发展乙烯、浆纸等产业，进一步延伸上下游产业链条。东方工业区重点发展天然气化工和能源产业，建立临港精细化工基地。海口高新区重点发展汽车、制药产业，形成产业集群，积极发展太阳能光伏应用。老城开发区重点发展先进制造业和信息产业等高新技术产业，打造国家级软件产业基地。加快海口保税区西移，实现老城和海口工业的一体化发展。昌江国家循环经济区发展铁矿资源利用、新型建材、核电等产业，发挥循环经济区的示范作用。临高金牌港经济开发区发展电子、水产品深加工等产业。

第二节　高新技术产业

加快发展信息产业。推进海南生态软件园、三亚创意产业园等园区建设，鼓励和吸引国内外知名信息技术企业向园区集聚。积极发展软件研发、服务外包、动漫游戏、信息技术培训等相关产业，逐步建设国家级的产业基地。鼓励和支持各类机构、大型企业在海南建设数据灾备中心。推进国民经济和社会信息化建设，积极发展互联网产业和信息服务业。

大力发展生物产业。加快海口药谷建设，扶持一批龙头企业，鼓励自主研发能力建设，培育发展民族药、海洋药物等，加快国家中药现代化科技产业（海南）基地建设。加快发展生物育种、生物医药、生物食品、生物农药、生物化肥、生物环保、实验动物等产业，促进产业集聚发展。

积极培育发展新能源、新材料产业。发挥海南丰富的资源优势，发展生物柴油等生物质能源以及新材料产业。围绕文昌航天发射中心和航天主题公园建设，积极推动军转民科技产业及航天配套产业发展，推动文昌航天科技产业园建设。

加强自主创新体系建设。加强产学研结合，建设一批工程研究（技术）中心、实验室和企业技术中心；积极开展国际交流合作，建设具有国际先进水平的种质资源保护及研发、基础动物实验和生物医药等公共技术服务平台；吸引国内外著名机构和企业到海南设立研发基地；加快科技成果转化，努力在优势特色产业领域形成一批具有自主知识产权的核心技术和知名品牌。

第三节　新型工业与旅游业融合发展

加快推进新型工业与旅游业的有机融合。支持现有工业园区、高新园区、特色工矿业企业等进行旅游化改造，增设旅游服务设施，增加供游客观光、体验和参与功能，培育产业特色鲜明、品牌内涵丰富、有竞争力的工业旅游产品，形成一批工业旅游景点。加快发展旅游装备制造和旅游商品加工业，重点发展海上游艇、轻型水上飞机、房车、越野和户外运动装备、潜水设备、高尔夫用具等旅游装备制造业。加强研发设计，发展特色旅游食品、服饰、工艺品加工业。

第十四章　海洋经济

科学规划发展海洋经济，集约高效利用海洋资源。实施海陆联动战略，打造一批特色海洋产业，推进海洋产业结构转型升级，逐步实现由海洋资源大省向海洋经济强省转变。

第一节 现代海洋产业

充分利用海洋资源优势，推进临港工业、海洋能源和海洋新兴产业的发展。支持大型石油公司加大海洋石油资源勘探开发力度，提高海洋油气资源开发利用水平，努力把海南建成南海油气资源勘探开发、加工和服务基地。适时规划建设海南国家石油战略储备基地，鼓励发展商业石油储备和成品油储备。适应南海开发的需要，发展海洋工程装备制造、修理项目。支持国内大型企业在海南建设修造船、海洋工程设备项目。积极引进大型船舶企业到洋浦工业区和金牌港经济开发区发展游艇产业。加强港口基础设施建设，加快发展航运业。推进海洋科技研究开发，大力发展海洋生物制药、海洋能源利用、海水淡化等产业。

第二节 海洋渔业

压缩国内捕捞，积极拓展外海和远洋捕捞，努力推进水产健康养殖，培育发展休闲渔业，增值保护水生生物资源，加快划建海洋水产种质资源保护区，积极转变海洋渔业发展方式。加快中心渔港和国家一级渔港建设，完善渔业生产服务体系，推进西沙渔业补给基地和外海捕捞基地建设。大力发展远洋渔业，推动渔船、渔具升级换代，鼓励有实力的企业建造大型远洋渔船，组建远洋捕捞船队。加快推进养殖池塘标准化改造和示范场建设，全面推进生态健康养殖，把海南建设成为全国最大的暖水性水产养殖苗种产业化生产基地。依托渔港条件发展休闲渔业，拓展垂钓、观光渔业、渔家乐等项目。

第三节 海洋旅游

重点发展滨海度假旅游、海洋观光旅游、海岛旅游、邮轮旅游、游艇旅游、海上运动旅游等。加强旅游基础设施建设，逐步开通空中、海上旅游航线，积极稳妥开放、开发西沙旅游。在特殊海洋生态景观、历史文化遗迹、独特地质地貌景观及其周边海域或海岛建立海洋公园，范围涵盖现有珊瑚礁、海鸟、海洋生物、海洋历史遗迹等海洋自然保护区，统一规划、分区管理，适度开发潜水、垂钓、海底观光、海上休闲运动等旅游产品，打造世界级海洋探奇景观区，实现海洋生态保护和旅游开发的有机结合。

第五篇 保障措施

第十五章 改革开放

立足经济特区优势，积极探索，先行试验，充分发挥市场配置资源的基础性作用，着力破除制约发展的体制机制障碍，在体制机制创新和对外开放方面发挥"试验田"和"排头兵"作用。

第一节 体制机制创新

深化行政管理体制改革，继续完善省直管市县体制，进一步扩大市县政府社会管理权限，激发市县发展经济的活力，积极推进乡镇机构改革。完善行政审批制度改革，推行行政事业性收费改革，实行行政审批管理"零收费"制度。逐步建立专业管理相对集中、综合管理重心下移的城市管理体制，整合行政执法资源，建立完善综合行政执法体系。构建科学有效的社会管理体系，整合社会管理资源，健全基层组织机构，优化公共治理结构，增强基层自治功能，构建社区公共资源共享机制和综合治理机制。

深化经济体制改革。进一步推进农垦改革，加快农垦总公司独立运作和农场公司化改造步伐，完善开割胶园职工家庭长期承包制。继续推进集体林权制度改革，大力培育农民新型合作组织，积极培育农村土地承包经营权流转市场。加快推进旅游资源一体化管理改革，打破现行体制障碍，建立健全综合协调机制，实现对旅游资源开发、建设、管理的统一规划和统筹协调，避免多头管理。继续推进财税制度改革、国有企业改革、教育体制改革、文化体制改革和医疗卫生体制改革。

第二节 旅游管理体制改革

进一步转变政府职能，深化改革，建立健全政府引导、行业自律、企业依法自主经营的旅游管理体制和运行机制。

按照统筹协调、形成合力的要求，创新体制机制，推进旅游管理体制改革。进一步转变政府职能，省级旅游行政管理部门将工作重点转向编制规划、制定标准、市场管理、整体营销和统筹协调。加强旅游综合协调职能，推进旅游综合改革和专项改革。旅游行政管理部门逐步将应当由企业、行业协会和中介组织承担的职能转移出去，两年内实现各级各类旅游行业协会的人员和财务关系与旅游行政管理等部门脱钩。

加快旅游行业协会体制改革。组建"海南省旅游联合会"，负责制定行业约定、制定行业服务标准、维护行业运行秩序，以及负责调查统计、信息发布、宣传促销、人才培训等职能。省旅游联合会下设行业标准委员会、咨询委员会和执行委员会等职能部门。全省各旅游行业协会均为省旅游联合会的会员单位。建立健全海南省旅行社协会、旅游景区协会、旅游饭店协会、旅游车船协会、旅游购物商品协会、温泉康体协会、旅游高尔夫协会、餐饮协会、文化娱乐协会、乡村旅游协会、邮轮游艇协会、潜水协会等旅游行业协会，加强对本行业的自律管理。

第三节　旅游服务质量标准化

以提升服务质量为核心，加快推进旅游服务质量标准化。力争用5年左右的时间，重点在旅游餐饮、住宿、交通、景区、旅游厕所、旅行社、导游、购物、节能减排及应急管理等方面，加快建立与国际通行规则相衔接的旅游服务质量标准体系。全面实施《旅游服务质量提升纲要》，贯彻落实国家和行业标准。突出地方特色，在餐饮、购物、潜水、高尔夫等方面建立健全海南省地方服务质量标准。旅游企业要编制服务质量手册，完善服务流程，提升服务水平。

加强旅游诚信体系建设。开展诚信旅游创建活动，制定旅游从业人员诚信服务准则，建立旅行社、旅游购物店信用等级制度。进一步完善"12301"旅游综合信息服务平台的建设，建立游客、媒体、社会广泛参与的旅游服务质量监督、评价机制，提升游客满意度。

第四节　对外开放

发展开放型经济。积极借鉴国际经验建设海南国际旅游岛，在相关法律法规、运作程序上做好与国际旅游有关条约、标准和通行惯例的衔接和协调，为人员、资金、商品进出创造便利条件。创新利用外资方式，吸引外资投向旅游业、现代服务业、基础设施和高新技术产业。积极创造条件，吸引国内外金融机构和大企业到海南设立区域性培训和研发基地，带动相关产业发展。大力实施科技兴贸战略，优化贸易结构，加快发展保税加工业和保税物流业，扶持科技兴贸创新基地和出口产品基地建设，鼓励发展服务贸易，支持海南特色的高附加值产品和服务贸易出口。

加强对外交流合作。加强海南与国际知名院校、教育培训机构的合作与交流；支持海南与国外知名医疗机构开展医疗合作，形成投资主体多元化、投资方式多样化的办医体制；支持国外有实力的大型旅游企业进入海南，逐步对外商投资旅行社开放经营中国公民出境旅游业务；依托博鳌亚洲论坛、博鳌国际旅游论坛，举办更多的国际性、区域性经贸文化交流活动以及高层次的外交外事活动，使海南成为我国立足亚洲、面向世界的重要国际交往平台。充分利用中国—东盟"10＋1"自由贸易区平台和中越"两廊一圈"经济合作机制，提升海南与东盟、南亚等国家的国际合作水平。

创建更加便利的出入境环境。加强口岸边检等基础设施建设，提升出入境管理水平，创造便捷、高效的口岸通关环境，落实好国务院出台的方便境外游客赴海南旅游的入境政策。在综合评估执行效果并建立健全外国人在海南入境、居留、出境全过程动态综合管控体系的前提下，兼顾国内国际两个大局，视情况争取增加入境免签证国家。适当扩大国务院已经批准的五个海港口岸水域开放范围，设立游艇停泊点和游艇活动区域。

第十六章　政策措施

第一节　投融资政策

资金投入是海南国际旅游岛建设发展的重要保障。为了支撑海南国际旅游岛建设发展目标的实现，全省全社会固定资产投资需要保持年均15%以上的增长速度。要充分利用现有资金渠道，大力创新投融资方式，建立完善海南旅游投融资平台，为各类资金参与海南国际旅游岛开发建设创造条件。

在基础设施、生态建设、环境保护、扶贫开发和社会事业等方面安排中央预算内投资和其他有关中央专项投资时，实行西部大开发政策。省和市县两级财政要加大对旅游产业的投入。创新投融资机制，通过财政扶持、资金整合、社会投入，按资金来源和用途分工，分别设立海南国际旅游岛开发基金、海南旅游发展专项资金、海南文化产业发展专项资金、海南生态旅游建设专项资金、海南旅游产业投资基金、海南房地产投资信托基金。加强与商业银行和政策性银行的合作，建立完善信用担保体系，扩大银行信贷投入。推进企业股份制改革，积极培育上市企业资源，推进一批有竞争力的企业在境内外上市，鼓励符合条件的企业在中小企业板和创业板上市融资。支持符合条件的企业发行企业债券。研究将海南优势产业增列入《中西部地区外商投资优势产业目录》，吸引外商直接投资，提高利用外资质量。

第二节 财税政策

针对海南特殊情况，积极争取中央财政加大对海南的均衡性转移支付力度，并在其他一般性转移支付和专项转移支付，特别是革命老区转移支付、边境地区转移支付等方面，加大对海南的支持。加强与国家有关部委对接协调，落实将海南9个山区市县列入国家生态功能区转移支付范围政策和将尖峰岭等7处国家级自然保护区列入国家生态补偿试点政策。

省级财政继续加大对市县的转移支付力度，将每年中央均衡性转移支付资金增量部分主要用于补助市县，支持市县改善财力状况，推进基本公共服务均等化。省级财政每年新增财力55%以上用于民生项目支出，不断提高居民生活水平，支持强岛富民。加大对旅游基础设施、宣传促销和旅游公共服务体系的投入，省级财政设立海南省金融发展专项资金、服务业发展专项资金、农业保险发展资金、农民小额贷款贴息资金、中小企业成长性奖励资金、中小企业发展专项资金和可再生能源建筑应用引导专项资金。对于省委、省政府确定的重点旅游类项目，省级财政可给予财政税收优惠政策支持。

第三节 土地政策

科学修编土地利用总体规划，在不突破国家下达的耕地保有量、基本农田保护面积和建设用地总规模的前提下，试行对土地利用总体规划实施定期评估和调整机制。加强土地利用总体规划对各业各类用地布局、规模、时序的调控，统筹安排建设国际旅游岛的各类用地。

落实最严格的耕地保护制度和节约用地制度，严格实行土地用途管制制度，在保护基本农田的基础上，加强对土地利用的引导和管控。实施土地利用计划差别化管理，分类安排土地利用计划，优先保障国际旅游岛建设鼓励扶持类建设项目用地。实行建设用地指标分类管理，保障旅游、保障性住房、高科技、新型工业、社会事业、基础设施等甲类指标用地，适度安排乙类指标用地，禁止供应别墅类用地。按照建设国际旅游岛的要求，完善土地使用标准，促进各项建设节约集约利用土地。

稳步开展城乡建设用地增减挂钩试点。根据土地利用总体规划和专项调查，编制城乡建设用地增减挂钩试点专项规划和项目区实施规划，建立项目区备选库，在国家批准下达的挂钩周转指标规模内择优确定试点项目区。在保证项目区村庄宅基地等建设用地需要的前提下，调出结余建设用地优先用于国际旅游岛项目建设，由省政府对项目区实施规划和新建拆旧进行整体审批，并依法办理农用地转用审批手续。编制乡村旅游项目规划，稳步开展农村集体经济组织和村民利用集体建设用地自主开发旅游项目试点。充分发挥农村生态环境与资源优势，发展观光休闲农业、民俗体验、生物多样性展示等特色旅游项目，有效促进集体建设用地的集约开发利用。探索完善以原生态为主题的旅游景区和高尔夫旅游等生态旅游项目的用地政策。逐步建立城乡建设用地统一交易市场，推进城乡土地一体化管理，原则上土地一级开发由政府主导。

改革征地制度，完善征地补偿机制。依法征收农村集体土地，按照同地同价原则及时足额给农村集体经济组织和农民合理补偿，妥善安置被征地农民，探索在征地补偿时，用地单位单独列支社保资金。同时，加大土地出让收益中用于被征地农民社会保障资金的比例，切实落实被征地农民社保资金，提高保障水平。加强就业培训，拓宽就业途径，稳妥实行留用地安置，解决好被征地农民就业、住房、社会保障。

科学论证、统筹规划岛屿开发利用，依法加强西沙和无居民岛屿管理，按照属地管理原则依法进行土地确权登记。

第四节 海域和海岛管理政策

科学规划发展海洋经济，集约高效利用海洋资源。坚持在保护中开发、在开发中保护的基本原则，加快修编海南省海洋功能区划，科学划分海岸和近海基本功能区。认真落实围填海年度计划管理制度，建设用围填海计划指标主要用于国家和地方重点建设项目及国家产业政策鼓励类项目。编制海岛保护规划，对可利用无居民海岛制定保护与利用规划，严格按照规划开展海岛保护与利用。按照《海岛保护法》及有关法律法规和规定，对无居民海岛进行使用确权登记。依法加强无居民海岛使用金征收使用管理，对国防、公务、非经营性公用基础设施建设用岛等免缴使用金。加强对海岛及其周边海域保护与利用情况的监督检查，积极开展海岛巡航执法检查工作。建立海岛保护和生态修复制度，加强对领海基点海岛、有典型生态系的海岛等特殊用途海岛的保护与管理，对已遭受破坏的海岛开展生态修复。

第五节 其他政策

积极协调落实宾馆饭店与一般工业企业同等的用水、用电、用气价格政策。允许旅行社参与政府采购和服务外包。对旅行社按营业收入缴纳的各种收费，落实计征基数扣除各类代收服务费的政策。排放污染物达到国家标准或地方标准并已进入城市污水处理管网的旅游企业，缴纳污水处理费后，免征排污费。旅游企业用于宣传促销的费用依法纳入企业经营成本。鼓励银行卡收费对旅行社、景区景点参照超市和加油站档次进行计费，进一步研究适当降低对宾馆饭店的收费标准。积极支持利用荒地、荒坡、荒滩、垃圾场、废弃矿山、边远海岛和可以开发利用的石漠化土地等开发旅游项目。支持企事业单位利用存量房产、土地资源兴办旅游业。

第六节 组织协调机制

本规划纲要经国家发展和改革委员会审核批准后，由海南省人民政府组织实施。规划期限为2010～2020年，每5年修订一次。依据本规划纲要，要编制相关专项规划和旅游区建设规划，制定细化方案和具体措施。

成立海南省国际旅游岛建设领导小组，省委、省政府主要领导担任领导小组组长、副组长，强力推进《国务院关于推进海南国际旅游岛建设发展的若干意见》和《海南国际旅游岛建设发展规划纲要》的贯彻落实。成立海南省旅游规划委员会，负责全省重要旅游资源开发和重大旅游建设项目的规划审核。海南省旅游发展委员会作为省国际旅游岛建设领导小组的工作机构，牵头负责国际旅游岛建设规划编制、旅游资源管理和旅游项目审核的统筹协调工作。各市县党委、政府要把国际旅游岛建设列入重要工作日程。

明确责任分工，加强监督检查。制定国际旅游岛建设工作考核评估实施办法，对各市县、各部门、各单位贯彻实施《国务院关于推进海南国际旅游岛建设发展的若干意见》和《海南国际旅游岛建设发展规划纲要》落实情况进行定期检查和专项督察。进一步完善工作激励机制，切实把考核情况作为干部考核评价的重要依据。加大问责力度，对工作不负责、不落实的，严格按照《关于实行党政领导干部问责的暂行规定》进行问责。

第六篇　近期行动计划

第十七章　近期行动计划

一、塑造整体形象

1. 公开征集海南国际旅游岛徽标、吉祥物，评选或聘任海南国际旅游岛形象大使。

2. 拍摄海南国际旅游岛整体形象广告、系列公益广告，制作海南国际旅游岛宣传画册、宣传资料。

3. 举办好中国海南岛欢乐节、黎族、苗族"三月三"等一批文化节庆活动。

4. 举办好博鳌亚洲论坛、博鳌国际旅游论坛等一批高规格会展活动，引进和培育一批会议展览品牌。

5. 举办好环海南岛公路自行车赛、高尔夫赛、帆船赛、沙滩排球赛等体育赛事，引进和培育一批体育赛事品牌。

二、优化旅游环境

6. 实施城乡环境卫生综合整治工程，继续解决脏、乱、差等问题，进一步改善城乡面貌。

7. 实施社会治安环境综合治理工程，重点解决"两抢一盗"等社会治安环境问题，进一步改善社会治安环境。

8. 实施旅游市场环境综合整治工程，重点解决旅游企业诚信度低、降低服务质量、欺客宰客等突出问题，建立完善规范旅游市场秩序的长效机制。

9. 开展公民旅游意识宣传教育活动，树立"人人爱护阳光海岛，全民共建度假天堂"的旅游意识，营造亲近旅游、支持旅游、保护生态、热情好客的良好社会氛围。

三、提升服务质量

10. 开展文明景区景点、游客放心购物店、游客放心餐饮店评选活动，打造一批优质服务企业品牌。

11. 开展文明导游员、旅游车驾驶员和出租车驾驶员评选活动，发挥先进模范带动作用，提升旅游从业人员的整体素质。

12. 建设旅游行业标准体系，积极推进旅游标准化示范点、示范企业建设工作，制定出台、推行旅游行业地方标准和服务质量管理标准。

四、完善规划法规

13. 编制海南专项旅游发展规划。包括旅游基础设施和旅游公共服务体系建设规划、旅游产品建设规划、旅游市场营销规划、国际购物中心建设发展规划等。

14. 出台《海南国际旅游岛建设发展条例》，修编《海南省旅游条例》，制定一批配套法规和规章，初步建立海南旅游法规体系。

五、推进项目建设

15. 规划一批游乐园等特色旅游项目，吸引专业性大公司落户，启动3~5个项目建设。

16. 启动建设一批特色旅游小镇。

17. 新建一批旅游度假区和度假酒店。

18. 规划建设特色商业街、美食街、酒吧街等配套服务设施。

六、建设基础设施

19. 建设博鳌机场，启动西部机场前期工作。

20. 建成运营东环铁路，动工建设西环铁路。

21. 推进琼州海峡跨海通道工程前期工作。

22. 做好旅游公路规划，分段推进海南岛沿海观光公路建设，建成一批房车、自驾车宿营地示范点。

23. 加快重点港口基础设施建设，加快推进邮轮母港基础设施和游艇码头建设。

七、加强公共服务

24. 引进国际知名旅游院校。创建海南国际旅游职业学院。

25. 开展国家南海博物馆、南海水下考古中心、五指山黎峒大观园等项目前期论证工作。

26. 推进解放军 301 医院海南分院建设，加快区域医疗中心建设和县医院标准化建设。

八、完善旅游公共服务

27. 建设海南旅游门户网站。
28. 建设一批旅游咨询服务中心。
29. 完善旅游标识标牌的建设和改造。
30. 完成旅游厕所建设和改造。

九、创新体制机制

31. 推进旅游行政体制改革。
32. 组建海南省旅游联合会。
33. 启动建立海南与周边主要客源地之间的"空中快线"。
34. 落实好免签证政策。
35. 建设离岛免税店和离境免税店。
36. 培育 2~3 家具有竞争力的大型旅游企业集团。
37. 引进 5 家以上国内外有实力的大型旅游企业，引进 1~2 家外商投资旅行社，争取至少 1 家外商投资旅行社试点经营中国公民出境旅游业务。

十、加快人才建设

38. 开展旅游在岗人员培训，举办旅游从业人员服务技能大赛。
39. 引进一批旅游经营管理专业人才。
40. 设立海南省旅游研究院。

海南省旅游业发展"十二五"规划

2012 年 4 月

前　言

"十二五"时期是海南加快发展的黄金机遇期，是实现国际旅游岛建设中期目标、为全面建设小康社会打下坚实基础的关键五年，也是海南旅游业高举科学发展旗帜，围绕打造"我国旅游业改革创新的试验区"和"世界一流的海岛休闲度假旅游目的地"战略定位，结合把旅游业"培育成为国民经济重要战略性支柱产业和人民群众更加满意的现代服务业"目标要求，进一步转变发展方式、调整产业结构、提升发展质量，促进旅游产业全面转型升级的关键五年。

《海南省旅游业发展"十二五"规划》（以下简称《规划》）是海南国际旅游岛建设上升为国家战略后的第一个旅游业专项规划，是贯彻落实《国务院关于推进海南国际旅游岛建设发展的若干意见》（国发〔2009〕44 号，以下简称《若干意见》）、《海南国际旅游岛建设发展规划纲要（2010～2020）》（以下简称《规划纲要》）的重要工作安排。《规划》依据《若干意见》、《规划纲要》、《海南省"十二五"国民经济社会发展规划》、《海南省城乡经济社会发展一体化总体规划（2010～2030 年）》、《海南省城乡总体规划（2005～2020 年）》、《海南省土地利用总体规划（2006～2020 年）》、《海南生态省建设规划纲要（2005 年修编）》、《海南省"十二五"时期文化改革发展规划》和《海南省海洋功能区划》等规划文件，围绕落实海南国际旅游岛建设的阶段性发展目标和各项指标进行编制，重点对"十二五"（2011～2015 年）旅游业发展做出相关计划安排，在旅游规划体系建设、旅游资源与产品开发、市场宣传推广、旅游管理体制机制创新等方面提出了分阶段的目标与任务。《规划》尤其突出了"十二五"期间我省六大旅游工程的打造与重点项目的规划建设等两方面的规划内容。力图通过五年的发展，努力形成旅游产业"存量品质有提升，增量功能有创新，产业融合有突破，文化科技齐支撑"的发展格局，为中国旅游业走内涵式发展道路提供有益探索。

《规划》共分为三大部分，十三章节。第一章为"十一五"主要成绩与"十二五"发展机遇；第二章为存在问题与发展对策；第三章为规划思路；第四章为规划目标与任务；第五章为重点旅游产品打造；第六章为市场营销规划；第七章为行业监督管理；第八章为政策和法制保障；第九章为资金保障；第十章为旅游基础设施保障；第十一章为信息化保障；第十二章为人才保障；第十三章为生态环境保障。

第一部分 发展回顾与问题分析

"十一五"是海南落实科学发展观、实现科学发展、各项事业取得全面发展的时期，社会经济的全面进步为我省旅游业发展提供了很好的发展环境。"十二五"是海南国际旅游岛建设上升为国家战略后的第一个五年，"总结成绩、分析不足、把握机遇、寻求突破"，是编制"十二五"旅游业发展规划的基本方法。

第一章 "十一五"主要成绩与"十二五"发展机遇

一、"十一五"旅游业取得的主要成绩

"十一五"时期，海南省社会经济取得全面发展，为旅游业的发展与壮大提供了发展环境与物质条件，到2010年，全省旅游业完成了"十一五"规划确定的主要目标和任务，取得了一系列的成绩，为国际旅游岛建设打下了坚实基础。主要成绩突出表现为两方面：一方面是"突破"，表现为海南国际旅游岛建设获得国家批准，并上升为国家战略。另一方面是"圆满"，表现为圆满完成各项旅游发展指标。

（一）海南国际旅游岛建设获得国家批准，上升为国家战略

2009年底《国务院关于推进海南国际旅游岛建设发展的若干意见》正式出台，2010年《海南国际旅游岛建设发展规划纲要》获得国家发展改革委员会正式批复，由此，海南国际旅游岛建设上升为国家战略。

(二) 全面完成了"十一五"旅游业发展规划的主要指标

2010年,海南旅游接待游客量2587.34万人次,超额完成"十一五"末旅游规划确定的目标;旅游总收入257.6亿元,实现了"十一五"末旅游规划确定的旅游收入目标。

(三) 海南国际旅游岛建设管理体制与机制初步搭建

"十一五"期间,以建设国际旅游岛为契机,通过组建海南省旅游发展委员会,成立海南国际旅游岛建设领导小组和海南省旅游规划委员会,初步建立起了"政府主导、部门分工负责、属地管理、行业自律"的符合国际惯例和通行规则的旅游管理体制和运行机制。

(四) 旅游产业体系得到进一步完善

通过"十一五"的发展,旅游要素逐步完整、旅游市场逐步拓展、旅游环境逐步改善、旅游服务质量逐步提升,旅游产业体系建设得到进一步完善。具体体现在以下几方面:

一是初步形成了要素相对完整、结构相对合理、特色比较明显的旅游产业体系;二是规划并启动了一批旅游新项目,这些项目成为国际旅游岛建设的亮点;三是加快了旅游公共服务体系建设速度;四是旅游宣传促销及市场开拓取得了重大突破;五是旅游市场秩序得到了有效治理,旅游服务质量得到进一步提升;六是旅游信息化建设取得明显进展;七是旅游业法制建设进程加快;八是人才队伍建设得到进一步增强。

(五) 旅游发展的外部环境进一步优化

一是改革和创新旅游规划与管理体制。全省绝大部分各市县先后建立了旅游发展委员会或者旅游局,并纳入政府组成部门,在人员和经费方面给予支持。二是加大区域旅游合作力度。以"9+2"泛珠区域合作和环渤海区域合作为平台,建立省市区旅游合作。三是形成全社会推动旅游大发展的合力。旅游与地产、文化、体育、农业等部门进行横向合作,大力发展旅游新业态产品。四是国民旅游意识不断增强。

二、"十二五"旅游业发展机遇

海南"十二五"旅游业面临的发展机遇为:

(一) 海南国际旅游岛建设相关政策的支撑作用进一步扩大

"十二五"期间,《若干意见》和《规划纲要》围绕国际旅游岛建设目标,对海南产业发展、生态环境建设、社会事业建设、基础设施建设等各个领域提出了一系列具体措施，确定了一批重大项目，并从投融资、财税、对外开放、土地等方面给予了海南许多特殊政策倾斜。

（二）旅游需求的扩大为海南国际旅游岛提供良好的市场基础

大众化的国民旅游时代已经来临，旅游需求的爆发性增长给海南旅游跨越式发展带来机遇；多层次、多样化的业态和市场需求将不断涌现，海南将在我国休闲度假市场中起引领作用，旅游资源优势将更加突出；区域性市场联动加强，海南可以更好地分享两广、泛珠三角、泛北部湾、东南亚等周边不断壮大的客源市场。

（三）交通条件的改善为全岛旅游一体化提供了发展条件

"十一五"的发展，初步实行了岛内外有机连接，区域有机对接，各类交通工具零距离换乘无缝对接，即将打造海口、三亚城乡"一小时生活圈"和全岛"两小时交通圈"，形成公路、铁路、港口、航空衔接快捷、分工合理的综合交通体系，为全岛旅游一体化发展创造良好条件。

（四）城乡一体化发展为旅游业发展提供良好的配套支撑

根据《海南省国民经济和社会发展"十二五"规划纲要》，海南将加快城乡融合发展，形成省域中心城市—区域中心城市—县城镇—中心镇四级城镇化空间体系，这将为旅游业的发展拓展空间，为旅游要素的配套和产业链的延伸提供条件。

（五）国际旅游岛旅游产业新功能的进一步扩展

海南拥有我国最大的蓝色国土，通过拓展旅游新功能，带动海洋开发与绿色外交，海南将成为我国的绿色出口、南海战略的基点和国际化窗口。国务院提出的发展"海洋经济"，海南作为我国最大的海洋省份，将围绕建设南海资源开发和服务基地，制定和实施海洋强省战略，科学规划发展海洋经济。

第二章　存在问题与发展对策

一、存在的主要问题

（一）旅游业国际化程度不高，与国际旅游岛的要求差距较大

海南旅游国际化程度不高，主要体现在：一是旅游文化挖掘不够深入，没有把海南独特的、具有地方特色的文化元素融入到旅游产品开发过程中，导致低端

化、同质化；二是旅游产品体系不健全，优质旅游产品不足，结构不合理，海南的环岛观光游特色不鲜明，休闲度假游近年来所占比重虽然逐年上升，但由于深度开发不够，软硬件设施不够健全，发展空间受到很大的限制；三是旅游管理尚未建立国际化标准，旅游行业的专业人才缺乏，从业人员整体素质偏低，服务水平不高；四是相当比例的旅游企业没有建立现代化、国际化的管理体系。

（二）旅游业发展模式同质化，产业链条短

长期以来，海南旅游业的发展模式主要表现为：一是旅游客源结构以团队旅游观光为主，旅游接待主要依赖东线旅游城市等局部地区；二是旅游收入主要来自于门票和旅游住宿，产业链条短，旅游收入结构单一；三是旅游产品开发同质，附加值低，旅游消费处于中低层次；四是景区景点建设标准、管理效率及服务水平不高。

（三）旅游产品过度集中，东中西旅游业发展不平衡

海南旅游产品主要集中在以海口和三亚为极核的东线沿海城市，中西部旅游交通等基础条件较差，旅游资源和产品开发力度不大，缺少吸引力强的旅游景区与度假区，旅游接待配套差，造成旅行社不愿意安排团队前往游览。

（四）旅游项目特色不突出，具有世界影响力的项目较少

目前海南旅游资源和产品存在低水平、同质化开发现象。旅游项目的功能和市场定位分工不明确，项目存在重复建设，"跟风"现象比较突出，创新意识不够，科技支撑不强，项目策划与前期规划投入较少，造成一些旅游项目在开工建设时已存在"先天不足"。

（五）旅游开发与强岛富民政策结合不够紧密

由于历史原因，海南旅游业一直存在着二元结构矛盾。主要表现为：

一是旅游高端休闲旅游产品与所在地区经济基础薄弱的矛盾；

二是旅游资源开发公益性弱化，有些公共旅游资源被个别企业独占而造成岛内居民较难享用；

三是旅游开发以酒店加景区为主，封闭性强，社会参与程度不高、旅游经济外溢性不够；

四是旅游发展的支撑条件虽有改善，但广大农村的基础设施还很滞后，惠及民生的效果不够明显；

五是旅游产品的开发和旅游线路的设计没有统筹考虑农民的利益，乡村旅游的规划和开发滞后，农民利用自身条件参与旅游产品开发和服务的门槛较高。

二、"十二五"旅游业发展对策

（一）加快实施旅游业的"转型升级"与"提质扩容"进程

"十二五"期间，海南国际旅游岛的旅游产业发展坚持"存量保规模、增量调结构"原则，加快实施"转型升级"与"提质扩容"进程。

"转型升级"——就是对海南旅游产业实行结构化改造。"转型"要求将原来主要依托近海资源，进行海滨观光旅游为主的旅游产品，转型为综合开发海洋旅游、森林旅游、文化休闲旅游、康体养生旅游等综合性的旅游体系。"升级"要求在分析市场变化趋势的基础上，科学定位海南的旅游业发展目标与方向，对原来旅游消费形式单一、消费水平不高、旅游资源消耗大的旅游活动向综合、高端的"观光度假"式的会议、休闲、体验、养生等复合性转变。

"提质扩容"——就是对海南旅游产品进行质的提升与量的扩大，以满足"游客与效益双倍增"计划。"提质"是对现有旅游产品进行升级改造，提高品质，以满足市场对旅游产品的更高要求。"扩容"是新建一系列的旅游项目，大力开发海洋旅游、森林旅游、乡村旅游、文化体育旅游、温泉度假旅游等旅游新业态，以满足旅游人数的增加对旅游产品接纳能力的数量需求。

（二）加快旅游先行实验区的规划建设

"十二五"时期，海南要进一步解放思想，大胆创新，打破体制障碍，破解发展难题，充分发挥政策优势与区位优势，加大力度推进海南国际旅游岛先行试验区建设，并及时总结经验，在管理体制、运行机制和建设开发模式等方面积极探索，先行试验，形成体制机制新优势，推动海南旅游业及相关现代服务业在改革开放和科学发展方面走在全国前列。

（三）逐步缩小地区差异，实施"强旅富民"工程

要把提高海南人民的生活水平和生活质量作为国际旅游岛建设的出发点和落脚点，旅游开发和建设要带动就业增长和海南经济社会的全面发展，让全体居民都充分享受到旅游业发展带来的成果。因此，在"十二五"期间，实施"强旅富民"工程，既要把海南建设成为中外游客的度假天堂，更要把海南岛建设成为老百姓的幸福家园。海南旅游业在做大做强的同时，对于中西部地区，应该做到旅游产业与其他产业融合发展，实行政策上优先倾斜，项目上优先考虑，旅游产业上优先发展，基础设施建设相对均等。

（四）加快旅游资源规划、建设与管理的一体化进程

针对"十一五"期间我省旅游规划管理与审批体制不顺、横向不协调、纵向不对应等问题。"十二五"期间，要进一步创新旅游管理的体制机制，整合旅游资源，科学合理确定各个旅游景区的定位，减少资源浪费与重复建设。建立全省旅游项目管理库，对于那些投资规模大、优质资源占用多、市场排斥性强的旅游项目实行整体控制，争取做到全省旅游一盘棋，实行"规划统一编制、景区统一标准、建设统一监督、市场统一开拓、环境统一保护"。

（五）进一步创新市场开发模式，实施"游客和效益双倍增计划"工程

"十二五"期间，要在"十一五"创新"一程多站"市场开发和合作模式基础上，进一步创新市场开发模式，积极打造旅游"大营销"格局，整合各方面资源，推进旅游与航空、宣传、文化、外事、台务工作的结合，在创新打造旅游宣传促销平台的同时，借助其他部门的力量开展促销，同时做好"请进来"和"走出去"的促销文章。通过国际市场的开拓引领国内市场的发展；通过国际化标准的改造提升国际岛的发展水平；通过国际一流的景区与度假区的建设，保障"游客和效益双倍增计划"的实施。

第二部分 "十二五"规划的主要内容

"十二五"期间，要抓住建设国际旅游岛的历史机遇，适应建设海南国际旅游岛的新形势，把科学发展的主题和转变经济发展方式的主线贯穿于旅游业发展的全过程。

第三章 规划思路

一、指导思想

坚持以邓小平理论和"三个代表"重要思想为指导，深入贯彻落实科学发展观，按照《若干意见》和《规划纲要》的总体要求，进一步解放思想，深化改革开放，加强统筹协调，转变发展方式，提升发展质量，以建设我国旅游业改革创新的试验区和世界一流的海岛休闲度假旅游目的地为目标，以推进旅游业转型升级和提高竞争力为重点，以国际化引领、产业化推进、生态化保障、现代化改造、和谐化发展为方向，抢抓机遇，乘势而上，完成国际旅游岛建设中期目标，实现强旅富民，努力把旅游业培育成国民经济的战略性支柱产业和人民群众

更加满意的现代服务业。

二、基本原则

"十二五"期间旅游业发展要遵循以下六大原则：

一是坚持"项目带动、提质扩容"的原则。坚持以项目建设为抓手，一方面对现有旅游项目进行改造升级，促成质量提升；另一方面要大力开发新的旅游项目，扩大全省旅游容量。

二是坚持"突出重点、兼顾平衡"的原则。充分发挥旅游资源优势与区位优势，综合考虑地区平衡与发展潜力，通过科学规划，规划一批旅游新建项目，策划一批旅游储备项目，选择重点区域、引进重点企业、策划重点项目、发展新型业态，逐步实现地区发展平衡。

三是坚持"生态优先、包容开发"的原则。海南的优势在生态，旅游发展的载体是生态，保护生态就是发展旅游。基于海南生态的脆弱性与特殊性，旅游项目的建设应该坚持与环境共生共荣，走包容性发展的科学之路。

四是坚持"先行先试、示范带动"的原则。《若干意见》已经赋予我省先行先试的政策优势，"十二五"期间，旅游业发展应该以先行试验区建设为示范，带动整个旅游产业的创新发展。

五是坚持"体制创新、全域统筹"的原则。海南旅游业的全面发展，必须以项目为抓手，文化为灵魂，体制创新为动力，通过体制创新与项目规划布局，实行全域统筹，共同进步。

六是坚持"科学发展、兴旅富民"的原则。海南旅游业发展坚持以科学发展为主题，以转变发展方式为主线，实行"转型升级、提质扩容"，通过旅游景区景点与配套设施的建设，带动当地环境改善、就业增加、设施完备、观念更新，从而推动地区经济社会的全面发展。

三、发展定位

海南是我国唯一以旅游业为主导产业的热带岛屿省份，要充分利用经济特区和国际旅游岛的综合优势，坚持走旅游业科学发展之路，在保护生态环境的前提下，开发旅游资源，完善旅游基础设施，规范旅游市场秩序，提升旅游服务质量，将海南打造成为我国旅游业改革创新的试验区和世界一流的海岛休闲旅游目的地，努力实现海南经济繁荣、社会和谐、环境优美。

我国旅游业改革创新的试验区。充分发挥海南的经济特区优势,积极探索,先行先试,发挥市场配置资源的基础性作用,加快体制机制创新,推动海南旅游业及相关现代服务业在改革开放和科学发展方面走在全国前列。

世界一流的海岛休闲度假旅游目的地。充分发挥海南的区位和资源优势,按照国际通行的旅游服务标准,推进旅游要素转型升级,进一步完善旅游基础设施和服务设施,开发特色旅游产品,规范旅游市场秩序,全面提升海南旅游管理和服务水平。

四、总体思路

海南省"十二五"旅游业规划的总体思路为:"坚持一个中心、开拓两个市场、围绕三大核心、实施四大战略、统筹六大组团、打造六大工程"。

"一个中心":坚持以海南国际旅游岛建设为中心,全面落实《规划纲要》中的各项建设任务与目标。

"两个市场":创新市场开发模式,拓展境外市场、引领国内市场,"十二五"期间实现"游客和效益双倍增计划"目标。

"三大核心":以体制机制创新寻求新动力为核心;以大项目带动与示范园区建设为核心;以产业融合与强旅富民为核心。

"四大战略":即项目带动、产业融合战略;精品兴旅、强旅富民战略;梯度开发、东优中特西强战略;创新体制、园区示范战略。

"六大组团":按照《规划纲要》的要求,在"十二五"期间,统筹好北部组团、南部组团、东部组团、西部组团、中部组团与南海海洋组团的规划建设,实行重点突破、优势互补、错位发展。

"六大工程":集中力量,开发优势资源,着力打造海洋旅游、森林旅游、康体养生旅游、乡村旅游、文化体育旅游、特色旅游六大旅游产品建设工程。

第四章 规划目标与任务

一、规划目标

到2015年,接待国内外游客达到4760万人天次,年均增长13%;旅游收入达到540亿元,年均增长16%;旅游产业对经济增长和社会发展的拉动作用进一步增强,旅游业增加值占地区生产总值比重达到9%以上;充分发挥旅游业在第三产业中的龙头带动作用,第三产业增加值占地区生产总值比重达到50%,第三产业从业人数比重达到45%以上(见表1)。国家5A级旅游景区(点)力争达到4~5家。

表1 海南旅游业"十二五"发展目标

指标名称	2010年	2015年	
		绝对值	年均增长
旅游人数(万人天次)	2587	4760	13%
旅游收入(亿元)	258	540	16%
旅游业增加值比重	6.7%	9%	
第三产业增加值比重	46.1%	50%	
第三产业从业人数比重	37.7%	45%	

二、规划任务

(一)构建海南特色的旅游规划体系

1. 创建海南旅游研究机构

建立海南省旅游研究院,吸纳各类旅游研究人才,为旅游发展专项研究提供理论支撑,为旅游规划体系建设提供智力支持,为旅游政策法规制定提供人才保障,不断推动海南旅游发展的基础理论、政策法规和规划体系的研究。

2. 形成旅游规划体系

加大财政资金投入,发挥规划先行作用,做好旅游规划体系与城乡规划、海南省土地利用规划、海南省"十二五"社会经济发展规划、海洋功能区划等的相互衔接。构建起符合海南实际的旅游规划体系,实施三层次旅游规划编制办法。一是宏观层次的旅游规划,包括全省旅游发展总体规划、各市县旅游发展总体规划;二是中观层次的旅游规划,包括各种海洋旅游、森林旅游、乡村旅游、温泉旅游、西线旅游、中线旅游、房车露营、邮轮游艇等专项规划;三是微观层次的旅游规划,包括重点旅游景区、度假区、文化主题公园、海岸带旅游资源、主要河流岸线、大中型水库周边、高速公路沿线、高铁沿线、绿色森林沿线等景观旅游资源、旅游风情小镇等控制性规划,以及省级立项的旅游开发项目的控制规划等。海南旅游规划体系要做到"横向到边,纵向到底",指导旅游项目的健康发展。

3. 实行旅游规划、建设与管理一体化体制

加大旅游规划研究与编制，构建旅游规划数据库、专家库、旅游项目库；制定旅游规划资质、专家评审、规划审批、建设督察、项目验收等地方性管理法规；实行旅游项目规划、建设与管理一体化体制。

（二）建设一批世界级旅游景区和度假区

1. 打造国家级滨海休闲度假海岸

充分利用海南稀缺的热带海湾海岸资源，引进一批有实力有经验的大型企业，规划开发一批重点项目，打造国家级滨海休闲度假海岸。

亚龙湾国家旅游度假区、海棠湾国家海岸旅游度假区、天涯海角旅游度假区、黎安港旅游度假区、清水湾旅游度假区、香水湾旅游度假区、神州半岛旅游度假区、石梅湾旅游度假区、博鳌亚洲论坛永久会址核心区、铜鼓岭生态旅游区、海口美丽沙旅游度假区、棋子湾旅游度假区、龙沐湾旅游度假区、莺歌海度假旅游区、儋州白马湾旅游综合开发区、盈滨半岛旅游综合开发区。

2. 打造具有南海特色的国家海洋旅游基地

充分利用南海旅游资源优势，编制完成海洋旅游总体规划、西沙群岛旅游发展总体规划以及滨海环岛旅游区控制性详细规划，形成海洋旅游的规划体系。加快近海无居民海岛的开发，加快邮轮游艇码头、海洋主题文化园建设，着重发展环海南岛游、海岛探奇、海上运动、海底观光、远海旅游等旅游产品。利用西沙的开发开放政策优势，加快启动西沙邮轮特色高端旅游，打造具有南海特色的国家级海洋旅游基地，把南海旅游培育成为海南旅游新的增长点。

3. 打造国家森林旅游示范实验区

充分利用五指山、尖峰岭、霸王岭、吊罗山等森林旅游资源，发挥海南热带雨林的森林资源优势，制定全省森林旅游发展规划，努力建成全国森林旅游试验区。

4. 打造国家级旅游文化产业园区

充分发挥国际旅游岛的"先行先试"政策优势，加大力度推进海南国际旅游岛先行试验区建设，在"十二五"期末，力争打造成为国家级旅游文化产业集聚示范区。

5. 打造国家级的主题文化园集聚区

力争将航天主题文化园、海洋主题文化园、热带雨林主题文化园建成开园，

加快西沙海洋国家公园、大型湿地公园、大型野生动植物园、电影主题文化园、大型游乐园、"空中巴士"观光项目等的建设进程，在"十二五"期末，形成一批具有世界一流水平的文化主题公园型旅游景区。到2015年，国家5A级旅游景区（点）力争达到4~5家。

（三）建设完善的旅游购物体系

1. 加快免税购物店建设

实施好"离境退税和离岛免税"的购物政策，利用中免、海免两大免税集团，在海口、三亚、先行试验区等地建设免税购物店。

2. 调控与指导全省世界名牌折扣店建设

建设万宁奥特莱斯（Outlets）世界名牌折扣店等项目。统筹调控与规划指导好全省各类大型品牌直销购物旗舰店的建设。

3. 加快特色商业街（区）建设

加快全省旅游城市旅游商品城建设，打造一批"购物一条街"，提升特色旅游商品的设计与生产水平。

（四）完善重大旅游基础设施和旅游公共服务设施

1. 加快旅游基础设施建设

加快推进邮轮母港和游艇码头建设；分段推进滨海、沿江沿河、山区旅游公路和休闲道路建设；推进"一江三河"（南渡江、万泉河、三亚河、文昌河）旅游基础设施建设；建成一批房车、自驾车露营地示范点；实施旅游厕所改扩建工程，建成管理规范、清洁卫生、方便游客的旅游厕所体系。

2. 加快旅游统计和监测系统建设

开展国际旅游岛门户网站二期、三期建设，建设数据权威、内容丰富的旅游基础数据库，开发、建设旅游目的地统计和监测系统，建设基于云计算技术的旅游资源共享与数据交换平台，建设旅游交易"一卡通"结算平台，建成符合国际标准的旅游热线服务中心。

（五）实施营销创新与"游客和效益双倍增计划"

1. 塑造与提升海南整体形象

以创建世界热带海岛度假胜地为目标，塑造"阳光海南，度假天堂"的形象，充分展现海南国际旅游岛的神奇魅力，实现海南整体旅游形象提升。

2. 建设大营销体系

大力推进"旅游与航空、旅游与文化、旅游与省直各部门、市县和企业的紧密结合",建立入境旅游国际分销系统,搭建海南旅游立体化、多层次的大营销体系。

3. 重点和专项客源市场促销

采取差别化营销措施,采取委托促销、代理促销、联合促销或组织重点专项促销等方式。探讨制定《海南省关于支持和奖励全省旅行社积极开发市场的实施办法》、《海南省关于邀请接待海外旅行商和媒体记者的管理办法》。积极争取国家旅游局和有关旅游组织支持,每两年在海南联合举行一届"中国国际休闲度假旅游交易会"。

(六)完善行业监督管理体系

1. 建设完善的旅游服务质量体系

制定服务质量方针、完善服务质量标准、加强服务质量控制、强化服务质量保证、提高服务队伍素质等。

2. 建立完善的旅游服务质量监管体系

完善质量监管执法机构职能;完善旅游服务质量监管网络体系;建立旅游行业诚信体系。

3. 建设旅游风险保障体系

建立健全旅游安全保障与救援机制,加快建设旅游风险保障体系。

(七)推动体制机制的改革创新和优惠政策的执行创新

1. 推动旅游行政管理体制改革

推动旅游资源要素市场化改革。试行旅行社和导游员一体化改革。加快旅游行业协会体制改革。建立促进旅游发展的激励约束机制。

2. 推动国际旅游岛重大政策实施

加强政策研究,抓紧落实中央赋予海南国际旅游岛建设的特殊政策。创造条件推动竞猜型体育彩票和大型国际赛事即开彩票等探索性政策的实施。

(八)统筹推进旅游人才队伍建设

1. 建立健全旅游人才院校与培训机构体系

创建健全系列专门化旅游人才培养基地。建设旅游人才信息库、旅游人才市场信息网络系统。出台系列旅游人才政策、法规与地方标准。建设国家冬季旅游人才培训基地、全国旅游新业态人才试点示范区。

2. 大力引进和培养高层次国际化旅游人才

加快开发旅游新业态紧缺人才,全面提升技能型旅游人才素质,统筹推进各类旅游人才队伍建设。

第五章 重点旅游产品打造

充分发挥旅游业的带动作用,坚持旅游与电子商务、房地产、文化体育、医疗保健、热带森林与农业等相关产业融合发展,推动以旅游业为龙头的现代服务业健康发展。

具体措施是:通过对现有旅游产品功能和档次的提升,建设一批具有世界标准、海南特色、观光与度假结合、产业与文化兼容的重点旅游项目。在提升与改造过程中,围绕岛屿海洋、热带森林与海南地方民俗文化三个特色要素来展开,坚持"存量保规模、增量调结构"的发展方向,通过建设大型国际休闲度假区、滨海生态主题文化园、水上运动区、滨海和海岛自然保护区、海洋公园等重点旅游区,以确保海南旅游业快速、健康、可持续发展。

"十二五"期间,海南旅游实行"升级转型、提质扩容"战略,着力实施"六大工程"。

一、海洋旅游

"十二五"时期,充分发挥我省海域面积大、特色资源多、南海富有神奇性等优势,科学确定我省海洋旅游发展目标、合理谋划海洋旅游空间布局、着力实施海洋旅游发展的重点项目,有效推进我省海洋旅游业发展,把南海旅游培育成为我省旅游经济发展新的增长点。

(一)发展目标

1. 总体目标

将海南初步建成国际一流的海洋休闲度假品牌,全国海洋旅游示范基地。

2. 阶段目标

2011~2013年,"全面规划、择优启动"阶段。一是形成海南特色的海洋旅游规划体系。启动全省海洋旅游总体规划、西沙旅游发展总体规划以及海岸带旅游产业功能区控制性详细规划的编制。二是启动西沙特色旅游、近海无居民海岛的开发,加快邮轮港建设,规范游艇码头建设,分步骤建设海洋主题公园。三是制定海洋旅游管理、开发、生态保护条例。

2014~2015年,"有序推进、重点突破"阶段。对现有滨海观光、环海南岛游、海上运动、潜水、垂钓、海底观光等旅游项目进行升级改造,着力开发海岛探奇、海底观光、远海旅游等旅游产品。选择优势项目，实现重点突破，加快推进中国南海博物馆、欢乐海洋主题公园、梦幻海洋不夜城、三亚西岛热带国际休闲度假区、南中国海海南主题公园、海洋公园（蜈支洲岛及周边海域）、海洋博物馆（海南三亚国际级珊瑚自然保护区）、黎安港海洋主题公园、梦幻岛海上竞技运动项目、海南海上国家森林公园等10个海洋文化主题公园建设。同时，加快推进西沙旅游开发开放步伐。

（二）空间布局

形成"以海南岛为中心，滨海度假—环岛观光—环岛邮轮游艇旅游—西沙旅游—环南海国家和地区豪华邮轮旅游"的五环空间结构。

第一环：滨海度假。以海南岛滨海旅游城市、主题旅游海岸、度假区和景区的滨海沙滩和近海旅游产品为载体，开展多种形式的滨海度假旅游。

第二环：环岛观光。以海南岛周边海岸线为基础，并利用近距离的岛屿，开展海上休闲、潜水、近海观光和休闲旅游。

第三环：环岛邮轮游艇旅游。在海口、三亚等沿海城市建设游艇基地、邮轮码头，以海南岛周边海域为主开展邮轮游艇旅游。

第四环：西沙旅游。以西沙群岛为主要目的地，在海南岛、西沙群岛相关岛屿和海域开展邮轮高端型海岛观光与休闲旅游活动。

第五环：环南海国家和地区豪华邮轮旅游。联合香港、新加坡等邮轮母港和越南以及广东、广西等地，以海南岛为重要邮轮停靠港和旅游基地，巩固现有豪华邮轮航线，逐步开展环南中国海的国家和地区豪华邮轮旅游。

（三）产品构建

海南国际旅游岛的海洋旅游主要由滨海观光旅游、滨海度假旅游、海岛旅游、海上旅游、海洋文化主题公园等旅游产品构成。

一是滨海观光旅游，以滨海景点（区）为背景的旅游活动。

二是滨海度假旅游，以观光、休闲、探险、游泳、疗养、度假于一体的休闲度假旅游。主要项目有：亚龙湾、三亚湾、海棠湾、月亮湾、海口西海岸、石梅湾、龙沐湾、棋子湾等众多海湾。

三是海岛旅游，以列入国家第一批开发利用无居民海岛为目的地的旅游活动。近期可开发利用的项目有：蜈支洲岛、东锣岛、西鼓岛、加井岛、洲仔岛、分界洲岛等。

四是海上旅游，以海南岛的近海以及西沙群岛海域潜水、海底观光、海岛历险、海上运动、海上垂钓等运动形式为特征的海上旅游项目。

五是海洋文化主题公园游,以海洋动、植物为主体的各类表演、演艺、展示、科教为特色的旅游活动。海洋文化主题公园建设项目包括表演馆、热带海底世界、水上乐园、海洋影院等。

(四) 西沙旅游

以科学发展观和国家南海战略为指导,加快西沙旅游总体规划的编制,大力改善西沙群岛旅游服务基础设施,建设富有热带海洋特色的旅游景区,开发"环海南岛—西沙"旅游航线,把西沙建设成为世界一流的热带海洋观光休闲旅游胜地。

1. 目标任务

(1) 2011~2013年,先行先试阶段。完成西沙旅游总体规划编制工作。启动重点景区和旅游服务基础设施的建设工作。完成"环海南岛—西沙"旅游航线申报、审批工作。引进豪华邮轮投入使用,并试航西沙。依法加强西沙和无居民海岛管理,按照属地管理原则依法进行土地确权登记。

(2) 2014~2015年,稳步推进阶段。完成重点景区的建设工作,旅游服务基础设施基本完善。建立"环海南岛—西沙"豪华邮轮定期旅游航班。

2. 开放开发西沙旅游前期建设内容

(1) 重点景区和线路的规划建设。

(2) 积极完善西沙旅游产业配套。

(3) 社会公共服务基础设施建设。

(4) 旅游公共服务保障体系建设。

二、森林旅游

海南拥有全国独特、国际稀缺的热带森林资源。目前,海南热带森林旅游还处于发展初期,森林旅游在近期对大旅游市场的依附明显,随着海南森林旅游逐步开发,海南森林旅游将成为海南旅游的又一大吸引点。发展森林旅游是国际旅游岛现代旅游业发展的重要趋势,是构建海南核心竞争力的重要内容,是保护海南生态安全的重大举措,是促进中西部市县发展和改善民生的重要途径。

因此,科学确定森林旅游发展目标、合理谋划森林旅游的空间布局、实施森林旅游发展的重点项目,对促进我省森林旅游发展具有重大意义。

（一）发展目标

1. 总体目标

打造具有国际知名度的热带海岛森林旅游品牌，把海南建成国内外知名的热带森林旅游目的地。

2. 阶段目标

2011~2012 年，起步阶段。一是形成较为完整的海南森林旅游规划体系。编制完成全省森林旅游总体规划，8 个国家森林公园的旅游精品片区规划，10~20 个森林旅游重点项目和特色项目规划。二是完善海南森林旅游政策法规体系。制定海南森林旅游法规和森林旅游管理、开发、生态保护政策。三是落实省政府和国家林业局签署的战略合作协议，做好全国森林旅游示范区起步工作。启动五指山、尖峰岭、霸王岭、吊罗山、黎母山等森林旅游区的建设。

2013~2015 年，加速发展阶段。建成五指山、尖峰岭、霸王岭、吊罗山、黎母山五大林区的重点森林旅游项目和相关森林旅游小镇，改造提升原有森林旅游项目，全省森林旅游接待床位达到 5000 个以上，初步形成接待过夜游客的能力。开工建设一批新的重点森林旅游项目，森林旅游产业结构明显改善。到 2015 年，建成 2 个 5A、4 个 4A 级档次的森林旅游景区，森林旅游收入年均增长 30%以上。

（二）空间布局

形成"一个极核、两个中心、三个圈层、四个支撑、五条生态廊道"的战略布局。简称"12345"。一个极核指以五指山森林资源为旅游发展极核；两个中心指以海口、三亚为森林旅游综合服务中心；三个圈层指海岸—台地—山区森林旅游发展圈层；四个支撑指尖峰岭、吊罗山、黎母山、霸王岭；五条廊道指南渡江、昌化江、万泉河、宁远河、陵水河滨河森林生态廊道。

（三）产品构建

森林旅游主要通过森林观光、度假养生、运动探险、科普探索、雨林民俗等旅游产品构建而成。

一是森林观光，包括热带雨林观光、山地雨林观光等；二是度假养生，包括森林浴、天然溪流浴、温泉养生、冥想森林、健康银行、森林 SPA、泥浆养生、森林木屋、温泉火锅、雨林野舍、林中漫步等；三是运动探险，包括岩洞探险、徒步登山、攀岩、森林远足、雨林露营、定向越野、真人 CS、雨林漂流等；四是科普探索，包括林业科普馆（林业生产历史、采伐、运输）、雨林光影博物馆、全息雨林园、森林专项研究会议等；五是雨林民俗，包括黎苗风情小镇、原始黎村苗寨、摩崖石刻、黎苗节庆、黎苗歌舞、黎苗主题公园、黎苗博物馆等。

三、乡村旅游

海南省乡村旅游主要是将独具海南特色的文化要素，作为开发乡村游的灵魂，通过热带农业与渔业的发展，来延伸游客的旅游空间。

"十二五"时期，科学确定乡村旅游发展目标、合理布局乡村旅游产品、以乡村旅游重点项目为抓手，有效推进我省乡村旅游的发展。

（一）发展目标

1. 总体目标

打造具有民族特色、生态休闲度假复合型乡村旅游目的地。

2. 阶段目标

2011~2012年，基础夯实期。形成较为完整的海南乡村旅游规划体系，编制完成全省乡村旅游总体规划，以及重点乡村旅游项目规划。

2013~2015年，优化提升期。改造提升原有乡村旅游项目，建设完成南山风情旅游小镇、五指山黎峒文化园、母瑞山红色旅游景区、渔港特色文化风情镇、特色餐饮文化园等乡村旅游区。

（二）空间布局

乡村旅游形成"一心两区三线"的空间布局。"一心"，即以海南中部少数民族地区为发展中心；"两区"，即以海口、三亚两个重点城市及其附近市县为重点区域；"三线"，即以东、中、西三条公路沿线乡村为辅助。

（三）产品构建

乡村旅游产品主要包括：

一是农业观光类，指利用乡村的森林、小溪等乡土自然风光，附设小土屋、露营区、烤肉区、戏水区、餐饮区、体能锻炼区及各种游憩设施等，为旅游者提供综合性观光场所和服务；

二是民俗农庄类，指利用农村自然环境、景观和当地民俗文化，让游客自然地接触、认识和体验农村生活；

三是科普教育类，指利用农场环境和产业资源，将其改造成教育农园，以接待学生修学旅行为主；

四是乡村度假类，指在风景比较优美的乡村附近，建造垂钓度假休闲区、园林花卉区、野禽养殖区等；

五是休闲运动类，指利用乡村广阔的休闲场所，开展一系列的休闲运动；

六是特色餐饮类，指利用乡村特产的食材，采用乡村独特的烹饪方法，制作的食物，如海南四大名菜（文昌鸡、嘉积鸭、和乐蟹、东山羊）等。

四、康体养生旅游

《规划纲要》要求"高起点规划、高水平建设、着力打造一批滨海、温泉、森林等特色鲜明的度假基地"。同时，"在疗养休闲产品中要发展温泉疗养、中医保健、医疗旅游、康体养生、整形美容等产品，打造一批特色康体养生基地"。

我省具有很丰富的康体养生旅游资源，但这种资源优势却没有很好地发挥出来。因此，以康体养生旅游资源为基础，以旅游市场为导向，确定康体养生旅游的总体目标与阶段性目标、合理布局康体养生旅游的战略空间、以康体养生旅游重点项目为工作抓手，促进我省康体养生旅游健康发展。

（一）发展目标

1. 总体目标

逐步将海南打造成国际知名的康体养生旅游目的地与国家医疗旅游示范区。

2. 阶段目标

2011~2012年，开发培育期。一是形成较为完善的康体养生旅游规划体系。编制完成全省康体养生旅游发展总体规划，以及优先发展康体养生基地的控制性详细规划。二是制定海南省康体养生管理办法，成立海南康体养生管理机构。三是抓好重点项目的推进工作。谋划好解放军总医院海南分院的经营工作，策划与建设一批医疗康体养生产业项目。启动以温泉康体为主体，中医养生、疗养保健、整形美容为辅的康体养生旅游产品体系，重点推进万宁兴隆、琼海官塘、三亚南田、保亭七仙岭、儋州蓝洋温泉等康体养生基地的规划设计工作。

2013~2015年，重点建设期。一是重点打造康体养生基地。以温泉资源为基础，整合康体养生的其他资源，基本完成万宁兴隆、琼海官塘、三亚南田、保亭七仙岭、儋州蓝洋温泉等重点康体养生基地的工程建设。二是提升海南康体养生的品牌价值。积极引入国际医疗卫生机构认证，逐步将海南建设成为国家级康体保健旅游示范基地，进一步提升海南康体养生旅游的规模、质量，凸显海南康体养生旅游品牌。

（二）产品构建

根据海南康体养生旅游资源，康体疗养旅游产品可构建四类旅游产品。

一是指依托温泉旅游资源的温泉康体类旅游产品，如温泉小镇、温泉酒店、温泉公园、温泉疗养院、娱乐会所、SPA等；

二是指依托高水平的体检中心、健康恢复中心的中医养生类旅游产品，如中医药、气功瑜伽、心理疗法、食疗药膳、针灸、理疗、推拿等；

三是依托特定的康复疗养资源及医疗设施的疗养保健类产品，如日光浴、海水浴、森林氧吧康复、矿泉浴、沙浴、泥浴等；

四是依托高档次的美容护肤研究机构的整形美容类旅游产品。

五、文化体育旅游

海南文化资源丰富且具有较强的独特性，包括了历史文化、海洋文化、民族民俗文化、红色文化、侨乡文化，以及生态文化、健康养生文化、现代时尚文化等，但海南文化体育旅游发展总体上仍处于初级阶段。海南文化体育旅游存在产品开发力度不足、产品结构较为单一、国际影响力较小、未形成产业规模效应等问题。

海南国际旅游岛建设应集中力量打造一批在国内外有重大影响的节庆文化活动和体育赛事。发展文化体育旅游项目，有利于丰富旅游产品内容，优化旅游产品结构，赋予旅游文化内涵，提升海南旅游竞争力，扩大海南国际旅游岛的世界知名度。

（一）发展目标

1. 总体目标

将海南打造成中外游客向往的文化娱乐、运动健身和会议会展胜地。

2. 阶段目标

2011~2013年，优化提升阶段。一是完成规划设计，逐步启动一批重点文化体育项目的落地工作。比如五指山国家竞技体育训练基地、海口江东国家体育训练基地、海口帆船帆板国家训练基地等，制定和完善与文化体育旅游相关的管理条例。二是重点加强对旅游要素的文化改造，提升现有4A级以上景区景点的文化内涵。三是把文化旅游开发与文化街区、文化小镇建设相结合，规划建设旅游文化名镇、名村，保护性开发海口骑楼老街等特色旅游风情街区。四是推进旅游产业与文化产业相互促进、融合发展，打造文化旅游特色产业聚集区，拓展、延伸文化旅游产业链，支持相关文化旅游项目与产品的开发、设计制作、市场运营。五是重点发展滨海运动项目和野外运动项目，支持一批大型体育赛事成长为国际性体育旅游品牌。

2014～2015年，示范带动阶段。加强对海南省体育中心、国家南海博物馆、国家水下文化遗产南海基地、海南省博物馆二期工程（非物质文化遗产展示馆、美术馆）、海口江东国家体育训练基地等重点文化体育项目的建设与推进。抓紧建设国际旅游岛先行试验区，基本建成规模大、开放度高、国际一流的国家级重点文化产业集聚区。

（二）空间布局

形成"一区三带"的文化体育旅游空间战略布局。一区指海南国际旅游岛先行试验区。三带指三条文化产业带，一带以滨海旅游文化为主体，以现代、时尚、国际一流为特征的东线现代文化产业带；二带以民族风情、特色旅游文化为主体，以自然、生态、环保、民俗为特色的中线绿色文化产业带；三带以高科技、环保、民间文化为主体，以新兴工业观光、乡村旅游、历史文化旅游为重点的西线特色文化产业带。

（三）产品构建

文化娱乐旅游产品包括以下内容：

一是标志性节庆活动，如中国海南岛欢乐节；二是民族民俗活动，如黎族苗族三月三、保亭七仙温泉嬉水节、海口换花节、黎母文化节等；三是地方特色文化活动，如琼剧、黎苗歌舞、儋州调声、临高人偶戏、临高北部湾渔民渔歌节等；四是时尚文化活动，如世界小姐选美、新丝路模特大赛总决赛等；五是会展文化，如博鳌亚洲论坛等各类会议展览活动；六是红色文化，如红色娘子军纪念馆、冯白驹革命纪念馆等。

体育休闲旅游产品主要包括滨海运动项目，如潜水、帆船、帆板、冲浪、垂钓、沙滩排球、沙滩足球等；户外运动项目，如自行车、房车、登山、漂流、野外拓展等；国际大型赛事，如自行车（公路自行车、山地自行车、极限自行车）、沙滩运动（沙滩排球）、水上运动（帆船、帆板、垂钓、滑水等）、智力运动、高尔夫球（职业赛、业余赛）等。

（四）海南国际旅游岛先行试验区

1. 目标定位

以文化产业为重点，围绕国家赋予海南国际旅游岛的特殊政策、开发模式、体制机制创新、产品创新、投融资模式创新五个方面先行先试,成为一个拥有省级行政审批权的试验区和国家级旅游文化产业集聚区。

2. 主要内容

(1) 特殊政策试验:免税购物、体彩业、西、南沙旅游、航权、邮轮游艇水域开发、游客签证开放等的试验。

(2) 开发模式试验:以政府为主导、市场为主体,以对外开发、加强国际化合作为途径的试验。

(3) 体制、机制创新试验:在试验区内成立试验区党工委和管理委员会、代行省委省政府授予的行政职能,享受省级政府的相关行政审批权。

(4) 产品创新试验:主要是特色政策的产品、满足不同需求的产品、发挥独特作用的产品以及服务管理标准国际化的产品创新。

(5) 投融资模式创新试验:设立服务于国际旅游岛建设的新型投融资平台、探索多元的融资渠道、探索适合园区发展的离岸金融业务等。

3. 产业策划

(1) 政策试验产业:包括免税购物城、体育娱乐与体彩业、南海海洋旅游开发。

(2) 旅游文化娱乐产业:包括影视动漫文化产业基地、游戏主题公园、名人艺术走廊等。

(3) 功能性产业:包括高尚生活社区、国际餐饮城、高端教育培训中心等。

六、特色旅游

特色旅游是在旅游多元化时代的背景下出现的,是以当地特色资源、特色文化、特色环境等为依托的一类新的旅游产品群。海南已具备发展特色旅游的条件,一是旅游资源具有"特"、"奇"、"新"等特点,二是人们的旅游动机发生了巨大变化,旅游者希望通过旅游满足其多样化、个性化的需求。目前,海南对特色旅游产品的开发不足,缺乏"人无我有、人有我新、人新我奇、以奇制胜"的特色旅游产品,不能满足游客的需求。

因此,"十二五"期间,通过确定特色旅游产品的发展目标,优化旅游产业结构,促进海南旅游的合理布局,构建特色旅游产品类型,着力规划重大特色旅游项目,提高海南旅游的品位和档次,从而形成"个性化、专业化、精品化"的特色品牌,满足旅游者的特色需求。

(一) 发展目标

1. 总体目标

将海南建成国内外知名的特色旅游目的地。

2. 阶段目标

2011~2012年,前期策划期。策划一批具有热带海岛风貌的特色旅游,如空中旅游、游轮游艇旅游、影视旅游等;加大力度营销一批有一定市场规模的特色旅游,如婚庆旅游、购物游;重点打造一批特色旅游品牌,如"阳光海口情定椰城"、"阳光海南浪漫三亚"等品牌。

2013~2015年,市场运作期。购物游、空中旅游、婚庆旅游、影视旅游等特色旅游形成一定规模,占有一定市场份额。加快推进特色旅游项目建设,如万宁"世界名牌折扣店海南现代服务产业区项目"、三亚"亚龙湾国际品牌折扣中心项目"、海口市长影海南世纪影城、文昌卫星发射主题园、三亚市南中国海影视文化生态园、万宁MGM主题乐园度假区等旅游项目。

(二) 产品构建

根据具有海南地方特色的人文旅游资源和自然旅游资源,可构建四大类特色旅游产品:一是以黎苗等少数民族文化为依托的特色旅游,如黎苗民俗文化游等;二是以海南热带特有的农业渔业资源为载体的特色旅游,如渔家乐、农家乐、海上垂钓等;三是以体验海南独特人文习俗为主导的特色旅游,如海口、三亚的婚庆游,民俗民族节日等;四是以购物为目的的特色旅游,如购物旅游;五是以南繁科研等为目的的特色旅游,如南繁农业渔业育种培植基地等。

第六章 市场营销规划

按照"市场多元化、营销差异化"的发展思路,不断拓展入境市场,大力发展国内市场,塑造"阳光海南、度假天堂"的旅游目的地形象,通过大营销体系建设、专项市场促销、营销管理与保障体系建设等手段,实现海南旅游市场总量的快速增长,实现旅游市场结构向高端化、国际化发展。

一、市场定位与开发战略

(一) 总体定位

"十二五"期间,稳步发展以珠三角、长三角、环渤海区域以及国内重点城市客源市场,积极拓展港澳台市场,重点拓展俄罗斯、韩国、日本、东南亚、西欧、北欧和美加等客源市场，到"十二五"期末争取将国际游客比例提高到游客总数的5%左右。通过实施市场多元化、营销差异化战略，坚持以国内旅游市场为重点，积极发展入境旅游，有序发展出境旅游，走一条规模适中、质量较高的发展道路，实现海南旅游市场总量的快速增长，实现海南旅游市场结构向高端化、国际化发展。

（二）市场开发战略

1. 市场多元化战略

优化市场结构，注重对细分市场的开发；拓展发展空间，注重区域市场平衡发展。深度开发和提升传统旅游市场，加快培育一批新兴旅游市场，积极开发一批高端旅游市场和专项旅游市场。细分各类旅游市场，国内市场要从目前的"两角一湾"的区域市场拓展到东北、西北、西南等地，国际市场从目前的东南亚、日本、韩国、俄罗斯拓展到欧美市场。

2. 营销差异化战略

科学分析国内外旅游市场发展的宏观环境和消费特征，实施营销差异化战略。一方面，满足日益增长的差异化旅游需求，建立多元化的产品体系。另一方面，细分消费群体，进行分群化营销。选择多个细分市场作为目标，采取差异化的营销措施，分别制定不同的产品、价格、渠道策略，提供有针对性的旅游产品和服务。

3. 二力驱动战略

一方面，通过创新旅游产品和旅游业态、在国际主流媒体和旅游专业媒体进行有力的广告推广及宣传报道、大力发展海外和国际航线（包括定期和不定期旅游包机），有效提高海南国际旅游岛的知名度、美誉度、国际通达性和游客的向往度，快速有效地激发外国旅游者前往海南旅游度假的热情和冲动，大大方便国际游客的入境入岛旅游，从而使其潜在的旅游消费欲望加速转变为现实的消费行为，在旅游者消费的终端市场上形成强有力的"拉力"。另一方面，通过培育强有力的市场营销主体，与我国大型旅行社企业集团和外国旅游企业开展旅游促销的战略合作，出台激励政策支持本省旅行社积极开展国际促销等，有效激发旅游销售主体的积极性和创造性，使其利用广泛分布在外国客源市场上的巨人的分销网络，通过自身的商业销售活动促销海南国际旅游岛和海南旅游产品，从而在国际旅游销售渠道上形成强大的"推力"。

二、市场开发

（一）国内市场定位与开发

一是以广东为主的华南市场。推出白领周末充电游、"黄金周"短线游、森林生态旅游、山地康体养生度假游等新型旅游产品。

二是以上海、浙江、江苏为主的华东市场。突出海南的热带海岛和海洋旅游、森林旅游特色，与华东地区的都市旅游产品形成反差，塑造"热带海岛度假天堂"形象，主打滨海度假、海洋旅游（水上和水下运动、游艇及邮轮旅游）、冬季避寒产品和会议及奖励旅游产品。

三是以北京、天津为主的华北市场。突出海南的热带海岛气候及滨海旅游特色，与华北的严寒气候和历史文化产品形成反差，塑造"避寒养生度假天堂"形象，主打冬季避寒、温泉养生度假产品、会议及奖励旅游产品。

四是以黑龙江、吉林、辽宁为主的东北市场。突出海南的热带海岛气候及滨海旅游特色，与东北的严寒气候形成反差，塑造"避寒养生度假天堂"形象，主打冬季避寒和温泉养生度假产品。

五是以四川、重庆和云南为主的西南市场。突出海南的热带气候和海洋旅游特色，与西南地区的高原及盆地景观和温冷气候形成反差，塑造"热带海岛度假天堂"形象，主打滨海度假、海洋旅游（水上和水下运动、游艇及邮轮旅游）、冬季避寒产品。

六是以陕西等省区为重点的西北市场。突出海南的热带海岛、海洋和森林生态特色，与西北地区的黄土高原荒凉景观和冷凉气候形成反差，塑造"热带海岛度假和生态旅游天堂"形象，主打滨海度假、海洋旅游（水上和水下运动）、森林生态旅游产品。

（二）海外市场定位与开发

巩固和深化俄罗斯市场，促进日韩、马来西亚市场恢复增长，拓展西欧、北欧、北美、澳新、东南亚等市场。针对不同客源市场，制定和实施不同的营销策略。

1. 欧洲板块

一是俄罗斯市场。作为海南省长期的重点海外市场，继续发展旅游包机，在巩固滨海度假旅游市场的同时，进一步包装推出康体养生、中医养生、温泉度假和购物旅游产品。营销手段包括：积极参加俄罗斯莫斯科国际休闲旅游展；在俄罗斯国家电视台文化频道投放海南旅游宣传广告；每年邀请数批次俄罗斯媒体和旅行商来我省采访和考察。

二是以德国、瑞士、意大利、法国等国家为主的西欧市场。通过发展旅游包机、开通航线、媒体宣传、免签证政策推广、与香港旅游发展局联合促销、与国旅总社和中旅集团的战略促销合作、参加重要展会等方式，重点开发热带滨海度假、文化体验和民族风情旅游市场。营销手段包括：积极参加德国柏林旅游交易会和法兰克福会展，并在柏林旅交会期间，与德国大型旅游企业联合举办大型旅游促销活动；积极举办专项旅游推介会并每年邀请数批次德国、意大利媒体和旅行商来我省采访和考察。与省航权办合作争取以德意为主，开通海南至欧洲直航。

三是以挪威、瑞典、芬兰、丹麦为主的北欧市场。通过发展旅游包机、开通航线、媒体宣传、专项促销、免签证政策推广、与国旅总社和中旅集团的战略促销合作等方式，重点开发热带滨海度假、热带森林探险和高尔夫旅游市场。营销手段包括：开展专项旅游促销活动；每年邀请数批次丹麦、瑞典、芬兰媒体和旅行商来我省采访和考察。

四是以乌克兰、哈萨克斯坦、波兰为主的东欧市场。发挥俄罗斯市场的带动效应，通过发展旅游包机、开通航线、免签证政策推广、专项促销、旅行社合作促销等方式，重点对海南的热带滨海度假、康体养生等旅游产品进行宣传。

2. 亚洲板块

一是韩国、日本市场。作为海南省长期的重点海外市场，继续发展旅游包机，在巩固滨海度假、婚庆度假、高尔夫和温泉度假旅游市场的同时，发展家庭养生度假，推出"孝敬老人度假游"、森林生态和探险旅游、水上运动旅游新产品，并对旅游媒体实施公关营销。营销手段包括：参加韩国首尔国际高尔夫旅游展，拟与航权办联合，在韩国举办专项旅游促销活动，争取开通韩国至海南的航线；每年邀请数批次日本、韩国媒体和旅行商来我省采访和考察。

二是新马泰等东南亚市场。大力发展直航航线、加密直达航班，推出寻根探亲游、瞻佛祈福游、会奖旅游、中国文化体验、主题公园旅游等新型旅游产品。营销手段包括：在新加坡、马来西亚、泰国各举办专项旅游推介活动。每年邀请数批新加坡、马来西亚、泰国媒体和旅行商来我省采访和考察。

3. 北美板块

主要是以美国和加拿大为主的北美市场。"十二五"期间，通过发展旅游包机、开通航线、媒体宣传、免签证政策推广、与香港旅游发展局联合促销、与国旅总社和中旅集团的战略促销合作、参加重大旅游展会、专项促销等方式，开发热带滨海度假、会奖旅游、高尔夫和邮轮度假旅游市场。营销手段包括：开展多方式的宣传、推介活动，包括在纽约时代广场投放海南旅游广告，参加美国芝加哥会议及奖励旅游展和加拿大蒙特利尔展，并分别在美国、加拿大举办旅游专项推介会；每年邀请数批次美国、加拿大媒体和旅行商来我省采访和考察。

4. 澳新板块

澳大利亚、新西兰、印度、中东等探索性开发的市场。通过试探性的访问接触、旅游业界交流、市场考察调研、媒体公关等方式，建立业界联系渠道，确定旅游产品和旅游市场定位，有针对性地对旅游批发商开展促销。营销手段包括：积极参加中国会奖旅游专项推广活动，开展澳大利亚专项促销活动，在澳大利亚、新西兰投放海南旅游广告，每年邀请数批澳新两国的旅行商、大型包机公司代表、媒体记者等来琼考察。

5. 中国港澳台板块

通过大力发展"琼港快线"和旅游包机，推出白领周末充电游、"黄金周"短线游、会奖旅游、森林生态旅游、山地康体养生度假游等新型旅游产品，巩固休闲度假市场，发展生态、养生旅游市场。

三、营销创新与"游客和效益双倍增"工程

针对当前海南旅游市场开发中存在的不足及有关的制约因素，"十二五"期间应以全球视野、战略眼光和系统思维为指导，实施"营销创新与游客和效益双倍增"等四项工程，构建海南旅游营销的新格局，促进入琼游客数量和消费水平的大增长。

（一）目的地形象塑造工程

创建世界热带海岛度假胜地为目标，以海南独有的垄断性"中国之最"和"世界之最"旅游资源为支撑点，通过建设和推广旅游形象体系、实施旅游宣传品制作工程，以及利用全国和全球主流媒体进行连续不断的新闻宣传、高强度的形象广告投放和举办各种有影响力的节庆赛事活动，在全球强力塑造起"阳光海南，度假天堂"的形象，充分展现海南国际旅游岛的神奇魅力，实现海南整体旅游形象提升的新突破。

（二）大营销体系建设工程

一是开展旅游和航空联合促销。针对海内外航线不足所导致的可进入性差的问题，大力推进"旅游与航空的紧密结合"，与省政府航权办和国内大型航空公司建立紧密协作和联合营销关系，促成各航空公司积极开通海南连接西欧、北欧、北美和澳洲的海外航线，加密国内航线和航班。

二是积极推进旅游与部门、市县和企业结合的大开放、大宣传、大营销格局。首先，加强省旅游委与市县旅游部门和旅游企业的分工、配合和协作，形成"上下联动、政企合作、分工明确、协同有力"的旅游行业整体营销体系；其次，加强旅游与宣传、外事侨务、体育、教育、商务、涉台、新闻、出版等部门的合作，形成"目标一致、资源共享、有机配合、相互支持"的省级相关部门大营销格局。

三是大力推进入境旅游国际分销系统建设。针对海南省旅行社小散弱和对海外销售渠道缺乏控制力、影响力等问题，开展与国内大型旅游批发商的战略合作，开展与国家旅游局18个海外办事处、香港旅游发展局30个海外办事处的战略合作，推动海外重点客源国、客源市场的旅游批发商积极推广和销售海南旅游产品，形成网络密集、运作高效的国际旅游岛入境旅游分销体系。

（三）重点和专项客源市场促销工程

一是对国内和国际客源市场，分区域、分国别、分阶段和分消费群体确定重点营销目标，制定和实施不同的营销策略，采取差别化精准营销措施提高营销的针对性和有效性。

二是针对国内、国际各种旅游交易会、博览会、展销会的不同对象和要求，结合海南省各地旅游产品的特色和游客结构、市场结构特点，采取委托促销、代理促销、联合促销或组织重点专项促销等方式，调动全省、全行业的积极性，分层次、分重点、高强度地开展旅游促销，形成千军万马积极开拓海内外客源市场的良好局面。

三是完善旅游宣传促销的激励机制。制定《海南省关于支持和奖励全省旅行社积极开发市场的实施办法》、《海南省关于邀请接待海外旅行商和媒体记者的管理办法》，有效调动各地旅游部门和旅行社参与全省旅游宣传促销和拓展客源市场。

四是积极争取国家旅游局和有关旅游组织支持，每两年在海南省联合举行一届"中国国际休闲度假旅游交易会"，为海南的旅游营销创造一个国际化的交易和交流平台，在国际休闲度假市场上突出海南国际旅游岛的地位。

（四）营销管理和保障体系建设工程

一是建设旅游营销信息管理体系。建设省级旅游部门完整的旅游营销信息系统、内部分析系统、营销情报系统、市场调研系统和决策支持系统。二是建设旅游营销计划管理体系。在目前的规划和计划编制方法的基础上，建立科学规范的旅游营销计划制定程序、营销过程的控制体系和营销绩效评估体系。三是建设旅游营销组织管理体系。优化各地旅游部门营销机构的组织设计，提高旅游营销团队的职业技能，拓展旅游营销的公共关系；支持旅游协会设立"旅游营销中心"和组建"海南国际旅游岛旅游营销联盟"；力争在"十二五"中后期成立海南省旅游发展委员会宣传推广局，作为省旅游委的二级局（行政编制），进一步加强营销队伍，提高旅游营销的专业化、国际化水平。四是实施旅游营销创新管理体系。在"十二五"期间分步骤、有时序地采用网络营销、品牌营销、内部营销、口碑营销、合作营销、体验营销、节庆赛事营销、整合营销和公益营销等新的营销方式和技术，更加有效地开发旅游市场。五是建设旅游宣传促销经费的保障体系。将旅游宣传促销费列入各级政府的财政预算，并根据各地旅游产业发展情况适时加大旅游宣传促销投入。为保障"十二五"期间上述各项营销工程的顺利实施，省级财政应逐年加大旅游宣传促销的资金投入。

第七章　行业监督管理

"十二五"期间，围绕海南国际旅游岛建设发展的总体目标，加快创新旅游管理体制机制，建立和完善我省旅游服务质量体系、旅游质量监管体系和旅游风险保障体系三大体系，实施旅游品牌创建、旅游标准化建设、旅游服务质量评价、导游服务质量提升、旅游安全救援服务体系建设、旅游安全保障平台建设、旅游综合保险产品体系建设七大工程，为我省旅游服务设施、经营管理和服务水平与国际通行的旅游服务标准全面接轨奠定基础。

一、工作安排

（一）建立完善的旅游服务质量体系

借鉴其他现代服务业的成功经验，进一步完善旅游基础设施、加强旅游公共服务、提升旅游形象、优化旅游环境、完善产品体系；加快制定质量方针、完善质量标准、加强质量控制、强化质量保证、提高队伍素质等，着力建设完善的旅游服务质量体系，全面提升我省旅游质量和服务水平。

（二）建立完善的旅游服务质量监管体系

一是完善质量监管执法机构的职能。大力推进行业联合、部门联合、地区联合的旅游服务质量监管和执法机制。加强旅游投诉、申诉处理机制建设，健全和完善投诉、申诉处理程序、制度和信息发布制度。加大对旅游饭店、旅行社、景区等的检查监管力度，确保服务质量达标。

二是完善旅游服务质量监管网络体系。建立质量信息通报、申诉汇总分析等制度。建立旅游产业链之间、部门之间的规范协调机制和协商制度，实现全行业的协调互动。建立由旅游行业和相关行业相结合、产业各要素相结合、专家和媒体舆论相结合的旅游服务质量社会监督体系。

三是建立旅游行业诚信体系。充分发挥旅游行业协会的作用，继续开展"诚信旅游示范单位"承诺活动、"窗口行业文明服务网上行"活动。充分发挥旅游诚信网、旅游企业和从业人员信用评价网络的作用。健全旅游企业、旅游从业人员和旅游资源的基本信息库，绑定旅游企业和从业人员的诚信记录。

（三）建立旅游风险保障体系

以建立健全旅游安全保障与救援机制为重点，以"政府引导和企业运作"相结合和"旅游企业责任保险和旅游意外险"相结合为基本方式，加快建设我省旅游风险保障体系，为游客提供全面且及时的安全保障服务的同时，有效防范、化解和转移我省旅游企业的旅游经营风险，进而全面提高海南国际旅游岛的安全保障与服务水平。

二、实施工程

（一）旅游品牌创建工程

"十二五"期间，重点实施品牌旅游目的地、品牌旅游产品和品牌旅游企业，以及造就品牌员工等品牌创建工程，全面提升旅游服务质量和旅游核心竞争力。

（二）旅游标准化建设工程

在加快建立与国际通行规则相衔接的旅游服务质量标准体系的基础上，充分发挥旅游行政管理部门、行业协会和旅游企业在旅游标准化建设与实施中的积极作用，拓展旅游服务标准的覆盖面；加快完善旅游标准评定工作体系，全面推行旅游标准的合格评定和认证工作；加快建设全省旅游标准化示范市（县），创建全国旅游标准化示范省。

（三）旅游服务质量评价工程

一是建立旅游服务质量评价体系；二是建立健全旅游服务质量信息发布体制机制；三是深入开展游客满意度调查。

（四）导游服务质量提升工程

一是加强导游队伍建设；二是完善导游保障机制；三是完善导游激励机制；四是全面实施导游服务标准；五是加强导游监督管理。

（五）旅游安全救援服务体系建设工程

建立健全旅游安全救援服务机制体系：一是建立旅游安全事故"先行垫付"处置机制；二是建立旅游安全事故的救援机制；三是建立由专门机构对旅游安全事故防范、协调处理进行督促和协助机制。

（六）旅游安全保障平台建设工程

在学习和借鉴旅游保险发达地区的成功经验的基础上，围绕旅游保险、旅游监管和旅游服务的实际需要，加快建设集旅游监管、保险服务和资金结算等功能为一体的海南旅游风险保障服务平台，进一步完善平台的功能模块，并加快开发平台系统，丰富系统服务功能。

（七）旅游综合保险产品体系建设工程

加快建设以"旅游企业和游客在从事旅游活动期间存在的各种风险"为保障范围，以"全国旅行社责任保险统保示范项目"、"旅游企业责任保险"，以及新业态旅游保险等为基本内容的"旅游综合保险"产品体系，并通过叠加方式提高保险保额，最大限度地确保旅游企业的经营风险得以充分转移和有效化解，确保游客安全保障能力得到全面提高、游客的合法权益得到充分保障。

第三部分　保障措施

"十二五"时期，要紧紧围绕国际旅游岛建设的中期目标，以政策的全面落实为基础，以旅游要素的完善、资金投入为保障，以推动法制建设为突破口，以旅游信息化建设为引领，优化旅游发展的生态环境，加快旅游人才建设，构建符合国际旅游岛建设要求的保障体系。

第八章　政策和法制保障

海南省委、省政府应尽快出台支持旅游业发展的配套政策，全面落实国际旅游岛建设的各项优惠政策，为实现国际旅游岛建设和"十二五"旅游业发展目标提供强有力的政策环境支撑。同时，要充分发挥经济特区立法权的优势，借鉴国际成功经验，加快制定旅游市场监管、资源保护、行业规范等专项法规，及时将国家赋予海南的优惠政策、配套政策和有关规章制度，通过立法的形式上升为地方性法规，建立健全旅游法规体系。

一、全面落实旅游产业国家优惠政策

全面落实《国务院关于加快发展旅游业的意见》的相关政策。落实宾馆饭店与一般工业企业同等的用水、用电、用气价格政策。允许旅行社参与政府采购和服务外包。旅行社按营业收入缴纳的各种收费，计征基数应扣除各类代收服务费。排放污染物达到国家标准或地方标准并已进入城市污水处理管网的旅游企业，缴纳污水处理费后，免征排污费。旅游企业用于宣传促销的费用依法纳入企业经营成本。鼓励银行卡收费对旅行社、景区售票商户参照超市和加油站档次进行计费，进一步研究适当降低对宾馆饭店的收费标准。年度土地供应要适当增加旅游业发展用地。积极支持利用荒地、荒坡、荒滩、垃圾场、废弃矿山和可以开发利用的石漠化土地等开发旅游项目。支持企事业单位利用存量房产、土地资源兴办旅游业。

二、全面落实国际旅游岛建设的各项优惠政策

加快推进《国务院关于推进海南国际旅游岛建设发展的若干意见》和《海南国际旅游岛建设发展规划纲要》各项优惠政策的落实。主要推动以下工作：一是用好国务院出台的方便境外游客赴海南旅游的26国免签证入境政策。二是用好国务院给予的离境退税和离岛免税政策，大力发展海南特色的购物旅游业。三是稳步开展城乡建设用地增减挂钩试点、农村集体经济组织和村民利用集体建设用地自主开发旅游项目试点。四是支持符合条件的旅游企业发行企业债券。设立旅游产业投资基金。五是认真研究西沙与无居民海岛保护及开发利用管理政策，使其早日产生效益。六是推动国际通行的旅游体育娱乐项目落实，探索发展竞猜型体育彩票和大型国际赛事即开彩票。七是出台鼓励银行业金融机构参与支持旅游产业发展的政策。

三、制定旅游重点项目实施的扶持政策

树立旅游规划权威，为科学编制旅游规划提供制度保障。制定和组织实施

《海南省旅游资源规划与开发管理办法》，明确旅游资源开发的规划资质、规划编制、论证评审、审批实施、资源开发、项目建设、违规处罚等内容。

保障重点旅游项目建设。制定和组织实施《海南省旅游重点项目库建设与管理办法》，对重点旅游项目建立评估论证和跟踪服务机制、监督检查机制、领导协调机制等。跟踪服务本规划重点旅游项目的策划规划方案、市场分析、项目定位、投资规模等，每季度通报一次重点项目建设与管理情况。各级旅游部门在安排项目建设专项资金时，须从省旅游业发展"十二五"规划重点项目中优选。各部门、各市县在土地、立项、资金、税收等方面优先对重点旅游项目进行扶持。

四、加强法制保障

推动旅游业综合立法，加快修订海南省旅游条例，确立海南旅游业发展及管理的基本规则，建立海南旅游的基本法。推动旅游业与相关产业发展的立法，出台邮轮游艇产业发展促进条例、高尔夫产业发展条例、潜水管理办法等。推动规范市场主体、维护市场秩序的立法，出台旅游行业协会管理规定、旅游应急处理规定、海南省旅游佣金结算管理办法、旅游者权益保护规定、海南经济特区旅馆业管理规定等。此外，制定配套的保护生态环境和科学开发自然资源的法规。

第九章 资金保障

落实《国务院关于推进海南国际旅游岛建设发展的若干意见》和《海南国际旅游岛建设发展规划纲要》中的投融资政策。创新投融资机制，通过财政扶持、资金整合、社会投入，按资金来源和用途分工，加快海南旅游投融资平台建设。

一、加大财政预算

积极争取落实中央在基础设施、生态建设、环境保护、扶贫开发和社会事业等方面预算内投资和其他有关中央专项投资中赋予海南的西部大开发政策。省、市县财政安排资金，加大对旅游产业的投入。

二、争取设立并用好产业基金和专项资金

充分利用海南国际旅游岛开发基金、海南省旅游发展专项资金、海南生态旅游建设专项资金、海南旅游产业投资基金、海南房地产投资信托基金，这些产业基金和专项资金在使用过程中要围绕旅游业发展统筹考虑资金安排，其他资金的运用也要统筹兼顾旅游功能和旅游相应设施的建设。海南国际旅游岛开发基金。用于旅游基础设施和重大经营性项目开发建设。

海南省旅游发展专项资金。用于海南旅游形象宣传、规划编制、人才培训和旅游公共服务体系建设。

海南文化产业发展专项资金。整合现有各类文化产业投资，用于海南黎苗文化、历史文化、民俗文化和海洋文化的挖掘、整理、保护、提升和旅游文化产品开发。

海南生态旅游建设专项资金。整合现有资金渠道、拓宽资金来源，加大资金投入，积极推动生态旅游的发展规划建设。

海南旅游产业投资基金。为私募股权投资基金，吸引金融机构和大企业投资，用于海南旅游经营性项目开发。

三、设立海南旅游产权交易中心

探索开展旅游产权交易，为旅游项目与资本构建交易平台，为海南省旅游企业、具有良好投资价值的旅游项目以及旅游创意成果转化提供融资市场，促进旅游资源与资本的高效结合，同时为风险资本、创业资本和社会资金提供旅游市场进入与退出渠道，促进建立创业投资服务体系，提高各类资本投资旅游产业的积极性。

四、借助资本市场，拓宽旅游融资渠道

积极引导各类社会资本加大对旅游业的开发力度，鼓励国内外旅游企业和战略投资者通过兼并、参股、收购、债券、股权投资基金、特许经营、租赁承包、BOT、TOT等多种方式参与旅游开发和经营。引导金融机构创新产品和服务，鼓励金融机构推出针对旅游企业的综合授信及其他金融服务。充分利用资本市场，通过企业上市、项目融资、联合投资、发行企业债券等方式增加旅游投资。积极探索景区所有权、经营权或门票收入作抵押进行融资的新方式。搭建省级旅游产业融资平台，试行地方旅游国债、信托等新型旅游融资产品。要进一步整合各方面的资金资源，使不同渠道的政府性资金直接、间接地投入到旅游开发项目的配套建设上，吸引更多社会资金投入旅游开发建设，放大政府资金的引导效应。

第十章 旅游基础设施保障

旅游基础设施是旅游产业发展的基础与平台。加快旅游基础设施建设，既可以促进旅游业的快速发展，扩大旅游业发展空间，延伸旅游产业链条，为打造结构合理、特色鲜明的旅游产业要素服务体系提供基础保障，也可以为本地老百姓的生产生活改善提供发展环境。

一、推进旅游交通业

以提高游客满意度为目标，以市场化为方向，进一步改革旅游交通管理机制，对旅游交通要素进行国际化改造，逐步实现交通运输方式之间"零距离换乘"。建设机场、铁路、港口、跨海通道等对外交通设施，完善高速公路、高速铁路、国道省道等内部快捷交通体系，建设旅游公路，发展内河航运，合理布设游艇码头、直升机场等旅游专用交通设施，形成陆海空一体、有效衔接的综合立体交通系统。

（一）加快进出岛通道建设

对海口美兰机场、三亚凤凰机场进行扩能改造；适时建成开通运营博鳌机场；开展西部机场前期工作。充分利用和用好海南航权开放优惠政策，以大力拓展空中航线、积极扶持国际旅游包机航线为特征，来改善进出岛的空中交通。鼓励航空公司增加进出海南岛空中航线，支持旅游企业开展包机业务，增加海南与主要客源地之间的"空中快线"。加强港口基础设施建设，推进邮轮母港建设，完善配套设施和提高服务水平，尽快形成海上娱乐、休闲的能力。通过改进琼州海峡轮渡服务和建设露营地体系，大力吸引自驾车到海南。积极引进境外大型邮轮公司在海南开展国际航线邮轮服务业务。

（二）完善旅游交通设施建设

建设一批设施齐全、功能完善、特色突出、服务周到的海南省旅游公路，实现公路的交通、景观和游憩功能的有机结合，从而建成国内首个省级旅游公路系统，全国旅游公路建设示范工程和国际一流的公路旅游产品。实施旅游公路建设工程，打造环岛滨海旅游公路，山地雨林旅游公路和滨河沿江旅游公路等，"十二五"期间共建成旅游公路30条，共679.79公里。实施干线公路旅游品质提升示范工程。开发一批以自行车和徒步旅游为主的"旅游休闲绿道"，在森林旅游区逐步建设和完善登山道、休闲道和露营地设施，规范引导自发性旅游活动。重点滨海旅游城市要逐步建设完善游艇基础设施,在主要内河预留旅游航运通道和游艇码头发展空间。在主要旅游城市和大型旅游度假区,规划建设慢行交通系统及配套设施,满足自行车、轮滑、步行等休闲交通需求,注重利用旅游交通的通道和设施发展具有海南特色的"交通旅游"。建立以岛内一站式行李托运为主的旅客交通物流服务体系,为"徒手游"提供交通运输保障。

二、优化旅游住宿业

到"十二五"期末,海南各类住宿单位总量达到3000家,其中,五星级及相当标准的高档酒店100家以上,四星级酒店及相当标准的高档酒店200家以上,三星级以下旅游酒店500家以上,其他各类住宿业单位2200家以上。同时,建成露营地旅游体系,形成热带海岛特色露营旅游产品。

逐步建立与市场需求相适应、具有海南特色的住宿服务体系。一是加强全省酒店业规范布局和业态发展,配合省人大即将颁布的《海南经济特区旅馆业管理规定》,编制《海南省酒店业发展总体规划》。二是继续扩大星级饭店的行业规模,增加全省星级饭店特别是中西部星级饭店的数量,推动全省旅游住宿业的标准化。三是大力发展依山傍水和旅游景区的各类度假酒店住宿业,形成海南度假旅游的特色品牌。四是积极发展各类乡村度假基地的特色住宿业,充分发挥旅游促进"三农"发展的特色功能,同时为国内外游客提供更多度假住宿的选择。五是规范和引导商务酒店、青年旅馆、汽车旅馆、家庭旅馆和向游客提供住宿房屋出租的经营业发展。

三、开发旅游餐饮业

优化餐饮结构,提升餐饮档次,丰富餐饮品种,提升服务水平,加强餐饮监督,形成特色鲜明、品种多样的旅游餐饮体系。实施文化进餐饮工程,推进餐饮与文化的融合,培育一批体现海南特色文化的旅游大餐和特色餐饮;举办海南菜肴创新技能大赛,开发以海鲜、热带特产为基本特色的系列美食。以城镇和旅游度假区、景区的餐厅为基础,以特色餐饮街和休闲小吃集中点为亮点,形成集散有度的餐饮设施布局;鼓励在旅游城市和大型度假区建设美食街、酒吧茶艺风情街等餐饮服务集聚区,鼓励发展主题文化特色餐厅、酒吧、咖啡厅和茶艺馆。结合旅游节庆和会展活动,举办美食文化节。制作海南美食电视节目,编制纸质版和网络版海南美食指南,扶持海南旅游餐饮特色化发展。

四、拓展旅游购物业

结合海南独特的资源优势和旅游产业优势,大力发展海南特色的购物旅游业。

一是加快免税购物店建设。"十二五"期间,实施好境外旅客购物离境退税和离岛旅客免税购物政策,引进大型免税集团,在海口、三亚、琼海、万宁等地方建设和经营好免税店。力争建成美兰国际机场免税店、三亚国际免税城、万宁奥特莱斯(Outlets)世界名牌折扣店等项目;支持重点旅游区建设各类大型品牌直销购物旗舰店。利用"离境退税"和"离岛免税"政策的实施,积极发展与旅游发展相适应的多形式、多层次旅游购物业态。

二是加强特色商业街区与购物场所建设。规划建设旅游城市特色商业街区,打造一批"购物一条街";完善旅游小镇、度假区、景区、旅游线路和高速公路服务区购物场所,开工建设海棠湾梦幻娱乐不夜城等项目。力争到"十二五"期末,海南初步建成包括免税店、大型品牌直销中心、重点城市和度假区的商业街、不夜城等的国际购物中心框架。

三是提升特色旅游商品的设计与生产水平。在引进国内外品牌商品的同时,大力扶持海南旅游商品的设计和生产,通过旅游购物刺激海南相关制造业和加工业。策划举办旅游商品创意设计大赛、办好国际旅游商品展销会。

五、构建国际标准的服务体系

完善旅游公共信息服务平台,构建和完善全岛旅游公共信息服务平台,完善旅游政务网、旅游资讯网、旅游同业网、旅游办公自动化和旅游综合数据库。完善全省旅游标识系统,统一规划和建设公共旅游标识,重点完善全省主要干道、交通港站、城市和重点景区出入口、公共活动场所、游客聚集中心地段等旅游标识系统。建立游客咨询服务网络,加快重点城市、重点景区、交通站点和公共服务区的游客服务中心、咨询点的建设,建立多层级的游客咨询服务中心体系,逐步实现网络化。配套自助、自驾旅游服务体系,依托海南旅游标识系统、游客服务网络和加油站等配套设施,结合露营地网点建设,建设和配套全省自驾车自助游服务体系。加强旅游环卫设施体系建设,在旅游城镇、游客集散中心、交通站港、旅游营地、景区度假区和乡村旅游点,科学规划和合理布局旅游厕所。注意其他环卫设施的旅游化利用。

第十一章 信息化保障

加大对智慧旅游的投入,形成新技术与旅游融合发展的新模式。充分利用现代新兴技术,建设集旅游品牌宣传、行业管理、公共服务于一体,面向国内外旅游者、旅游企业组织和旅游行业管理的多层面全方位的综合信息应用平台,推动海南旅游业向国际化、规范化、精品化、智慧化转变,对满足旅游者需要的旅游全过程实施信息化应用。

一、搭建综合信息应用平台

按照一体化、集约化的原则,以全省统一的旅游数据中心、统一的旅游信息化公共服务平台、统一的旅游信息化应用支撑系统、统一的旅游信息化管理标准为核心,充分利用互联网、物联网、云计算、3G、GIS、电子支付、RFID、智能终端等新兴技术,建设集旅游品牌宣传、行业管理、公共服务、商务运营于一体,面向国内外旅游组织和旅游者的多层面全方位的开放式大型综合信息应用平台。建设以提供出行信息服务为主的交通信息网络平台,为游客提供出行决策支持。

二、提高信息化应用水平

通过海南国际旅游岛旅游门户网站、12301热线、游客咨询服务中心、旅游体验中心、移动互联网等各种手段为旅游企业和广大游客提供随时随地的旅游服务。

推进旅游服务监管体系建设,开发旅游宏观经济形式分析系统。建立全省旅游目的地监测系统、旅游统计系统和海南旅游监控系统,形成我省旅游经济的运行状况、形势判断、热点分析和趋势预测、政策法规和相关研究报告,为领导决策、企业运营以及社会公众出行提供信息服务。

加强信息技术、新能源及新材料等高新技术在旅游业中的集成应用,建设一批科技集成旅游示范区。

三、实施"智游海南"工程

编制一批智慧旅游规划,如编制"智游海南"总体规划、"智游海南"行动计划、海口、三亚等城市智慧旅游总体规划。着力创建一批示范性的"智慧旅游城市"和"智慧旅游景区和度假区",对《海南国际旅游岛建设发展规划纲要》明确提出的17个重点旅游景区和度假区进行智慧旅游信息化改造。发布海南智慧旅游城市(镇)发展指数。基本建成区域性联盟,成立海口、文昌、定安、琼海、万宁、陵水和三亚等市县的"智慧旅游联盟",促进智慧旅游逐步向城市群、区域性智慧旅游发展。

第十二章 人才保障

按照《海南省中长期人才发展规划纲要(2010～2020年)》,实施"人才兴旅"和旅游发展人才优先战略,加大旅游教育培训的投入,推动旅游人才培养、使用和管理的机制创新。

一、明确旅游人才目标

到2015年旅游人才总数达到41万。建立健全旅游人才院校与培训机构体系,创建系列专门化旅游人才研发基地、研究站点和研究机构,建设旅游人才信息库、旅游人才市场信息网络系统,出台系列旅游人才政策、法规与地方标准,建设国家冬季旅游人才培训基地、全国旅游新业态人才试点示范区。大力引进和培养高层次国际化旅游人才,加快开发旅游新业态紧缺人才,全面提升技能型旅游人才素质。

二、实施旅游人才工程

(一)"全国度假与新业态人才集聚区"工程

基于海南旅游度假环境的吸引力和休闲度假、旅游新业态的产业基础,吸引国内外旅游院校和高档次旅游培训机构、人才研究机构到海南以多种形式培养休闲度假和旅游新业态人才,建立全国度假与新业态人才集聚区和新业态人才研发基地。

(二)导游人才队伍优化工程

着眼于海南国家旅游岛建设对导游人才队伍的高标准、严要求,通过制定导游人才队伍优化项目计划、加大导游教育培训力度,调整和优化导游人才队伍结构,创新导游管理体制,健全导游管理规范和服务评价标准,鼓励身体健康并具有相应导游能力的专业技术人员特别是离退休老专家、老教师、老干部从事导游工作。

（三）旅游管理人才与专业技术人才素质提升工程

适应国内外旅游业快速发展产生旅游新理念、新方式、新模式以及可运用于旅游产业的科学技术，根据旅游行政干部、企业管理人员和专业技术人才的不同类型、级别制定针对性培训计划，开展知识更新和业务培训；鼓励旅游企业利用国内外优质旅游教育培训资源开展中高层管理人才培训；推进旅游职业经理人职业资格认证。

（四）旅游企业人才开发示范工程

着眼于推动旅游企业人才开发机制创新，从人才发展规划、人才开发体系、岗位证书开发、人才管理制度、校企合作等方面制定人才开发示范企业评价标准，分期分批推进旅游企业人才开发试点工作，建设一批旅游人才开发示范企业，形成旅游企业人才开发的示范效应，推动全行业旅游企业大力进行人才开发。

（五）乡村旅游实用人才素质提升工程

适应"十二五"期间海南特色的乡村度假旅游逐步推开的需要，通过制定乡村旅游实用人才培训计划，举办学制灵活、创新发展的"海南乡村旅游培训学院"，以及建立乡村旅游教育培训网络平台、送教上门、集中授课、结对帮扶、技能巡演、以赛代训等方式，吸引有关部门、旅游院校和大型旅游企业参与乡村旅游实用人才的帮扶计划，培养一大批乡村实用旅游人才。

（六）旅游行业名家进课堂工程

为提高旅游教育培训与实践需求的契合度，以"名导进课堂工程"为重点推进旅游行业名家进课堂工程。完善名家选拔及师资库管理办法，开展送教上门，服务旅游院校、旅游企业的培训活动。

（七）"国际化旅游人才培训基地"工程

着眼于国际化旅游人才培养的需要，同中国旅游人才发展研究院以及国内外相应机构和企业，合作共建"国际化旅游人才培训基地"，立足海南，服务全国，面向世界，为海南和国内外培养国际化旅游人才。

（八）"海南旅游人才信息化"试点工程

为充分发挥市场在资源配置中的作用，提升旅游人才资源配置效率，建立海南旅游人才数据库与信息化旅游人才市场，与全国旅游人才市场联网，试行旅游人才资源和旅游人才市场共享。建立省级旅游师资库、旅游职业经理人信息库、高级旅游人才信息库。

（九）综合性"海南旅游大学"工程

争取国家旅游局和教育部支持，结合海南旅游发展特点，利用现有教育资源创造条件筹办综合性"海南旅游大学"。

第十三章 生态环境保障

切实贯彻《海南生态省建设规划纲要》，坚持生态立省、环境优先，探索人与自然和谐共处的绿色发展之路，始终保持海南森林覆盖率、大气质量和水质等生态环境质量指标在全国的领先地位，努力把海南建设成为全国生态文明建设示范区。

一、控制生态保护地区旅游项目

创新发展以旅游业为主导和龙头的服务业，对破坏和弱化自然生态环境的其他行业进行改造、提升或者转型，以没有污染的服务业恢复受到破坏和弱化的自然生态环境。控制生态保护地区旅游项目的规模，追求在保护和提升生态环境基础上的综合效益。对有些旅游项目通过限时、限人和生态方面的高要求来实现对环境的保护，以适当的高收费显示海南某些旅游产品的稀缺性和高档次，优化客源结构。

二、加强旅游开发过程中的生态环境保护

制定旅游开发生态环境准入制度和准入标准，严格环境影响评价制度，坚持保护优先，在保护中合理利用和开发旅游资源。加强重点旅游城镇、主要景区及西沙群岛的环境基础设施建设，建设完善生活污水、生活垃圾处理设施和污水收集管网，提高污水收集和处理能力，大力削减化学需氧量和氨氮等主要污染物的排放量，加强旅游产业的污水和固体废物防治。

三、提高旅游生态化和低碳化示范效应

在各类旅游区域、项目注重生态环境建设的基础上，大力推进旅游低碳化改革创新试验。鼓励利用新的科技和管理手段，促使海南旅游在节能减排、利用清洁能源、循环利用资源等方面走在全国和其他行业前列，成为生态化和低碳化发展的示范。

问卷编号：_____

海南省农村居民家庭（农户）收入调查问卷

朋友：您好！当您接过这份问卷时，请接受我们最诚挚的问候。我们这次调查的目的是要了解国际旅游岛建设对农户收入带来了哪些影响？并据以进行科学的分析研究。答题时在相应选项的序号上打"√"，或在相应空格内如实填写有关数据与内容。

我们郑重承诺：本调查问卷仅作为学术调查研究所用，而不作为除此以外的其他用处，我们将负责为您保密。谢谢您对我们工作的支持。

调查时间：_____年_____月_____日　　调查人：_____
调查地点：_____市（县/区）_____镇/乡_____村

一、农户基本情况

1. 户主性别：①男　②女
2. 户主年龄：_____您的民族：_____族
3. 户别：①个体工商户　②乡村干部户口　③五保户　④普通农户　⑤其他_____
4. 您家劳动力最高文化程度：①没上过学　②小学　③初中　④高中（含中专、职高、技校）　⑤大专及以上
5. 家庭总人口数：①2人　②3人　③4人　④5人　⑤6人及以上
6. 您家16岁以上、65岁以下能够从事劳动生产的_____人 ①1人　②2人　③3人　④4人　⑤5人　⑥6人及以上
7. 家庭外出打工人数（指去本乡镇外人员，下同）：①1人　②2人　③3

人　④4 人　⑤5 人　⑥其他_____

8. 每年家里外出务工人员在外打工_____个月。
9. 您家里主要外出务工人员在外打工主要从事_____行业。①建筑业　②运输业　③采矿业　④工业制造　⑤服务业　⑥农业　⑦其他
10. 您家里有土地_____亩。

其中：种植水稻_____亩，其他粮食作物_____亩。其他热带作物有_____亩。

11. 您家里主要从事哪些农业项目？①水稻　②橡胶　③蔬菜　④热带水果　⑤水产养殖　⑥其他_____
12. 您是否参加了农业合作社？①参加了　②没有参加　③从来没有听说过
13. 您家有多少人参加旅游业相关工作？①1 人　②2 人　③3 人　④4 人　⑤5 人及以上　⑥其他_____
14. 您家参加旅游业工作就业形式：

①自组织（亲戚、朋友介绍）　②政府统一组织　③服务机构组织

15. 您是否知道海南省正在进行国际旅游岛建设？

①不知道，没有听说过　②听说过，具体不清楚　③了解　④比较了解

16. 您认为 2009 年国际旅游岛建设开始之后，对您家庭有什么影响？

①就业人数增多　②收入增加　③生态保护意识增强　④政府指导、培训增多　⑤目前没有影响

二、收入情况（有些项目如果有就填，如果没有就不用填）

1. 您 2009 年的家庭总收入为_____元。家庭纯收入为_____元。
2011 年您的家庭总收入为_____元。家庭纯收入为_____元。

（1）家庭经营收入_____元。

其中：①农业收入_____（元）其中：热带作物收入_____（元）（包括水果、蔬菜等）　②林业_____（元）　③渔业_____（元）　④旅游业经营收入_____（元）您的旅游业收入来源：A. 在旅游景点销售相关商品　B. 经营餐馆　C. 经营家庭旅馆　D. 个人或家庭从事旅游运输　E. 手工艺制作　F. 其他　⑤经营加工企业收入_____元　⑥其他经营性收入_____元（请注明_____）

（2）财产性收入_____（元）。其中因为旅游景点或其他项目占地补偿

_____元。(含利息、股息、租金、红利、土地征用补偿等)

(3) 转移性收入_____元。(包括家庭非常住人口寄回或带回、亲友赠送、救济金、救灾款等)

(4) 工资性收入_____(元),其中,从旅游业获得的工资收入_____元。(工资性收入包括:外出务工、当地务工等从企业或事业单位等获得的相应收入;旅游业工资收入是指在景区工作或参加旅游景点建筑装修等所获得的收入)

其中,旅游业获得工资收入的来源:①景区保安　②景区保洁　③景区导游　④酒店服务　⑤景区或酒店等建筑行业　⑥民俗表演　⑦其他_____

2. 您家里的主要收入来源是:①农业收入　②旅游业经营收入　③工资性收入　④办加工企业收入　⑤财产性收入　⑥转移性收入　⑦其他

3. 您家庭主要收入来源占总收入的比重:①50%以上　②50%　③30%~50%　④30%以下

4. 您家庭的总收入从2009年之后有什么变化?①很大增加　②有一些增加　③没有变化　④有一些减少　⑤很大减少

5. 您家庭总收入中旅游业相关收入比重从2009年之后有什么变化?
①很大增加　②有一些增加　③没有变化　④有一些减少　⑤很大减少

6. 您家庭总收入中农业收入比重从2009年之后有什么变化?
①很大增加　②有一些增加　③没有变化　④有一些减少　⑤很大减少

7. 您家参加旅游业工作人员的月收入水平:
①1000元以下　②1000~2000元　③2000~3000元　④3000~4000元　⑤4000~5000元　⑥5000元以上

三、收入评价

1. 您对目前旅游就业的满意度:①比较满意　②满意　③非常不满意

2. 您选择从事旅游就业,主要是因为:
①收入普遍较高　②社会地位高　③门槛比较低　④没有别的选择　⑤其他

3. 您对目前直接旅游就业的建议:
①直接参与的工资水平较低　②缺乏政府统一指导　③工作条件差

4. 您家庭发展旅游业所拥有的技术、信息、资金、政府支持情况及其他资源情况如何?

①很大优势　②有一些优势　③没有变化　④有一些困难　⑤有很大困难

5. 您是否满意于当前的收入？①非常满意　②基本满意　③不满意　④非常不满意

6. 您认为当前您的家庭属于_____①富裕型　②小康型　③温饱型　④贫困型

7. 您是怎样看待当今农村的农民收入的？

①农民收入普遍偏低，相对于城镇居民收入差距大　②农民收入正在逐年升高未来发展势头很好　③与过去的5年没有多大差别，一直很平稳

8. 您认为未来您家庭的生活会过得_____①越来越好　②没什么变化　③越来越差

9. 您认为当前您所在地村民之间的收入差别_____①很大　②适中　③很小

10. 您认为村民之间存在收入差别_____

①完全合理　②比较合理　③不太合理　④很不合理

11. 您认为影响您家庭收入增加的因素主要有哪些，按主次要依次是

_____、_____、_____、_____、_____、_____、_____。

①人均耕地少　②农产品价格低　③农产品销售难　④自身文化水平低或没有专业技能　⑤外出打工等增加收入的机会少　⑥旅游业收入低　⑦地理位置差　⑧农产品结构不合理　⑨其他

12. 你希望增加农民收入如何采取措施，按主次要依次是

_____、_____、_____、_____、_____。

①发展规模种养业　②招商引资办工业（农副产品加工业/扶持私营企业）　③培养农村经纪人队伍，扩大农产品销售渠道　④农产品结构调整不仅要科技，还要资金支持　⑤进一步加大扶持旅游就业的力度　⑥进一步发展高效农业　⑦加强专业技能培训　⑧其他_____

13. 您的家庭收入的消费支出主要在哪些方面？①生活必需品（吃穿、平时生活支出等）　②子女教育　③业余生活（旅游等）　④医疗　⑤房子（包括新建、房租或还房贷）　⑥其他

感谢您的合作！祝您全家幸福！